与信息时代同行,与创新精神共进

——北京信息科技大学信息与通信工程学院 2022年大学生创新实践与教学改革论文集

主　编　李学华　杨　玮

编　委　王占刚　朱　翠　孙　剑
　　　　吴韶波　岳新伟

北京邮电大学出版社
www.buptpress.com

内 容 简 介

本论文集收录了北京信息科技大学信息与通信工程学院自2022年以来开展大学生科技创新活动、学生参与科研项目以及教师进行教学改革和实践方面的最新成果。本论文集体现了为培养德智体美劳全面发展，具有家国情怀、创新精神、国际视野，担当民族复兴大任的信息通信专业的高素质应用型人才，以项目驱动，以创新激励，与产业协同育人，与时俱进的理念与举措。

本论文集可供学校各教学单位参考以及其他同类院校交流使用。

图书在版编目（CIP）数据

与信息时代同行，与创新精神共进：北京信息科技大学信息与通信工程学院2022年大学生创新实践与教学改革论文集／李学华，杨玮主编. -- 北京：北京邮电大学出版社，2024.1
ISBN 978-7-5635-7067-6

Ⅰ. ①与… Ⅱ. ①李… ②杨… Ⅲ. ①高等学校－教学改革－文集 Ⅳ. ①G642.0-53

中国国家版本馆 CIP 数据核字（2023）第 242419 号

策划编辑：刘纳新　姚　顺	责任编辑：满志文	责任校对：张会良	封面设计：七星博纳

出版发行：北京邮电大学出版社
社　　址：北京市海淀区西土城路10号
邮政编码：100876
发 行 部：电话：010-62282185　传真：010-62283578
E-mail：publish@bupt.edu.cn
经　　销：各地新华书店
印　　刷：北京虎彩文化传播有限公司
开　　本：787 mm×1 092 mm　1/16
印　　张：16.25
字　　数：415 千字
版　　次：2024 年 1 月第 1 版
印　　次：2024 年 1 月第 1 次印刷

ISBN 978-7-5635-7067-6　　　　　　　　　　　　　　　　　定　价：49.00 元

· 如有印装质量问题，请与北京邮电大学出版社发行部联系 ·

前　言

北京信息科技大学由原机械工业部所属北京机械工业学院和原电子工业部所属北京信息工程学院合并组建，是一所以工科为主，工、管、理、经、文、法多学科协调发展、北京市重点支持建设的高校。办学历史可以追溯至1937年。在长达86年办学历程中，学校始终扎根中国大地，融入国家机械工业、计算机事业的起步发展，为国防科技事业做出了不可磨灭的贡献，同时也形成了鲜明的信息特色、行业特色、军工特色。"勤以为学 信以立身"的校训精神在这里生生不息、代代相传。学校现有5个校区，另有占地1 200余亩的新校区已经正式启用。

学校坚持立德树人，着力培养具有较强实践能力、创新意识与国际化意识的高素质应用型人才。现有全日制本科生10 660人，全日制硕士研究生2 713人，全日制博士研究生20人，留学生120人。现有44个本科专业，其中国家级一流专业14个、国家级特色专业4个，北京市级一流专业17个、北京市特色专业建设点9个，北京高校"重点建设一流专业"3个。3个专业入选教育部"卓越工程师教育培养计划"，9个专业通过工程教育专业认证，2个专业获批教育部"地方高校本科专业综合改革试点专业"。拥有国家级实验教学示范中心2个，国家级大学生校外实践教育基地1个，国家级工程实践教育中心建设单位1个，国家级创新创业教育实践基地1个；北京市实验教学示范中心5个，北京市校外人才培养基地5个，北京高等学校示范性校内创新实践基地2个。2014年独立获得国家级教育教学成果二等奖1项，在2021年北京市教育教学成果奖中，我校独立获得一等奖4项，二等奖5项，与兄弟院校联合获得一等奖1项，二等奖1项。入选首批北京市深化创新创业教育改革示范高校，学校大学生创新创业基地获批北京高校大学生创业园高校分园。毕业生就业竞争力强、起薪高，受到用人单位的广泛好评。

信息与通信工程学院是北京信息科技大学突出信息特色的学院，设有通信工程、电子信息工程和物联网工程三个本科专业（系）。在近年来软科排名中，学院的信息与通信工程学科进入学科排名前40％，通信工程、电子信息工程等专业排名进入前8％，分列北京市属高校第1名和第2名，学院的三个本科专业全部入选教育部"双万计划"，实现了一流专业全覆盖，学科和专业群整体实力进入北京市属高校第一序列。学院以国际工程教育专业认证为引领,立足北京,辐射全国,以北京十大高精尖产业为牵引,助力北京全球数字标杆城市建设,重点培养适应新一代信息技术、人工智能、高速宽带通信产业发展以及智能制造需求的,具有扎实的专业基础、良好的学习沟通能力和宽广国际视野的高素质专门人才,努力打造"就业有优势、深造有基础、发展有信念"的高质量成才模式。

学院基于立德树人、工程教育认证、一流专业建设、新工科等建设思路,建立了较为完善的质量管理体系,不断提升办学实力,达到国内同类高校、同类专业的一流水平。2019年以来,学院获批北京市级优质课程和教材5门次,获批国家级一流课程1门次,入选北京高校优秀本科育人团队1个;2022年以第一完成单位获得北京市教学成果一等奖1项。未来3年,学院的三个专业将实现国际工程教育认证全覆盖,通过认证的学士学位具备国际互认质量标准,获得包括"华盛顿协议"体系在内的美国、英国等二十多个国家的国际"通行证",标志着学院的人才培养质量达到国际标准,进入全球工程教育的"第一方阵"。

学院是全国地方高校中首个推行新生工程认知教育改革的单位,新生导论课入选北京市"双创示范校"的"专创融合特色示范课","系好大学第一粒扣子"的新生创客大赛等系列改革举措被中国教育报、中国教育电视台多次报道。从创客大赛中走出来的徐云岫同学,在本次疫情防控期间制作发布的科学小视频"为什么现在不能开学?"利用数码动画和软件模型形象展示了校园疫情的模拟传播效果,在微博和知乎平台上有超过一亿次的播放量,并被人民日报、新闻联播、中国教育电视台等多家媒体报道和采访。其作为北京市属高校唯一代表,荣登2020年5月4日《人民日报》国家奖学金获奖学生代表名录。

学院长期与行业企业密切合作,协同育人。获得预备华为ICT学院授权,拥有中兴通讯国家级工程教育实践基地1个,市级校外人才培养基地2个;设有通信技术、电子信息技术和物联网工程等教学实验室,教学科研仪器设备总值5 000余万元。学院开发的《5G物联网通信》在线虚拟仿真实验,以电子竞技的形式让学生组成战队开展实验,寓教于乐,与时俱进,特色鲜明,被中国网、现代教育报、学习强国等多个平台关注报道。

学生在国家和省部级各类学科竞赛中屡创佳绩,近三年获省部级以上奖项140余项,每年有近200名学生获得华为、中兴、工信部、中国移动颁发的职业工程师认证证书。学院累计九年获得"华北五省及港澳台大学生计算机应用大赛"优秀组织奖。获得国家级教学成果奖和北京市教学成果奖等多项奖励,《大学生》杂志多次对学院学生进行了专访报道。

为了系统总结学生实践创新和工程应用方面的成果,促进成果应用推广,学院自2016年起,定期将相关成果汇编成册,至今已出版了2016年到2021年共计6期的大学生创新实践与教学改革论文集,反响良好。

前言

本论文集收录了 2022 年以来的以学生为主要作者的论文以及部分教师教学改革实践类论文,分为:教学实践类、科技创新类、毕业设计类,体现了我院学生在创新创业、工程实践方面的成果和教师开展教学改革探索的最新进展。本书可作为同类院校大学生创新创业能力培养的借鉴与参考。

本论文集的出版受到了北京市财政专项"市属高校分类发展—信息特色产教融合工程教育质量提升计划""促进高校分类发展—大学生创新创业训练计划项目""促进高校分类发展—专业建设—电子信息类专业建设"等项目资助。

由于时间和水平有限,书中难免出现错误和纰漏,恳请广大读者批评指正。

编 者
2023 年 6 月

目　录

教学实践类

基于科教融合的 MATLAB 课程教学方式改革与实践 ………………………… 3
工科研究生专业主干课课程思政的体系构建策略与初步实践 ………………… 8
基于 OBE 理念的项目介入教学模式探索与实践 ……………………………… 18
融入课程思政的程序设计实践课程教学设计 …………………………………… 26
"电子信息类专业导论"课程思政育人的教学探索 …………………………… 32
新工科背景下《传感网原理及应用》课程建设探索 …………………………… 41
面向 OBE 理念的人工智能实践类课程形成性考核体系建设初探 …………… 46
"人工智能＋X"教学模式下移动通信网络课程教学方式改革与实践 ……… 52

科技创新类

分布式 Canny 边缘检测处理器架构设计 ……………………………………… 61
高速电互连系统中配电网络电源完整性分析 …………………………………… 69
浅析基于深度学习的路标识别系统的构建 ……………………………………… 78
基于 STM32 的疫情测距测温防控系统 ………………………………………… 84
电子导盲犬——盲人便携式导航设备 …………………………………………… 92
基于 GPS 和超声波测距的盲人导航系统 ……………………………………… 100
基于 Arduino 模块的履带越障车设计与实现 ………………………………… 105
基于碳纳米管导电纸的激光直写法电路制备工艺 …………………………… 110
基于 Arduino 的内嵌式节水报警水龙头设计与实现 ………………………… 119
基于物联网技术的智慧博物馆设计与实现 …………………………………… 126

毕业设计类

基于深度学习的多模态遥感影像融合算法设计与实现……………………… 137

空天地一体化网络容量与性能分析………………………………………… 146

图像数据FTU的识别分割算法设计………………………………………… 162

全向移动智能机器人设计…………………………………………………… 176

融合传感器数据的A*算法的应用优化……………………………………… 186

基于容器的路由器分析……………………………………………………… 194

基于区块链的核心网鉴权方法研究………………………………………… 206

基于神经网络的信道估计方法研究………………………………………… 238

教学实践类

基于科教融合的 MATLAB 课程教学方式改革与实践

岳新伟　张兰杰　姚媛媛　李学华

(北京信息科技大学信息与通信工程学院,北京,100101)

摘　要:MATLAB 是电子信息类与通信类专业必修的工具基础课,它可以将计算、可视化和编程等功能同时集成于一个易于开发的环境,用于数学计算、系统建模与仿真、数学分析与可视化以及用户界面设计等方面。学生掌握其数据处理和图形处理等方法对于后续课程设计、数学建模、毕业设计以及科学研究都有十分重要的作用。本文结合电子信息类专业教学经验探讨了基于科教融合的 MATLAB 课程教学内容和方式的改革,这对提升电子信息类本科生利用 MATLAB 工具进行学习、科研和创新能力提升有很大的帮助。

关键词:MATLAB;教学改革;科教融合;教学内容与模式。

Reform and Practice of MATLAB Curriculum Teaching Methods Based on Science and Education Integration

Yue Xin-wei　Zhang Lanjie　Yao Yuan-yuan　Li Xue-hua

Abstract:MATLAB is the basic course for electronic information and communication majors. It can integrate functions such as computing, visualization, and programming at the same time in an easy-to-develop environment for mathematical computing, system modeling and simulation, mathematical analysis and visualization, and user interface design. Students master their data processing and graphic processing methods have a very important role in subsequent curriculum design, mathematical modeling, graduation design, and scientific research. This article combines the teaching experience of electronic information professional teaching experience to explore the reform of the MATLAB course teaching content and methods based on the integration of science and education.

Key words:MATLAB; teaching reform; integration of science and education; teaching content and mode.

一、引言

随着信息技术的快速发展和我国各行各业对电子信息类专业人才需求的变化,工程应用型人才成为社会人才需求的主流,行业、企业及社会对专业人才的工程实践动手能力和创

---

① 项目来源类别:北京信息科技大学 2021 年度教学改革立项资助(2021JGYB15)。

新、创业能力提出了更高的要求。为主动应对新一轮科技革命和产业革命，教育部发布了《关于开展新工科研究与实际的通知》。新工科是基于国家战略发展需求、国际竞争新形势、立德树人新要求提出的，旨在加强学科的实用性和交叉性，培养未来多元化、创新型卓越工程人才[1]。MATLAB语言作为是国际科学界应用和影响最广泛的三大计算机数学语言之一，是集数值计算、符号运算、可视化建模、仿真和图形处理等多种功能于一体的图形化语言。MATLAB软件功能丰富、应用面广，为不同领域的研究者提供了大量的工具已作为一门专业必修课在新工科专业广泛开设[2]。MATLAB作为面向电子信息大类的学生的专选课，是学生掌握高级科学计算语言编程思想和使用技巧，提高利用计算机解决实际数学问题能力的良好途径，也将为学生以后的从事工程技术应用开发打下坚实的基础。

由于现代生活中手机、电脑已不是新鲜事物，很多学生非常习惯于去使用现成软件，而不关心软件是怎么编写的，主观上他们对于编程类课程学习兴趣不足；还有些学生的学习目的比较简单，单纯只是为了通过考试，拿到学分[3]。除此之外，很多学生存在学习效率低，学习方法不当，动手能力差的问题。上述这些问题对MATLAB课程的教学效果有严重影响，进而影响到学生学习后续课程。而MATLAB课程面对的是00后的新生群体，他们都是互联网时代熏陶成长的孩子们，往往在互联网上积极活跃，实际的人际交往能力相对较弱[4]。互联网的发展促使获取知识的途径变得越来越便利，传统的教育思维方式和教学手段正面临着前所未有的挑战，教师也需要不断更新所学知识，调动学生的积极性与教学氛围，引导大一新生认识MATLAB课程在所学专业的地位。将科学研究反哺教学，将前沿科技的研究成果与方法融入课堂教学，设计高效的MATLAB教学模式和教学内容，提高学生的学习兴趣和学习效率。

二、传统教学方法存的问题

当前MATLAB课程教学上普遍存在以下问题：

（1）目前很多高校的MATLAB课程是在各专业课学习之前开设，所以学生对专业课涉及的内容不甚了解。因此，大多数MATLAB语言课程的讲述内容仅限于基础编程部分，不讲授专业应用，也不涉及专业工具箱的使用。这就导致学生学习完课程之后，并不明白此门课程对后续课程以及科学研究有何作用，为什么要学习该门课程，因此学习积极性与主动性不高，学习效果不理想。

（2）教学模式缺乏创新。MATLAB课程的教学仍采用计算机语言类课程的教学模式，课堂教学＋上机实训的教学模式。在课堂教学过程中，以教师讲为主，学生只是单方面地接收，而且如果学生课前没有对所讲内容进行课前预习的话，就更难接受与理解所讲的知识点，老师与学生的互动效果不好。在上机实训过程中，大部分任务都是验证性的实验，难度较小，可复制性高，学生兴趣不大，出现实验报告抄袭的情况比较多。

（3）课程考核方式单一。传统MATLAB课程的教学是按照教材章节内容，顺序介绍各个知识点及应用，这样选取的教学内容与专业知识基本没有关联、学习枯燥，导致学生不会应用所学知识解决本专业问题。另外，考核方式主要采取闭卷笔试或开卷的方式进行，这使得学生陷入死记硬背的复习模式，造成学生分数不低，但实际仿真操作能力、编写程序的能力较差；而开卷笔试又容易导致学生不重视学习过程，只等着考试时翻教材找答案，这种方式使得虽然考试能够及格,但是学生考完之后就很难对MATLAB课程所学的内容有深入的理解和掌握,无法达到通过考核促进学习的作用以及检验学生的掌握能力。

三、基于科教融合的MATLAB教学方式改革

建立"以学为中心"的教学体制,以高水平的科学研究支持高质量本科教学,调动学生学习的积极性和主动性,改进课堂教学评价,将传统教学中以讲授为中心的教学模式向以学习为中心的现代教学课堂转变,研究基于科教融合的MATLAB课程教学方式,对课程建设、教学改革的有效推进具有重要的意义。MATLAB课程是国内大学电子信息大类专业必修的工具基础课,这门课程实用性强,但是入门容易精通困难。学生掌握其数据处理以及仿真的方法对于后续专业课程(比如信号与系统、数字信号处理等)学习、数学建模、毕业论文及科研学术论文的撰写都有着十分重要的作用。

(1)基于科学研究的教学内容改革

为了提高学生学习该门课程的应用性,将MATLAB课程的教学内容与学术研究中用到的实际仿真验证实例相结合,本着先基础后应用,先数学后专业的模式,让学生循序渐进,由浅入深进行该课程的学习。课堂上结合已发表Trans论文的仿真结果讲解各章部分的知识点。比如在讲到第三章内容《数据的可视化》关于二维、三维图形的绘制方法、图形编辑、图形修饰的一般方法时,借助图1给出的仿真结果进行讲解,让学生有个直观的认识和感受。

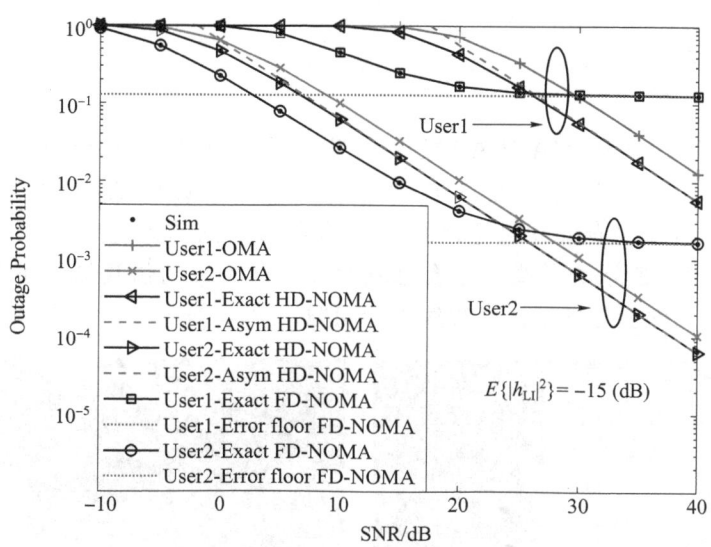

图1 协作非正交多址通信场景下用户的中断概率

(2)基于学习产出的教育模式(OBE)改革

由于大多数高等院校均将MATLAB课程设置为选修课,且学时数均不是很大,因此如何合理分配有限学时达到最优的教学效果是对教学模式的考验。课程讲授过程中采用基于OBE的线上线下的教学模式,以"学为本"注重突出以学生为主体,以学生的学为中心的方式,线上给出MATLAB课程每章内容的要点和重点的,让学生充分发挥主观能动性去调研和学习相关内容,线下将教学与上机实训穿插进行,验证实验与综合实验分段进行。在基础

编程模块结束之后,课堂讲授与上机实训一对一穿插进行。学生课堂学习之后立即可以进行上机实训验证。每一个模块内部,学生进行验证性上机实操。在讲解到复数的表示形式时,结合无线通信课程中一种常见的衰落信道——瑞丽衰落信道的仿真建模进行讲解,具体代码为 H0＝sqrt(lemad0/2).*(randn(10^6,1)＋1i*randn(10^6,1));％生成均值为 0、方差为 1 的瑞丽信道。另外,结合如下已发表 Trans 论文中的公式讲解 for 循环来实现求和功能,同时并将对应公式

$$P_{\text{pSIC}}^{m}\left\{\varphi_m\sum_{l=0}^{M-m}\binom{M-m}{l}\frac{(-1)^l}{m+l}\left[1-\frac{2}{\Gamma(Q)}\times\left(\frac{\psi_m^*}{\Omega_{sr}\Omega_{rm}}\right)^{\frac{Q}{2}}K_Q\left(2\sqrt{\frac{\psi_m^*}{\Omega_{sr}\Omega_{rm}}}\right)\right]^{m+l}\right\}^{P}$$

的代码仿真代码提供给学生。通过该具体例子的讲解,学生对 MATLAB 课程中结构化程序设计有了清楚的认识。

(3) 考核方式改革

传统理论教学是按照教材章节内容,顺序介绍各个知识点及应用,这样选取的教学内容与专业知识基本没有关联,导致学生不会应用所学知识解决专业问题。针对实际教学过程中教学内容与专业知识脱节的问题,选取本专业相关交叉学科知识形成具体的任务,让学生用正在学的知识点去解决实际问题 MATLAB 课程的积极探索分组完成自选项目的机制考核学生,培养学生创新能力。在实训课上,让组队学生讲解自己做的内容,教师提问,学生解答,课程团队对学生小组和小组成员合理评价。积极探索分组完成自选项目的机制考核学生,培养学生创新能力。

四、案例分析

以电子信息类 2021 班 MATLAB 授课为例,结合实际科学研究项目,探索了基于科教融合的 MATLAB 及其应用课程的教学方式,通过科研反哺教学激发了学生学习 MATLAB 语言设计和仿真实现兴趣,学生能够积极参与问题的讨论,培养了学生科研和创新的能力,例如,图 2 所示为课堂上结合已发表 Trans 论文的仿真结果讲解二维图形的绘制,图 3 所示为实训课上与学生讨论程序设计问题。

图 2　二维图形绘制讲解

图 3　实训课上与学生讨论程序设计问题

五、总结和展望

对于电子信息和通信类学生来说,MATLAB课程是一门十分重要的学习、实验和科研的工具课。通过该课程的学习,学生应具备MATLAB编程基本能力,认识MATLAB软件在后续科学研究中的作用。通过对该门课程的教学改革,电子信息类本科生利用MATLAB软件进行学习、科研和创新的能力得到了有效提升,对学生学习后续专业课程有很大裨益。

参考文献

[1] 宋余庆,陈权,等.新工科背景下工程创新人才国际培养的探索与实践.高等教育管理,2019(3):108-114.

[2] 孙洪全,姚明臣.MATLAB课程教学方法的改革与实践.电脑知识与技术,2019(3):1009-3044.

[3] 单陇红,王凌浩,胡羽沫.基于MATLAB的教学改革研究.工业和信息化教育,2019(8):50-53.

[4] 高诺,杨红娟,庄华伟.基于MATLAB程序设计与应用课程教学改革及实践.教育现代化,2019(8):2095-8420.

作者简介

岳新伟,男,北京信息科技大学副教授,研究方向为:非正交多址技术。

张兰杰,女,北京信息科技大学副教授,研究方向为:遥感科学与技术。

姚媛媛,女,北京信息科技大学副教授,研究方向为:无线资源分配,绿色通信。

李学华,女,教授,研究生导师,北京信息科技大学信息与通信工程学院书记,北京高校电子信息专业群协作委员会委员,长期从事信息通信类专业的教学与科研,多次获得北京市及国家级教学成果奖。

工科研究生专业主干课课程思政的体系构建策略与初步实践

缪旻

(北京信息科技大学信息与通信工程学院,北京,100101)

摘　要:全员全程全方位育人的教育理念践行和"立德树人"教育目标的达成,必然要求系统规划大思政教育格局;新工科教育的全要素培养方针也要求以系统观和系统方法论全方位指导、赋能课程思政建设。本文探讨对居于培养体系核心的专业主干课的课程思政建设进行整体设计的必要性和可行性,对党的二十大精神在课程思政中的融入这一重大的时代命题进行了思考,分析了可行的实施路径,并对作者的亲身实践进行了总结与反思。

关键词:课程思政;系统论;课程建设;新工科教育。

The construction strategy and preliminary practicefor the specialty core course ideological and political education system in engineering postgraduates cultivation

Miao Min

Abstract: The practice of the conception of educating all students comprehensively throughout the whole process and the achievement of the educational goal "to strengthen moral education and cultivate talents", necessarily demand a systematic planning of the generalized ideological and political education pattern; the all-factor training policy of new engineering education also requires all-round guidance and energization of the ideological and political education construction for curriculum by implementing system view and system methodology. This paper discusses the necessity and feasibility of the overall design of ideological and political education construction for the specialty core courses that are central to the postgraduate cultivation program, reflects on the major proposition of our Times how to infuse the Spirit of the 20th CPC National Congress into the ideological and political education for curriculum, analyzes the feasible implementation path, and makes the summarization and introspection on the author's personal practice.

Key words: Curriculum ideological and political education; System theory; Curriculum construction; New engineering discipline education.

一、引言

课程思政研究与建设实践是近五年来高校思想政治工作和教育教学改革领域极富活力

---

① 项目来源类别:北京信息科技大学研究生培养思政建设项目资助成果(2022PYYB05)

的新兴方向。总体来看,相比传统思想政治教育,课程思政概念的提出与发展,带来了新的发展理念。广大高校课程主讲教师及团队主动转变思路,充分挖掘、提炼思想政治教育资源,实现课程内容的充实和体系的重构,实质性推进包括基础素养课、专业课、政治课在内的各类课程及学生工作思想政治教育的有机融合,从而扩展思政教育内涵及外延,全员育人、全过程育人的大思政教育体系初步成型,开创了新的发展格局[1]。从一般系统论的视域来看,课程思政的实践,充分展现了思想政治教育的系统性特征;"三位一体"的思想政治理论教育体系,势必建构起三课协同的立体化育人模式,实现显性教育和隐性教育的融通。

2019年3月18日,习近平总书记在主持召开学校思想政治理论课教师座谈会时的指示已成为高校开展课程思政的重要指引;2022年召开的党的二十大对我国各领域发展做出了系统梳理与前瞻思考,为课程思政的进一步建设发展提供了根本遵循与不竭养分。如何从系统论的特征着眼,遵从上述的指引与遵循,进一步深入研究课程思政的体系化构建思路与方法论,也成为课程思政相关建设者面临的重大机遇与挑战。其中将党的二十大精神融入课程思政,以党的理论智慧、实践主张来教导高校青年学子,提升全方位育人的效果,是今后工作的规划与实施的重点。

专业课,特别是专业主干课,用于传授基本理论、专业知识和专业技能,培养分析解决本专业范围内一般实际问题的能力。相对于政治理论课,目前工科研究生专业课教学中普遍侧重科技知识传授、科研能力的养成,贯彻德育的意识、能力和动力相对较弱,主讲教师相关的思想素养有待提升,也缺乏团队支持;已经开展的一些实践工作,往往显得有些零散、生硬,与其他思政要素的协同力较差。要想实现课程思政改革的整体目标,就要全面、体系化建构专业课的育人功能,深度发掘和提升课堂主渠道的德育功能;相应的,在课程建设中必须贯彻系统观和系统方法论,以体系构建为主要抓手,在知识传授中强调主流价值引领,有效提炼专业课中蕴含的文化基因、价值范式以及德育元素,在专业技能知识学习中融入理想信念层面的精神指引。如何深刻认识上述辩证关系,有效建立实施路径,科学设计相关体系架构,正是本文关心的核心问题。

二、系统论引导的新工科专业主干课思政建设体系设计必要性与迫切性分析

1. 系统论与课程思政的天然联系

一方面,全员全程全方位育人的教育理念的实践和"立德树人"教育目标的达成,必然要求建成思想政治理论课为主导、专业和综合素养课课程思政一体融合的大思政教育格局,这一科学认识和指导原则本身蕴含着系统论的光辉。另一方面,新工科教育面向复杂工程问题的全要素培养方针也要求系统观和系统方法论渗透到培养方案、教学实施、课程内容与评价体系改革的方方面面,起到实质性指导与赋能作用。长期以来,传统的工科教育中各专业课教学内容以智育为主,知识体系中自然科学经典理论的还原论思想影响深远,当前其课程思政虽然得到重视,但无论理论层面还是实践层面均尚处于起步阶段,课程思政作为一个复杂系统以及作为培养体系有机组成部分的内涵、特征尚未得到充分发掘。新工科教育则遵循系统论原理,以全方位复合型人才培养为核心理念,构建开放互动、层级明晰、多维协同、守正创新的育人体系,其中围绕全方位育人的理念将课程思政作为一个子系统纳入培养体

系的规划设计中。在此背景下,本研究拟抓住主干课这个"牛鼻子",从系统论出发,从整体性、层次性、动态性、开放性等角度分析其课程思政的本质特征,初步建立其构建路径与结构功能关系、运行调控机制。

2. 新工科专业主干课思政建设体系整体设计的必要性与迫切性分析

课程是课程思政建设的载体,是课程思政功能实现的源头和根本。尊重课程建设规律,优化课程建设路径就成为课程思政建设的先决条件。新工科研究生教育强调面向复杂工程问题的全要素培养,其育人体系的系统化设计和体系化建设就成为必然的选择,系统观和系统方法论也相应成为工科研究生教育发展的关键指引。系统是分层次的,在课程层次,系统的特征一方面体现为智育、德育两条主线上相关手段/环节的高度关联性和丰富的多维度、精细层次化结构;另一方面更体现在围绕研发性、高层次人才培养目标而形成的智育、德育的协同设计需求及其天然的整体融合发展需求上。当前,智育要素的持续提升途径已经比较清晰,如课程知识图谱的更新、先进教学演示手段的引入、实践教学的创新及与产业界联系互动的加强、科研能力培养的渗透前移等;德育要素的构架也正日益清晰,包括价值引领、科技哲学思维培养、家国情怀等等。

结合目前的实践来看,系统论引导下的课程思政建设有利于高校思想政治教育的现代化转型,同时体现课程相关的时代精神与价值。在系统论视域下,充分挖掘课程思政元素,更新课程思政理念,梳理各学科的专业课育人功能,依托其学科领域知识与实践方法的积蕴,可以将价值引领融于相应的知识传授,实现知识与价值教育的双重功能。工科专业主干课在研究生培养体系中居于重要基础地位并具有枢纽的作用,承载学科核心理论和核心方法的传授,与其他专业课程、实践环节、前沿科技讲座、综合素养课及数理英基础课等形成了完整的知识图谱,因此,以专业主干课为抓手开展系统化的课程思政改革,并注重系统化、多层次协同的设计,可望产生极为深刻、影响维度和层次更丰富的思政育人效果,推动思政教育突破传统理念的局限,摆脱传统教育模式及其路径依赖,将富有课程特色的德育积蕴与知识、学理、技能的传授结合起来,形成润物无声、实效显著的德育新局面。综上分析,在工学学科研究生培养向新工科教育转型的过程中,基于系统观、系统方法论开展专业课程思政体系化设计与建设具备显著的必要性和迫切性,这也已成为其他学科专业同行的共识[2-5]。

三、面向新工科教育的研究生主干课课程思政的体系构建策略与路径设计

1. 体系架构设计

虽然从专业的角度看,工学各学科的研究生培养在诸多方面存在显著的差异性,但在课程思政建设方面都遵循相似的规律。要形成更为科学、系统的课程思政教育体系,推动新工科教育背景下思政教育现代化发展新格局的形成,工学学科的建设者们在思政教育中应该注重把握工程科学与技术的本质特征、工学的学科特色,如理论与实践的高度融合、面向民族复兴与国家安全服务的价值追寻、服务产业与追求实效的踏实作风与严谨守正的道德伦理、富有各专业特色的历史传承、与时俱进和创新发展的时代特色及精神风貌等等。作者从亲身实践出发,借鉴同行的成功经验[2-5],提出了专业主干课课程思政的体系架构,可概括为:以高水平课程建设为支柱,以对学生的精神塑造、人格养成和思想信念的锤炼为主线,从

专业优良传统与时代精神价值、政治理论深度与明辨、与专业实践的结合面、机制整体设计与前瞻规划等维度出发,建构课程思政立体网络。

厘清架构,是我们守正创新,大胆突破的基础和依托;在课程思政的机制创新上力求突破,结合新形势和新要求,探索新做法、建立新机制,是确保课程思政实效和可持续发展的必然要求。富有专业特色的优良传统及本专业、本课程时代精神与价值观的提炼,可以为课程思政提供重要的精神依托和富有感召力的思政教学内容;在党的先进理论指导下的课程思政研究和明辨,则可以确保正确的政治方向、深刻清晰的哲理呈现;德育与专业实践的紧密结合、广泛结合,可支撑基础课与学科实践环节的深度融合和育人体系的整体优化,共同提升课程与学科实践在德育方面的协同作用;机制整体设计与前瞻规划则意味着从系统论角度科学认识专业主干课程中德育诸要素的层次结构,利用信息论、控制论等具体方法论合理设计实施方案与途径,运用最新研究成果,在课程思政全过程中做到精准投放、清晰把握和有效管控。

2. 体系构建策略与路径规划

课程思政建设的成效最终要落实到学生的成长上,检验标准正是人才的"德才兼备"。其中,工学的专业课程思政德育的内涵和质量成效衡量标准可包括如下方面:①对课程及所属学科专业的优良传统与时代价值的认同传承,专业精神与伦理;②从自然辩证法深度对学科相关科学、技术的认识;③家国情怀与奉献精神的培养;④学科课程学习及科研相关的意志品质和精神风貌;⑤国家的发展大势、总体发展战略理念及安全观念,及其对专业的发展走向的影响与要求等。

课程思政相关教育教学活动的根本目的在于培养出更高质量的人才。因此,在专业课程的思政体系中,应该包括如下要素,第一,源于专业内容的德育素材库及其教学、考核方式建议;第二,集中体现哲学哲理、家国情怀的教学示范案例;第三,高度认同"立德树人""德才兼备"教育理念的教学团队及其持续培训体制;第四,在研究生院相关规章框架内制定的成熟清晰的本课程思政建设与运行的机制、流程及配套的考核、管理规章以及与马克思主义学院政治思想理论课团队、学生辅导员团队的共建合作机制。

在实施路径方面,可以做如下的考虑:①以主讲教师或者方向负责人牵头,组建研究方向相近的研究生导师、课程讲师构成的课程思政团队;②经过经常性的教研活动,梳理提炼本学科的国内外发展历史,结合我国国情及"两个一百年"奋斗目标,提炼优良传统与时代价值,梳理专业精神及相关的伦理框架;③吸收国内外在自然辩证法方面的最新研究成果,结合马克思主义基本原理,深入思考提炼学科相关科学原理、技术体系背后的哲理;④建立课程传授与科研、行业实践的融合机制,提升学生对课程本身价值的认同,实现知识传授、科研训练、思想塑造三者的交织融合;⑤开展与学院学生工作团队、本校马克思主义学院乃至外校同行间的积极良性互动,进一步加强课程思政体系的外部合力与共振,提升思政工作总体效果;⑥建立合理的反馈评价机制,特别注意与学生的互动,落实以学为中心的理念,让改革建设成效落到实处;⑦在前述工作基础上,形成教学素材库、教育案例库、精品公开课、线上线下混合教学平台等,撰写相关研究报告和咨询报告,为学院、研究生院、学校等各级领导提供决策依据;⑧梳理成功经验的基础上,以党的基本路线、方针、政策为指引,建章立制,将课程专业内容、思政元素、融合教学法凝练为可操作性好的实施流程、行为规章和考核评价标准,以守正创新为出发点,形成严谨、开放、进取的课程总体建设体系。

课程思政建设落实的关键在教师。教师不仅是专业知识传授的实施主体,课堂教学的组织者,也是德育的第一责任人,其个人的思想品德、学识、气质、素质都潜移默化、感染和熏陶研究生的精神面貌、思想及行为。课程思政建设的合力交汇点在院系,在选课研究生群体上。从系统观的角度看,一个系统只有与外部形成深度有效的交流,才能保持活力,形成正向的演化,确保组织结构的不断优化,而封闭的系统往往会缺乏活力,趋于退化;相应的,课程思政教育教学改革要求老师要及时转变教育观念,不能将课程视为自己的自留地而隔绝与别人的交流沟通,应当多与学生工作团队(包括专职和兼职辅导员)、马克思主义学院的教师、校外的同行开展互动,要善于建立起上下贯通、多元参与的运行机制,才能保障可持续发展,在面对新的问题和新的挑战的时候才具有更大的主动权。而系统论的一个重要理念是建立清晰的层次结构,在课程思政实施中,也要厘清"本门课的角色",建立清晰的思政教育知识图谱,力图结合课程的核心要点"讲深讲透"。课程思政建设的灵魂在思政,必须始终坚持以马克思主义基本原理和党的基本理论、方针、政策为指引,注重引导正处于三观成型关键期的研究生们正确认识世界和中国发展大势,正确认识中国特色和国际比较,正确认识时代责任和历史使命,正确认识远大抱负和脚踏实地,坚定"四个自信",坚守职业操守与伦理,只有坚持正确的政治方向,课程教学才不会失去灵魂,出现知识传授、能力培养与价值引领之间的割裂甚至冲突。

3. 二十大精神融入专业课课程思政建设的基本路径思考

党的二十大对我国各项工作和各个领域做出了系统、前瞻性设计,为课程思政提供了根本遵循与不竭养分。将党的二十大精神融入课程思政,以党的理论智慧与实践主张来教育与形塑大学生,是为党和国家稳基业、为个体发展辟进路、为课程思政谋创新的应有之义[6]。要实现党的二十大精神进课程、进思政、产实效,应当设计有效的实施路径,作者结合亲身实践,认为在主干课教学中的实施路径设计可考虑如下的思路和原则。

(1) 全面学习把握二十大精神

党的二十大总结了新时代中国特色社会主义的理论成果,指明了党和国家事业的前进方向,对主干课而言具有丰富的育人元素。为了有效将二十大精神融入课程思政,主讲人要认真阅读二十大报告全文和相关学习资料,把报告的每一句读通读懂,在此基础上编写适合的教学素材,全面覆盖新时代十年取得的伟大成就、习近平新时代中国特色社会主义思想的世界观和方法论、以中国式现代化推进中华民族伟大复兴的使命任务、新时期党和国家事业发展的大政方针等方面。在结合点方面,主讲人应当首先当好学生,全身心投入各级党组织安排的二十大精神学习并相应开展认真的自学,结合课程思政有限的时间,把相关精神巧妙地融入教学内容中,让二十大精神能够内化于心,外化于具体的教学,在此基础上实现有效的课程思政建设。

(2) 从系统论高度,科学把握二十大精神融入课程思政的基本路径

把握系统论的要义,对科学设计二十大精神融入课程思政的路径,具有重要意义。系统观告诉我们,要科学把握一个对象的系统属性,就是要从整体上理解和统筹,合理分层、分类并建立其相互间的联系,就是要善于从系统内部各要素的高度关联性出发实现协同设计与管控,就是要以开放、交流来形成系统的自组织性的优化、运行性能的持续改善及活力的保持,从而达到效能最优化。二十大精神融入课程思政也要注意上述原则的贯彻和落实,才能达到预期效果。

(3) 结合课程思政的本质特征和规律,科学设计、优化融入的具体路径

课程思政既具有思想政治教育的共性,也有自己的个性。为此,应当在教育中注意润物无声的原则,注意有机融入的特点,防止生硬教学,避免教学中专业的传授与精神的塑造无法有效共振的尴尬。政治性、思想性、学术性和专业性的无缝连接、交织互融对主讲教师和团队是一个重要的挑战,也是无法回避的问题,为此,课程团队应当主动担当,以优秀的"双师"为自己的追求目标,利用课余的教研时间细致梳理上述四性的共通点、结合点,提炼、把握融入的策略、时机和节奏,合理利用课堂讲授、自主研究型学习、互动体验、科研团队的支持引导等课程建设环节,建立有效清晰的融入路径,并在实践中优化其走向。

(4) 坚持实践性原则

主干课往往是各学科研究生课程体系的核心,也是连接培养体系中基础科学理论学习、技能训练、科研实践乃至创新创业的枢纽关键环节;主干课的理论性和实践性特色都很鲜明,而且其中的实践环节往往是提升学生学习兴趣和能力增长的关键点。相应的,思政教学也必须注意把握主干课的实践性特征,把思政教育进行多维延伸,渗透融入从理论教学到实践教学环节的全过程中。党的二十大精神对我国新时期各领域发展都作出了高瞻远瞩的指引和规划,涵盖了理论到实践的各个层面,对高等教育、新工科人才培养也有着重要的指导意义。思政教学中,课程负责人和主讲教师应认真把握二十大精神中关于实践的论述,一方面在主干课建设和课程思政实施的改革实践中积极主动宣讲相关精神,让教学内容与时代发展同步,另一方面深刻领会二十大精神对实践的指导作用,以之引导、激励工科专业研究生,把二十大精神内化为学习、科研、社会服务等各项实践中的精神内驱动力,从根本上提升研究生在实践中克服困难挑战、不断成长的意志力践行持续学习、终身学习、不断突破舒适区的理念,在民族复兴大业的征程上奋勇前进。

四、研究生专业主干课课程思政体系整体化构建初步实践

作者所在的信息与通信工程学院长期重视研究生培养中的思政相关工作。作者作为学院首位开设本科"电磁场与电磁波"、研究生"高等工程电磁场"课的老师,一直坚守三尺讲台,努力践行智育德育并举的理念,注重全方位育人,以德立学、以德施教,加强政治引领和思想教育,以建设"电磁金课"为持续奋斗目标。近年来,在研究生电磁类主干课建设中,作者突出了系统观、系统方法论的指引作用,围绕电动力学的理论体系和当代发展成果,以整体化构建思路设计了课程框架和其中的关键模块,摸索出一条有效的实施路径,初步形成了"硬件过硬、软件先进"的课程体系,下面对相关实践进行梳理总结。

1. 建设措施与实效

(1) 建设复合型、学习型教师团队

师资力量上强调在学科创新团队体制下,以课程主讲教师、研究生科研导师与专任教师中的兼职辅导员构成复合团队,在整合教学力量、科研训练实践和德育资源中形成集聚效应。通过多元师资整合,形成了全方位思政的格局:

① 主讲教师在课堂讲授专业知识时,注意介绍电磁学及相关技术的历史沿革,剖析其优良传统及科技发展的内在客观规律性,世界科技革命中电磁科技的重大支撑作用及我国面临的挑战等;

② 在课堂研讨学习环节中除了讨论理论习题、工程应用场景外,还从哲学层面对电动力学的哲理内核开展研讨和辩论;

③ 将与电磁计算、仿真相关的科研训练环节前移至本课程,研究生导师与主讲教师一道联合辅导学生积极开展实践,身行示范,并引导学生对专业精神、奋斗精神、家国情怀及社会责任进行思考,深刻理解与践行相关理念;

④ 团队教学-科研型教师积极担任兼职研究生辅导员,并在团队内部、学院内部的相关研究生互动交流中,以自身成长经历、本学院学生励志事迹为剧本,引导学生塑造科技伦理、奋斗精神及终身学习、为国奉献的昂扬精神,坚韧向上、笑对困难的坚强人格等。

(2) 多维度、全方位的教学素材及资源建设

① 课堂研讨环节中围绕电磁场理论与电磁学体系展开哲理层面思考,启发学生热议场的观念、路的观念、量子的观念、电磁场理论中的辩证法等;补充系统科学这一横断性科学的基本原理和方法,引导学生以之为工具,分析电动力学这一现代物理重大科学成就的各要素间的辩证关系及其与自然科学其他学科、工程实践乃至整个人类自然、社会科学、工程技术体系的联系。

② 注重线上线下相结合的教学方式,积极引入学习强国的"电动力学"课程视频和中科院物理所公众号等教辅资源,扩展学生视野,激发其学习兴趣、辩证思维;

③ 邀请985高校教授做学科交叉、前沿攻关方面的科技报告,扩展学生视野,激发关于家国情怀、社会责任的深入思考和理念的共鸣;

④ 建成思政教学素材库案例库,凝练、固化、突出本课程的"德育基因",包括电磁场理论与电动力学理论发展史中的唯物辩证法,系统观和系统思维对电动力学发展的支撑作用,我国相关领域的优秀科学家及其精神财富,家国情怀与使命担当,唯真唯实与追求实效的专业素养,师生互动、教-学/教-研相长等良好关系氛围等。

(3) 教学方法上注重守正创新

在专业课中开展课程思政,往往要做到"润物无声""形散神不散"。形散可以理解为生动的专业知识讲解、活泼的课堂讨论、丰富的课后实践,神不散则是以正确的政治思想来贯穿课程思政教学的始终,以系统论观点建构逻辑性强、有说服力的思政内容体系,教师在具体开展实施过程中,能从学生的学习心理特征出发进行阐发,做到不刻意、不生硬,但始终把握思想教育的走向,确保学生的接受度。"形散神不散"是一篇大文章,背后是优秀的专业教学能力、高超的思想政治教育能力、深厚文化素养积淀的深度融合。注重守正创新,正是在尊重研究生教育基本规律的基础上,不断突破窠臼成见,真正做到敢于创新、善于创新和有效创新。作者为了帮助学生克服对高等工程电磁理论这一体系严谨、公式繁多、容易拒人千里之外的学问的畏惧,消除学习的盲区,真正建构其厚实的专业理论基础,采用的一个重要的方法是案例教学法,一方面以讲解现实案例为主要形式,融合课前自学、课堂导入和精讲、现场研讨、课后网上互动等多种教学方式,围绕德育目标巧妙地将社会主义核心价值观、严谨求实的专业素养、科技发展历史规律、电动力学的自然辩证法等精髓要义蕴含于多样化的课堂教学方式之中,使之深入人心,另一方面要求选课研究生以所属导师的科研项目的研制任务作为实践载体,以科研训练前移的做法为改革突破点,初步实现了任课教师与研究生导师的双重指导和多方合力建设的格局,有效增强学生应对实际科研问题的能力,培养其迎难而上的主动精神与意志品质,同时初步破解了研究生基础课学习与科研能力提升在学生时间与精力分配方面的冲突这一难题。

（4）建章立制，构建完备的支撑与评价体系

规范管理是确保课程思政可持续发展的关键。建章立制中要注重课程设计和实施的可操作性、可实施性。作为一门规范建设的课程，"高等工程电磁场"的教学大纲是在多年教学基础上修订的，师资团队老中青结合，团结进取，注重传承与创新，自律性和精品意识强。作为教学支撑条件，修订了新的教学案例库、教学思政案例库和研究型学习选题案例库，能力矩阵与评价方案等。这些环境与条件建设有力地保障了课程思政目标的达成。

2. 问题和不足

初步实践也暴露出一些问题或有待提升的地方，需要在后续予以改进和完善。

（1）思政融入课堂的方式略显生硬

与其他主干课类似，高等工程电磁场课程蕴含着丰富的育人资源，是人类对自然界运行规律、社会发展需求的认识达到高级阶段的产物。课程思政应当是有温度的传授和传承，本课程团队组建时间仅有一年半，为时尚短，对专业知识育人功能的挖掘和课程中蕴含的文化基因和价值范式的提炼有不成熟之处。在融入思想政治教育内容的过程中，教师为了应对学时数少带来的挑战，对学生的相关思考所产生的疑问没有及时解答，在研究型案例分析大作业的指导中，过于注重研究思路的辅导，没有在思政方面充分做到循循善诱，而有植入过快的可能，影响了学生的学习体验，有的同学就反映对狭义和广义相对论相关的自然辩证法的理解不畅，"消化不良"，在一定程度上影响了相关学习型案例汇报时思政内容的反思和总结效果。教学团队将有针对性地开展优化工作，力求做到专业教学和思政教学在关键连接点处的顺畅连接，做到相向而行，润物无声。

（2）课程思政的效果评估不够科学

相对而言，在研究生基础课体系中明确提出和实施课程思政为时较短，其理念的深刻解读和充分实践需要有一个过程，目前其他类型的思政的综合评价也是难点，而且课程思政又强调潜移默化，生硬地定义一些外化的考核指标可能会对作为评价主体的学生的心理起到不必要的干扰作用；另一方面，传统的思政课程所用的考试、考察、评价体系主要针对政治理论相关的课程或者课外社会实践，很难精准反映学生对专业相关价值观的认同、先进政治理论内化为专业上的追求等内化于心的要素的达成度。因此，如何科学建立专业主干课的学习、教学效果评价，依然是一个挑战。但本课程团队应迎难而上，守正创新，力争突破，形成实效。

3. 教师与学生的互动水平还有待完善

在课程思政教学改革过程中，教师心目中以德立学、以德施教的观念已经确定；进入新世纪以来以学习为中心的教育理念也已经深入人心。从教育部到各学校和二级单位，各级领导对教师德育意识和育德能力提升的重要性都有了充分认识和系统规划。教师教学评价激励机制都对专业课程的育人功能和任课教师的德育实效开展绩效评价。但因为疫情等原因，线上线下结合的专业课教学中，如何兼顾专业教学和德育教学，是一个巨大的挑战，网课期间对课堂的管控维度和与学生的全方位交流的维度都受到巨大的压缩。随着疫情形势的变化，如何在后续教学中做到真正尊重学生和学习的主体地位，提高学生的参与度和认同度，将是课程思政工作成效保障与提升的关键。另外，思政工作的亲和力、针对性和实效性在很大程度上取决于教师在学生中的认同度及威望，如何拓展师生交流维度渠道，是下一步线上线下混合教育教学改革的关键。

下一步课程团队将注意以下方面的改进与提升：

（1）知识传授与价值引领相结合；

（2）加强教师自身政治理论学习，特别是对党的二十大精神的全面学习和深刻理解；

（3）提升团队的自我培训和参与外部培训的频次；

（4）加强与研究生的互动，范围不仅涉及本课程，也注重与整个研究生培养体系的其他课程和环节的同向同行；

（5）在引导学生坚定理想信念、形成深厚的爱国情怀上下功夫；在时代大变局背景下帮助学生抵御错误思潮，坚定立场和道路自信、文化自信、政治定力；引导学生形成甘于奉献、以奋斗为幸福的高尚觉悟；

（6）注重学生的专业素养塑造，提升学生对工程伦理的认识认同，特别是求真务实、精益求精、心无旁骛的精神，严守操作规程的思想底线。

（7）引导不断增长知识见识，激发学生的求知欲，教育学生扎实掌握专业知识的同时，养成终身持续学习的理念，以及生学一门会一门、干一行爱一行的觉悟；激发学生勇于实践，不畏艰险的精神。

五、总结和展望

高校思想政治教育要兼顾"育德"和"育才"的两者统一，特别是立德树人这一充满辩证法光辉的教育理论背后的精神与道德力量，注重其思想政治属性；课程思政的践行与发展能够在分专业、分方向培养的大背景下，避免偏重专业知识与技能培养，而忽略精神、道德、价值观培养的倾向，切实通过体系化构建将"育德"融入研究生这一高级人才群体的全方位培育工程之中。此外，课程思政绝不是取代或者弱化思想政治理论课，相反，它是要与本学科其他课程和培养环节形成多方向、分层次、成体系的育人功效，真正促进育人合力的形成、强化和提升。

作者深刻体会到，专业主干课的核心地位，使之可以成为课程思政、导学思政、研工思政的交汇点，成为研究生培养思政体系的枢纽。课程思政工作是全体高校教师和管理人员的共同责任与担当，其战场在课堂，指挥部是高校党委，教师和基层政治思想工作者都是一线的战士。从坚守意识形态阵地、保障党的事业薪火相传的战略高度来看，主干课作为核心课程，其课程思政工作是重要的政治任务，引导广大师生树立"四个意识"、坚定"四个自信"、坚决做到"两个维护"，从而培养和造就担当民族复兴大任的时代新人，将是课程团队及其联合攻关体的共同职责与担当。随着党的二十大精神的不断落实，课程思政发展将迎来一个新的发展阶段，让我们全力以赴抓好顶层设计、系统规划、前瞻布局，做好协同发力、督促检查，在实践中埋头苦干，守正创新，在自己的岗位上为全员、全过程、全方位育人的伟大目标的实现，为建设社会主义现代化国家、全面推进中华民族伟大复兴全力奋斗。

参考文献

[1] 陈华栋.课程思政：从理念到实践[M].上海：上海交通大学出版社 2020.

[2] 周晶晶.系统论视域下高职院校课程育人体系建设[J].天津职业大学学报,2022,31(2):50-54.

［3］ 王连峰.系统论视角下的青年政治特质文化传媒人才培养模型建构[J].文化学刊,2022(2):134-137.

［4］ 张蓉.系统论视域下课程思政元素的挖掘与运用[J].军事交通学报,2022,1(2):82-85.

［5］ 宋辉.系统论视角下的大学英语课程思政教学设计[J].德州学院学报,2022,38(1):97-101.

［6］ 蒲清平,黄媛媛.党的二十大精神融入课程思政的价值意蕴与实践路径[J].重庆大学学报(社会科学版),2022(6):在线发表.Doi:10.11835/j.issn,2022,10(3):1008-5831.

作者简介

缪旻,男,教授,研究生导师,北京信息科技大学信息与通信工程学院教授,智能芯片与网络研究中心负责人;长期从事信息与通信学科及相关学科的教学、科研,以及研究生指导相关高教研究,校级优秀研究生指导教师;多次获北京市、校级科技和教育教学奖励。

基于OBE理念的项目介入教学模式探索与实践
——以《嵌入式系统》为例

陈雷*[①]　彭克勤[①]

(①北京信息科技大学计算机学院,北京 100101)

摘　要:在国际工程教育认证大趋势下,用产出导向教育理念引导工程教育改革已成普遍共识,而复杂工程问题解决能力是教育成果的主要产出,此产出难以通过单门专业课课程目标的达成来实现。当前工程认证专业本科生培养过程中一个问题是单门课程如何培养复杂工程问题解决能力。本课题通过将以嵌入式系统开发技术为主导的实际项目案例有机整合到嵌入式系统课程的教学中,对复杂工程问题进行了有效拆分,将嵌入式系统课程相关的部分作为主要内容对应融合到了其教学实践中,而又兼顾了复杂工程问题的其他方面,通过项目介入将国际工程教育认证理念实践到了具体单门课程的教学实践中。

关键词:OBE理念;项目介入教学;复杂工程问题;嵌入式系统。

Exploration and Practice of Project Intervention Teaching Mode Based on OBE Concept

Chen Lei*[①], Peng Keqin

(①Beijing Information Science and Technology University,Computer School,Beijing 100101,China)

Abstract:Under the trend of international engineering education certification, it has become a common consensus to guide engineering education reform with the concept of output oriented education. The ability to solve complex engineering problems is the main output of educational achievements, which is difficult to achieve through the achievement of single professional course objectives. One issue in the current undergraduate training process for engineering certification majors is how to cultivate the ability to solve complex engineering problems in a single course. This project organically integrates practical project cases led by embedded system development technology into the teaching of embedded system courses, effectively decomposes complex engineering problems, and integrates relevant parts of embedded system courses as the main content into its teaching practice, while also taking into account other aspects of complex engineering problems, Through project intervention, the concept of international engineering education certification has been applied to the teaching practice of specific individual courses.

Key words:OBE concept; Project intervention teaching; Complex engineering problems; Embedded system.

---

* 北京市北京信息科技大学计算机学院,100101。Email:ch913@126.com 本文于2023年5月3日收到。本项研究受北京信息科技大学2022年度教改项目(2022JGYB21)资助。

一、引言

成果导向教育（Outcomes-based Education，OBE），由美国的 Spady 在 1981 年提出，在美国、英国、加拿大等国家已成为教育改革的主流理念。我国 2006 年开始实施工程教育认证，2016 年成为《华盛顿协议》正式会员，为工程类学生走向世界打下了基础。以学生为中心、以产出为导向、持续改进三大工程教育理念中，"产出"为学生毕业五年以后的复杂工程问题解决能力。所以，此能力是认证各专业制定培养目标、毕业要求时着重考虑的方面，需由多门课程多个课程目标来支撑达成。当前，工程认证专业本科生培养过程中面临的一个问题是单门课程如何培养复杂工程问题解决能力。因为此能力是多门课程多个课程目标综合的结果，单门课程仅占其中部分权重。各门课程在学生复杂工程问题解决能力培养方面责任分工不明确，以致对此能力培养落实不够具体和理想，学生毕业就业竞争力等亦受影响。

哈佛商学院在课堂上使用的案例教学法被认为是一种比较有效的课堂教学方式。案例教学是指教师依据教学目的，组织、引导学生对案例进行学习与讨论，通过项目实例教会学生思考、分析问题的方法，进而提高学生问题求解的能力。此项目案例教学法提出后，获得了广泛的应用和研究。杨秀娟等在 Visual Basic 课程教学中应用了基于软件项目的案例式教学方法[1]；周晓清等基于任务驱动式项目案例教学法进行了教学改革的探索和实践[2]；陈婷等以商业智能应用课程为例，基于混合式理念构建了的项目式学习课程体系[3]；刘华等基于项目式混合教学对"板料成形 CAD/CAE4"课程教学进行了改革与探索[4]；赵杰等对数字图像处理课程进行了项目式教学平台的设计[5]；曹修全等对传感器与工程测试技术基础课程进行了项目式教学实践研究[6]；另外，也有研究者在软件工程、C 语言程序设计等课程中对项目式教学进行了实践研究[7-9]。

近年来，随着工程教育认证的推广，项目式教学方法在 OBE 理念中也获得了广泛的研究与应用。如：基于 OBE 理念，乔小溪等将项目导向式教学应用在了机械原理课程中[10]；刘鑫等对机器人操作与编程课程进行了项目贯穿式教学设计[11]；陈久强等对"理实一体项目式教学"进行了实践探索[12]；苏占华等对项目教学模式的优化进行了研究[13]；徐灵峰等对项目驱动式材料与化工类专业英语教学模式进行了探索[14]；林金燕等以电力电子技术课程为例对项目式教学改革进行了探索与实践[15]；王强等对应用型课程的教学改革进行了研究[16]；张瑞祥等以"电气控制技术"课程为例对新工科背景下 OBE 实践教学模式进行了探讨[17]；余福源等对嵌入式系统设计课程教学改革进行了研究[18]。以上所述项目式教学方法和基于 OBE 理念的课程教学改革研究，对于单门课程如何在教学过程中发挥在复杂工程能力培养中的具体作用尚未有明确方法，即，OBE 理念下、复杂工程问题解决能力这一产出的落地问题未能有效解决。

针对当前复杂工程问题解决能力培养落实情况不够理想的问题，本课题采用项目案例式教学模式，将单门专业课程在复杂工程问题解决能力培养中的责任在实际项目案例中具体体现出来，加以强调，同时兼顾其他相关课程理论知识，以嵌入式系统课程为例，进行了探索与实践。

二、《嵌入式系统》课程介绍

嵌入式系统是一门电子、计算机、自动化等工科专业的专业性较强的课程,在我校计算机学院计算机科学与技术专业,是一门必修实践课,属于软硬件系统协同设计的课程。教学目的是通过本课程,使学生了解嵌入式系统的特点和应用,并理解和体会所涉及的多门先修课程知识,并进行综合应用和延伸;使学生初步掌握基本的、典型的嵌入式应用问题的解决方法。强调培养学生嵌入式系统原理及设计的理论工程实践能力,引导学生自主查阅资料、使用多种软硬件工具,培养解决复杂问题的初步思路和能力。注重基础知识与新技术的融合、理论到实践的提升,培养学生的工程意识和合作意识与能力。为实现复杂工程应用打下基础。

实施工程教育认证以来,基于 OBE 理念,进行了大纲的修订,根据教学大纲,《嵌入式系统》课程有五个教学目标,具体为:

(1)理解面向具体主流应用的基于 ARM Cortex-M4 内核的嵌入式控制器 STM32F4 系统结构特点;掌握其常用内部资源和外扩资源原理及其使用方法,即寄存器和固件库函数含义和使用方法。

(2)掌握嵌入式基础应用程序设计的关键步骤;形成解决嵌入式系统设计领域内工程问题的初步能力、系统方案设计的基本能力;解决的问题用于满足现今各行各业的新需求。

(3)能够通过分析芯片及数据手册、图书及网络文献等资料,调研并学习先进技术,分析系统工程问题,并采取先进的研究方法,设计有效的实验方案。

(4)掌握常用嵌入式开发工具、通信工具、显示数据格式转换等多种相关软件工具的使用。

(5)形成自主学习能力;形成终生学习和思考的习惯;增强团队意识和协作能力。

通过以上五个教学目标的达成,嵌入式系统实践课程对专业毕业要求中不同的指标点提供相应权重的支撑。所以,本课题的整个研究是基于 OBE 理念、采用项目介入模式,围绕这五个课程目标的达成来探索与研究的。

三、基于 OBE 理念的项目介入教学模式

当前嵌入式系统教学中,课程目标主要是通过课堂讲授与研讨、课后作业与练习、实验、期末考试等环节来达成的,实际项目案例的比例需进一步提高,需选择合适的项目案例和融入方式,提高学生课上课下学习和实践的主动性和积极性,更好地对应产出导向。本研究基于 OBE 产出导向,选择了以嵌入式系统技术为主、综合多方面知识的最新项目案例,对教案、实验、期末考试环节等进行了调整,引导学生学习、联系、运用课程知识,积极针对项目实际问题进行研讨、实验,以解决项目需求,以使学生由被动接受知识向直接面向复杂工程问题需要而学习运用课程知识转变。

将体现复杂工程问题解决能力的项目案例融入教学中后,课程的过程考核评价方式也需要做出适当的调整。嵌入式系统课程现有考核方式主要包括平时成绩、实验成绩、期末考

试三部分,融入项目案例后,过程考核各环节中需突出项目案例比重,增加项目调研、分析、讨论、实践等考核项。以便更有效地落实 OBE 理念和工程认证产出导向,提高的学生复杂工程问题解决能力。

四、基于 OBE 理念的项目介入教学模式实践

为验证本课题基于 OBE 理念的项目介入教学模式在课程目标达成、复杂工程问题解决能力培养等方面的有效性,在本专业 2019 级两个班级 66 名学生的嵌入式系统过程考核和课程目标达成评价中进行了实践。实践模式及结果情况具体如下:

(1) 理论授课

为有效地将实际项目案例与融入嵌入式系统专业课程理论知识授课过程中,以使学生由被动接受知识的教学模式向直接面向复杂工程问题需要而有针对性地学习运用课程知识的教学模式转变,在对计算机科学与技术专业 2019 级两个教学班级的理论授课过程中通过实物演示、原理讲解、问题提问、解答等方式在不同知识点讲授环节,适时融入了团队承担或参与的多个嵌入式系统开发相关的实际项目案例。

这些项目案例,均是来源于社会需求的嵌入式系统开发实际项目,是面向行业实际产品需求的,并非只是基于嵌入式系统单门课程的知识和能力就可以开发完成的,需要综合 C 语言、Web 应用程序开发、Java、机械设计、电子信息等多门课程的专业知识和能力。所以,能够充分体现出对复杂工程问题解决能力的需要。在嵌入式系统的授课过程中,有选择地将这些项目案例所蕴含的复杂工程问题中需要运用嵌入式系统知识的相关部分划分出来,向学生加以讲解。这些项目案例及嵌入式系统相关的知识点如表 1 所示。

表 1 项目案例及相关理论知识点

项目案例名称	对应课程知识点
基于 STM32 的激光切割机控制系统设计与实现	GPIO、步进电动机控制、时钟系统、SysTick 定时器
基于 STM32 的油气泄漏远程监测系统设计与实现	STM32F407 中断管理、相关寄存器及固件库函数
基于 STM32 的多频地震震源系统设计与实现	步进电动机原理、中断管理
基于 STM32 单片机的无线定位系统设计与实现	LCD 液晶显示、FLASH 的读写
基于 STM32 单片机的地震检波器设计与实现	SPI 总线、键盘/数码管管理串行芯片 7279
基于 Spring Boot 的室内空气质量监测系统设计与实现	USART 串口、相关寄存器及固件库函数
基于 STM32 单片机的弹壳自动统计系统设计与实现	RTC 的原理、相关寄存器及固件库函数
基于 STM32 的无线地震检波器系统设计与实现	GPIO、相关的 API 函数、STM32F407 串口 IIC

通过在理论授课中,适时融入以上实际项目案例,以使学生由课程理论知识学习向复杂工程问题解决能力这一 OBE 理念产出的提高转变。

(2) 实验课时

在实验课时方面,安排了六次实验,每次实验四课时。实验内容具体如表 2 所示。

表 2　基于 OBE 理念的项目介入实验安排

实验一	1. 熟悉开发环境使用；2. GPIO 实验流水灯；3. CPU 板按键测试；4. 彩色 LCD 液晶显示实验
实验二	1. SysTick 定时器；2. 独立看门狗(IWDG)；3. 用中断方式控制步进电动机正反转及速度
实验三	1. EXIT 中断实验；2. 串口实验，数据在串口助手和液晶屏上显示；3. RTC 实验；读取 RTC 数据在串口助手和液晶屏上显示
实验四	1. Flash 读写实验；2. 7279 数码管显示及按键键值读取；3.（选）光照度实验
实验五	1. 16X16 点阵实验；2. 7279、温湿度芯片或 RFID 联动实验；如卡号显示在 LED 数码管上
实验六	1. RFID 卡的读写方法及相关实验；(选)2. 语音播报实验；(选)3. 请同学们做一个综合实验；如温湿度与继电器联动、关照度与步进电动机联动、按键控制 LCD 液晶屏上的字号显示

如表 2 所示，六次实验安排中，前五次实验内容的最后都增加了与实际项目案例需求较多的实验内容，如：实验一中彩色 LCD 液晶显示实验；实验二中用中断方式控制步进电动机正反转及速度等。除此之外，为进一步加强学的复杂工程问题解决能力的培养，实验六给出了可选的语音播报实验和综合实验，为学生综合运用多学科、多课程的专业知识以解决复杂工程问题提供了更广阔的发挥和提升空间。

（3）期末考试

为充分体现复杂工程问题能力培养的目标，嵌入式系统课程期末考试采用了开卷形式，以考核学生根据问题需求，查阅文献、资料的能力。将项目案例的需求分解到了不同类型的题型中。包括：单选题、填空题、判断题、简单题等。尤其在简答题部分设计了步进电动机驱动控制、用 7279 芯片控制数码管显示等较能体现复杂工程问题解决能力的题目。

（4）课程过程考核

基于 OBE 理念进行项目介入教学模式实践之后，根据两个班级共 66 名抽样的学生成绩进行课程目标达成度评价，评价方法及课程目标达成度计算结果如表 3 所示。

为方便对比分析，现给出 2018 级本专业两个班级抽样人数共 59 人的课程目标达成度评价柱状图，如图 1 所示；2019 级两个班级抽样人数共 66 人的课程目标达成度评价柱状图如图 2 所示。

在图 1 中：2018 级嵌入式系统课程的课程目标 1 达成度为 0.81，课程目标 2 达成度为 0.69，课程目标 3 达成度为 0.63，课程目标 4 达成度为 0.87，课程目标 5 达成度为 0.87；图 2 中 2019 级嵌入式系统课程的课程目标 1 达成度为 0.95，课程目标 2 达成度为 0.79，课程目标 3 达成度为 0.88，课程目标 4 和 5 达成度均为 0.80。与 2018 级相比，课程目标 1、目标 2、目标 3 的达成度均有显著提高，课程目标 4 和目标 5 略有降低。经分析，课程目标 1 的显著提高原因有两个：一是课程目标 1 评价内容的调整，由原来的平时、实验、期末三项内容调整为了期末试题单选题部分，二是采用基于 OBE 理念的项目介入教学模式后学生对基于 ARM Cortex-M4 内核的嵌入式控制器 STM32F4 系统和资源的原理及使用方法有了更好地掌握，表明基于 OBE 理念的项目介入教学模式及考核方法对于课程目标 1 的达成是有效的。课程目标 2 和目标 3 达成度显著提高的原因也有两个：一是评价内容由原来的平时、实验、期末三项内容调整为了期末试题中简答、判断和填空部分,二是采用基于OBE理念的项目介入教学模式后学生更好地掌握了嵌入式基础应用程序设计的步骤,解决嵌入式系统设计领域内工程问题的初步能力、系统方案设计及通过分析芯片及数据手册、图书及网络文献等资料、调研并学习先进技术,来分析系统工程问题方面的能力都有了显著提高,表明基于OBE理念的项目介入教学模式对课程目标2和目标3的达成也是有效的。课程目标4和目标5略有降低,而课程目标4和目标5均由实验成绩来评价,表明2019级在实验报告和实验表现方面相对2018级略有逊色,原因主要是由于疫情原因2019级嵌入式系统实验探索性地采用了"老师演示、师生互动"的线上方式,线上实验未达到线下实验的效果,但达成度仍达到了0.8,说明基于OBE理念的项目介入教学模式和线上实验方式均是有效的,只是还需要进一步改进,以更好地使学生掌握常用嵌入式开发工具、通信工具、显示数据格式转换等多种相关软件工具的使用,形成自主学习能力,形成终生学习和思考的习惯,增强团队意识和协作能力。

表3 《嵌入式系统》课程目标达成度评价(过程考核分析法)

课程评价基础数据	课程目标评价内容	平时	实验	期末考试	课程总评成绩
	目标满分分值	10	40	50	100
	学生平均得分	7.3	32.0	42.0	81.3
备注					
课程目标达成度评价信息	课程目标	评价内容	目标分值 T	学生平均得分 A	课程目标达成度 R=sum(A)/sum(T)
	1. 理解面向具体主流应用的基于ARM Cortex-M4内核的嵌入式控制器STM32F4系统结构特点;掌握其常用内部资源和外扩资源原理及其使用方法,即寄存器和固件库函数含义和使用方法	1~10(单选)	20	18.94	0.95
	2. 掌握嵌入式基础应用程序设计的关键步骤;形成解决嵌入式系统设计领域内工程问题的初步能力、系统方案设计的基本能力;解决的问题用于满足现今相关行业的需求	21~27(简答)	60	47.14	0.79
	3. 能够通过分析芯片及数据手册、图书及网络文献等资料、调研并学习先进技术,来分析系统工程问题,并采取先进的研究方法,设计有效的实验方案	11~15(判断) 16~20(填空)	20	17.58	0.88
	4. 掌握常用嵌入式开发工具、通信工具、显示数据格式转换等多种相关软件工具的使用	实验	20	16	0.80
	5. 形成自主学习能力;形成终生学习和思考的习惯;增强团队意识和协作能力	实验	20	16	0.80
	课程目标平均达成度				0.84

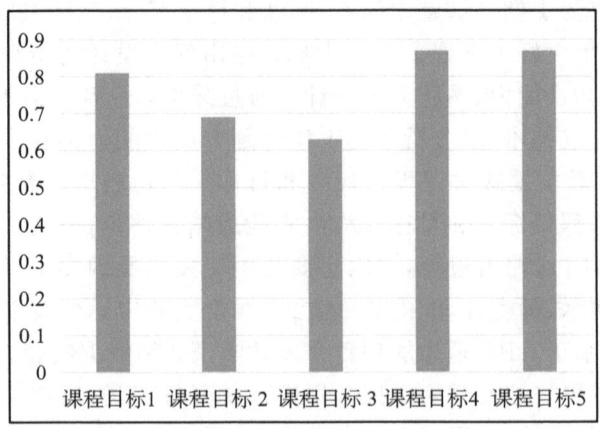

图 1　2018 级嵌入式系统课程目标达成度

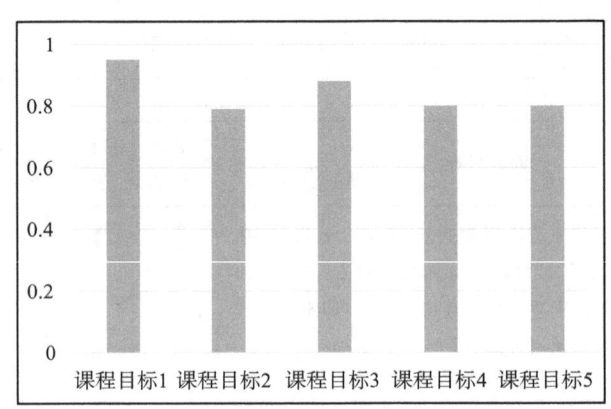

图 2　2019 级嵌入式系统课程目标达成度

五、结　语

针对工程教育认证趋势下,单门课程对复杂工程问题解决能力培养难以落地实施的问题,本课题以嵌入式系统课程为例,基于 OBE 理念,对项目介入教学模式进行了探索与实践。给出了基于 OBE 理念的项目介入教学模式中理论授课、实验课时、期末考试等授课过程的实践方式,并通过课程项目介入教学模式实践前后课程目标达成度的对比分析验证了所提教学模式的有效性和可行性。接下来研究的方向是对实际项目案例在授课过程中的融入方式和课程考核方式进行进一步探索研究,以更有效地提升课程目标的达成度,更有效地将课程目标达成度的提升与学生复杂工程问题解决能力的提升统一起来,进而更有效地切实支撑毕业要求的对应项,更具体地落实 OBE 理念。

参考文献

[1] 杨秀娟,董军,王丽芬.基于软件项目案例式教学方法在 Visual Basic 课程中的实践[J].黑龙江教育(理论与实践),2016(3):62-63.

[2] 周晓清,李宏,叶安胜.任务驱动式项目案例教学法在课程教学改革中的探索与实践[J].实验科学与技术,2018,16(4):101-106.

[3] 陈婷,吴珊,靳紫辉.混合式理念下的项目式学习课程体系构建——以商业智能应用课程为例[J].文化创新比较研究,2020,4(31):80-82.

[4] 刘华,刘红生,尤芳怡.基于"板料成形 CAD/CAE4"课程项目式混合教学改革的探索[J].教育教学论坛,2021(20):61-64.

[5] 赵杰,李英,张娜.数字图像处理项目式教学平台的设计[J].高师理科学刊,2021,41(2):87-90+98.

[6] 曹修全,陈艳.基于"项目式教学"的《传感器与工程测试技术基础》课程实践研究[J].创新创业理论研究与实践,2022,5(23):162-165.

[7] 侯德源.软件工程中的项目式教学实践[J].电子技术,2023,52(2):96-97.

[8] 吴鹏,蔡力,冯璐.应用型本科"C 语言程序设计"课程项目式教学方法设计与实践[J].教育教学论坛,2022(46):153-156.

[9] 丁文霞.项目驱动式教学方法探索与实践研究[J].工业和信息化教育,2023(3):65-70.

[10] 乔小溪,李艳琳,邱丽芳.基于 OBE 的项目导向式教学模式在机械原理课程教学中的应用[J].中国冶金教育,2022(3):34-36+40.

[11] 刘鑫,杜宇恒,李曰阳.基于 OBE 理念的"机器人操作与编程"课程项目贯穿式教学设计[J].南方农机,2023,54(8):183-185+198.

[12] 陈久强,崔文婷,高巍巍.基于 OBE 理念的"理实一体项目式教学"实践探索[J].计算机教育,2022(12):214-220.

[13] 苏占华,赵志凤.基于 OBE 理念的项目教学模式优化研究[J].黑龙江科学,2022,13(5):116-118.

[14] 徐灵峰,易绣光,黄艳蓉.基于 OBE 理念的项目驱动式材料与化工类专业英语教学模式探索[J].江西化工,2023,39(1):110-113.

[15] 林金燕,陈珍姗,黄永杰.基于 OBE 理念的项目式教学改革的探索与实践——以《电力电子技术》为例[J].信息系统工程,2021(8):162-164.

[16] 王强,田宏伟.基于 OBE 理念的应用型课程教学改革研究[J].电气电子教学学报,2022,44(5):28-32.

[17] 张瑞祥,张玮,钟啸,等.新工科背景下 OBE 实践教学模式探讨——以"电气控制技术"课程为例[J].教育教学论坛,2022(51):113-116.

[18] 余福源,李荣青,王宜结.基于 OBE 理念的"嵌入式系统设计"课程教学改革研究[J].工业控制计算机,2022,35(9):155-156.

融入课程思政的程序设计实践课程教学设计

夏红科[1]

(1. 北京信息科技大学 计算机学院,北京 100101)

摘 要:针对高校落实课程思政建设的要求,分析程序设计实践课程的课程特点以及授课要求,提出在课程的理论授课阶段融入思政教育的整体思路,根据教学内容来设计教学案例,通过对具体教学案例的介绍和分析来对学生进行价值引领,在应用面向对象特定知识分析和解决问题的教学过程中落实与践行社会主义核心价值观,从而实现教书育人的目的。

关键词:课程思政;程序设计实践;教学案例设计。

课程思政建设作为思想政治工作的一部分,是落实立德树人任务的重要一环[1]。在高校课程教学中推进思政建设是高校人才培养体系的一项根本任务。程序设计实践课程是计算机类专业的一门必修实践课程,如何在课程实施过程中融入课程思政教学需要进行深入思考。

一、程序设计实践融入课程思政的意义

教育部印发的《高等学校课程思政建设指导纲要》强调了课程思政建设是落实立德树人根本任务的战略举措,思想政治工作应贯穿人才培养体系,在高校课程思政工作中需全面推进课程思政建设。加强高校政治教育工作,应该从高等教育的"育人"本质要求出发,将培育和践行社会主义核心价值观融入教育教学过程中,充分发挥教学在育人过程中的主渠道作用。怎样在高校专业课教学中融入课程思政,坚持"育人为本、德育为先",发挥每门课程的育人作用需要高校教学工作者进行思考和探索。

程序设计实践课程是计算机科学与技术、软件工程、网络工程专业学科基础教育的必修实践环节,该课程在"面向对象技术"基础上,强调实践性和综合性,为提高学生的动手编程能力打下坚实的基础。针对实践类课程的特点,在教学过程中渗透德育,将思想政治工作贯穿教学过程、并落实到课堂教学中,对学生进行价值引领有重要的现实意义。如何把培育和践行社会主义核心价值观融入程序设计实践课程的教学过程,将思政教育的理论知识、价值观念以及精神追求等思想政治教育元素有机结合到教学过程是一个有挑战性的问题。

二、程序设计实践中融入思政教育的思路

程序设计实践课程作为计算机类专业课程的必修课之一,重点讲解应用面向对象编程思想和编程方法完成综合实践系统,考查学生完成综合应用系统的分析、设计和开发能力。

课程的时间安排为2周(共10天),其中理论部分安排1天,实践部分安排9天。理论教学阶段说明系统设计要求,并且进行案例分析。说明系统设计要求时,通过分析特定需求描述、区分不同的系统分析及设计方案的优劣,使学生能够将面向对象的思想及软件工程开发的工作流程应用于面向对象分析及面向对象设计。进行案例分析时,通过讨论具体案例在实现中的可改进之处,使学生能够在面向对象设计和面向对象编程(包括界面设计及开发)过程中体现重用性,具有识别特定需求及任务约束条件,进行有重用性、合理性的功能设计和系统实现的能力。

课程思政教育需要实现课程教学和思政教育的同向同行和协同育人,不能把思政教育和课程教学当成是两个独立的部分分别进行,并未将其有机结合协同进行。应该从课程的具体特点出发,设计思政教育的具体教学形式和方法,从而实现整个教学过程中知识传授、价值塑造以及能力培养三者的统一。课程教学与思政如图1所示。

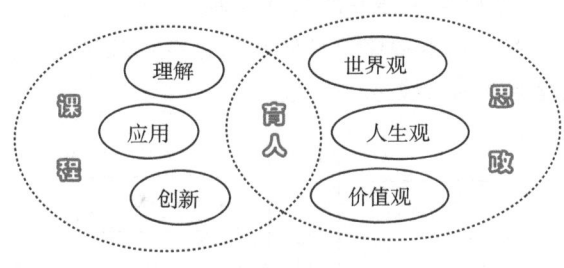

图1　课程教学与思政

教育之间的关系:从程序设计实践课的课程内容可以看出,思想政治教育在课程实施过程中的教学应集中在理论课时的讲授阶段;而实际的动手实践阶段是训练与检测学生的专业能力,以动手实践为主,不适合加入思政教育的环节。程序设计实践课程的前序课程是面向对象技术,经过前学期的面向对象技术课程学习,学生基本掌握了面向对象分析、面向对象设计及开发的相关基础(Java)[3],但是在应用面向对象相关知识完成综合应用系统时,对于全局设计的思路,以及在实际环境中如何识别特定的任务约束条件进行合理性设计还不具备相应的意识,另外有些在面向对象技术课程中没有讲到的特定知识点(如结构体、HashMap等)需要补充。因此在本课程的理论讲授阶段,在讲授具体知识点和案例分析的过程中,通过知识点的应用场景和实际案例的详细分析,引入思想政治教育,实现思想政治教育与程序设计实践课程专业知识体系教育的有机统一。教师不但传授知识,更传授道理,从知识和品德方面都实现育人。

三、程序设计实践中融入思政教育的措施

根据上述分析,在程序设计实践课程实施过程中融入思想政治教育应根据课程的知识体系、结合程序设计实践课程的特点,将教学与学生当前在学习、生活、社会交往中所经历的问题和困惑相结合,通过多角度挖掘思政教育素材,采用多元化教学形式途径实现教学过程与思政教育的有机统一[2],在知识和技能的传授、在教学过程中实现育人。

1. 多角度挖掘思政教育素材

程序设计实践课程的主要授课内容是新知识点及案例分析。新知识点不同于前期面向对象技术课程所涉及的基本知识,是在实际综合应用系统中经常涉及的内容,包括GUI界面、结构体、数组、HashMap、文件、异常处理几个方面。围绕这些知识点,广泛选取在计算机业界经常使用的软件作为案例进行介绍或说明,或是结合学生日常生活有所涉及、比较熟悉的场景来启发学生思考并进行分析。这些案例或场景可以是国产软件行业的发展历程及现状介绍、经典游戏开发案例及信息管理系统案例分析等[4],也可以是学生日常生活中所接触到的具体事件。

在授课过程中,从不同角度来挖掘思政教材以融入教学过程,设计了相应的思政教学案例。通过介绍我国软件行业的发展历程及发展现状,激发学生的使命感和责任感;通过经典游戏开发案例及信息管理系统案例的分析,引导学生思考软件人性化问题,培养学生具备精益求精的工匠精神;通过学生生活中涉及的饮食、购物等案例,对学生的日常抗压能力、人际交往能方面进行启发和教育等。本程序设计实践课程在思政教育所采用的具体教学案例及案例计划达到的思政教学目标如图2所示。

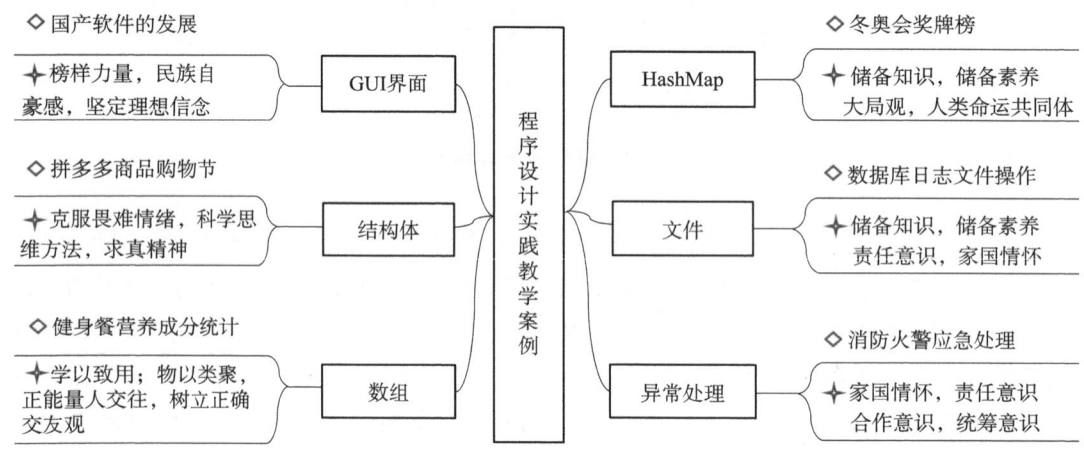

图 2　课程教学案例及思政教学目标对应图

（1）GUI 界面

GUI 界面是应用程序与用户的主要交互形式之一,其相关知识在面向对象技术课程中并未涉及。本课程由于采用 Java 语言编程实现,因此需要补充利用 Java 类库 JavaFX 进行 GUI 界面开发的相关知识。授课过程中在讲解 JavaFX 开发 GUI 界面的开发框架及应用的细节知识时,介绍如办公处理软件 WPS 和国产游戏软件《王者荣耀》的 GUI 界面发展演变过程。这些优秀国产软件是学生都有所接触,基本上有使用体验,说明起来并不陌生。介绍国产软件的 GUI 界面,不但可以让学生以专业的角度来分析它们的知识点,而且也能通过榜样力量激发学生的民族自豪感,坚定为中华民族的伟大复兴而奋斗的理想信念。

（2）结构体

结构体用于表示复杂数据结构,出现在很多具体场景中。当简单的数据结构(如基本数据类型)不足以表示实际应用中的数据时,就要考虑使用结构体等复杂数据结构来表达实际数据,将多类简单或复杂的数据类型组合到一起。授课过程中,在介绍结构体的定义以及 Java 语法要求 Struct 后,以拼多多商品购物节为应用场景,说明相应的设计要求。

拼多多购物节扶农助农的活动是实施乡村振兴战略的一项具体体现,通过电商平台来实现农业产品从田间地头销售到消费者。实际应用中,助农产品类别各异,品种和型号也各不相同。既可能有米面粮油等统一规格的产品,也有水果这类需要用户来确定数量的产品,面向种类众多的助农产品,怎样设计统一的数据形式来表达不同的产品数据是一个有挑战性的问题,也是在实现该系统时系统分析与设计的关键一步。通过启发学生思考,引入结构体的定义及使用,设计一个结构体"商品",综合了产品的品种、型号、计量方式等不同的特点,从而能表示不同类别和规格的产品。并且鼓励学生采用 Java 语言来编程实现该"商品"结构体,激励学生克服畏难情绪,面对困难有挑战精神;能利用科学思维方法来解决问题,具备求真精神。

```
Struct AgriculturalProduct{
    String brand;      //品种
    String producer;   //产地
    String count;      //计量方式
    String unit;       //单位
    float  price;      //单价
    float  weight;     //数量
}
```

(3) 数组

数组能表达若干类型相同的数据,是每门语言的重要数据结构之一,Java 中采用 ArrayList 数据结构来保存多个同类数据(基本数据类型或复合类型)。课程的授课阶段以健身餐营养成分统计为例,让学生思考不同健身餐的营养成分,每一种健身餐包含碳水化合物、蛋白质、脂肪等营养成分。

```
Class FitnessMeal{…}        //定义健身餐类
ArrayList<FitnessMeal> fm = new ArrayList<>();//创建健身餐数组
    fm.add("鸡肉 100 克",1.3,19.3,9.4);//100 克鸡肉中碳水化合物、蛋白质、脂肪
```
的含量分别是 1.3 克,19.3 克,9.4 克

在讨论该健身餐的设计过程中,结合学生日常宿舍生活以及锻炼身体的经历,鼓励学生建立良好的生活习惯,坚持锻炼,保持身心健康,不熬夜打游戏,多与健康生活的人交往,带给别人正能量,树立正确交友观。

(4) HashMap

Java 语言中,HashMap 是数组和链表的结合体,兼顾了数据表达和存储的要求,能够以非连续表达方式存储复杂数据,在综合应用系统中使用很频繁。课程在介绍 HashMap 的具体用法时,为了加强理解,引入了冬奥会奖牌榜的应用场景。在让学生思考如何用 HashMap 完成奖牌榜的设计,并尝试加以实现。

```
Map Medals =  new HashMap();        //创建奖牌榜
```

```
Medals.put("挪威",16,8,13);        //输入各国奖牌数
Medals.put("中国",9,4,2);
……
```

在探讨面向对象分析和设计的教学过程中,引导学生就冬奥会中国运动员的了解发表自己的看法,既可以储备体育知识,增加相关素养,增强民族自信心;又能建立树立全球化、人类命运共同体的大局观。

(5) 文件

文件是文本、图片、程序等存储在计算机上的信息集合,应用系统中常用文件来存储单一结构的大量数据。课程说明文件的用法时,以数据库日志文件操作为例,讲解了日志文件操作的用途及过程。数据库的日志文件记录了所有对数据库的操作,用于在故障发生时能恢复现场,减少故障所带来的损失。通过数据库日志文件的案例,引导学生能有居安思危的责任意识,日常操作中对数据及时备份,避免系统故障或是误操作造成的影响。另外可以引入我国优秀的数据库软件,以及数据库专家的介绍,为后继的数据库课程打基础,鼓励学生为实现中华民族伟大复兴、为实现中国梦而努力的信心和决心。

(6) 异常处理

异常处理是Java中对于程序运行过程出现意外情况时的处理机制,在应用系统中常使用异常处理来对程序运行过程可能出现的故障或错误给出解决预案。这是一种防患于未然的策略,要求程序能提前预知程序可能发生的问题并及时应对。异常处理的概念较为抽象,课程在授课阶段,形象化地以消防火警处理过程为例来讲解异常处理机制。将消防火警处理中的火警发生、火警报告、火警处理阶段分别类比异常处理过程的异常产生、异常声明、异常处理阶段,通过与生活贴近的举例来加深理解。并且对整个消防火警处理阶段涉及不同部门之间的协作介绍,课启发学生建立责任意识、合作意识和统筹意识,应该对程序执行过程可能出现的结果有预设,对可能出现的结果做到心中有数,通过各部门的协作,对可能发生的危机有应对方案。

2. 采用多元化教学形式

在教学过程中,除了多媒体课堂授课外,还充分利用互联网资源,结合MOOC+SPOC模式等线上线下混合教学模式来补充课堂教学的不足,增加与学生互动,提高学生的兴趣、提升教学效果。

课程利用互联网资源,通过慕课对课堂教学内容进行补充。在相应知识上加入思政元素,以动画、视频等形式来丰富教学内容,补充国产软件的最新发展、具体场景分析时的背景视频等,来提高学生的学习兴趣。并且采用了课堂派平台结合腾讯会议来实现SPOC教学,实现线上线下混合教学,对那些因疫情或者是身体原因不能在教室学习的学生来完成教学。除了在线上教学的过程中与学生直接沟通外,课堂派也提供了交流平台来实现师生之间的课下交流,有利于及时掌握学生的思想动态以课程的完成情况。

四、结束语

程序设计实践课程与思政教学的融合是教学改革的方向,怎样将课程思政融入专业课

的教学中,需要教师深入思考。除了教师自身进一步加强学习外,还要主动挖掘、充分利用多方资源,结合时代背景、国家社会的发展需求,以及学生发展成长的规律来精心设计教学过程和案例。把诸如发展历程、时代背景、未来前景等有利于增加学生认同和文化自信的内容,以贴近生活、贴近学生实际的案例表现出来,通过潜移默化的形式对学生进行思想引导,从而使程序设计实践课程能更好地"立德树人"。

参考文献

[1] 习近平总书记在全国高效思想政治工作会议上的重要讲话[N].人民日报.2016-12-9(1).
[2] 丁智国.软件质量保证与测试课程的课程思政建设[J].计算机教育,2020(5):82-85.
[3] 谢延红,张建臣,等.《面向对象程序设计(Java)课程思政探索与实践》[J].德州学院学报,2022,38(4):97-101.
[4] 蒋辉,孙林娟,等."Java程序设计"实践教学体系研究[J].软件导刊(教育技术).2017,16(7):44-46.

"电子信息类专业导论"课程思政育人的教学探索

吴韶波　巩译　李学华　李振松　沈冰夏

(北京信息科技大学信息与通信工程学院,北京,100101)

摘　要:课程思政通过专业课程的知识教学中融入思想塑造和价值引领,使两者协同作用,同步提升学生的知识、能力和德行,达到立德树人的目的。论文以"电子信息类导论"课为例,介绍了教学过程中实施课程思政的教学设计与实践,力求教学质量的提升,实现课程思政与专业教学的"双融合、双促进"。

关键词:课程思政;导论课;教学设计;赛课合一;教学评价。

Teaching Exploration of Cultivating Talents through Ideological and Political Education in the Course of "Introduction to Electronics and Information Specialty"

Wu Shao-Bo　Gong Yi　Li Xue-Hua　Li Zhen-Song　Shen Bing-Xia

Abstract:The ideological and political education of the curriculum refers to the integration of ideological shaping and value guidance into the knowledge teaching of professional courses, enabling the two to work together and synchronously improve students' knowledge, abilities, and ethics, achieving the goal of cultivating talents through moral cultivation. This paper takes the course "Introduction to Electronics and Information Specialty" as an example to introduce the teaching design and practice of implementing ideological and political education in the teaching process, aiming to improve the quality of teaching and achieve the "dual integration and promotion" of ideological and political education and professional teaching.

Key words:The ideological and political education in the Course; Introduction course; Teaching design; Integration of competition and class; Teaching evaluation.

一、引言

习近平总书记指出:"'大思政课'我们要善用之,一定要跟现实结合起来"。2020年教育部印发了《高等学校课程思政建设指导纲要》,旨在把思政教育贯穿于人才培养全过程,推动思政课高质量发展。2021年又发布《教育部办公厅关于开展课程思政示范项目建设工

---

① 项目来源类别:2022年北京高校优质本科课程

作的通知（教高厅函〔2021〕11号）》，进一步体现课程思政建设的重要性。高校的专业课程既有不同的专业特色，也是课程思政建设的基本载体，两者需同向同行，形成协同效应，才能落实立德树人的根本任务，达到润物无声的育人效果。

"电子信息类专业导论"是电子信息大类专业新生入门学习的第一门专业课程，历经十年、三版培养方案的持续改进，课程针对新生思想活跃、有热情，但基础薄弱的特点，开展了理论为辅、实践为主的工程教育启蒙和专创融合能力培养，系好大学第一粒扣子，形成了特色鲜明、理念先进、"课""程"并重、效果突出的工程认知、专创融合、思政随行的实践教学模式，具有"困境驱动，同伴互助，榜样引领，自我迭代"的鲜明特色。

二、课程基本情况

1. 课程地位和作用

"电子信息类专业导论"是电子信息大类专业的专业课程，主要内容包括通信、电子、物联网技术的发展历程、现状与未来趋势，以及专业的人才培养计划、目标与特色。课程以实践为主，旨在对大一新生进行专业启蒙教育，使学生形成对专业整体架构的初步认识，同时锻炼基本的实践能力。通过介绍智能硬件开发套件使用方法，使学生学习并掌握智能硬件开发的基本原理和操作方法，熟练应用套件基本功能模块、AI模块、通信模块进行应用案例开发。实践环节以项目团队形式开展，学生需要完成基础知识学习、团队组建、研究项目调研、项目作品设计、项目计划制定、功能开发、作品完善升级等环节，最终实现自主创新作品的设计和开发。

通过本课程的学习，使学生在大学四年的学习中，能有针对性地对组成通信电子系统框架各个部分的具体细节作深入地学习与理解，从而避免学习的盲目性和在一二年级时的迷茫心理；同时培养学生的社会责任感、工程职业道德和规范意识。

2. 学情分析

导论课面向刚刚步入大学的新生，尚处于从灌输知识到自主学习的过渡阶段。学生有热情、有兴趣、思想活跃，能利用网络开展学习和扩展知识，但大部分仍是专业知识、编程和硬件能力零基础的"小白"。虽然已经开始接触到C语言的知识，但基础相对较弱，存在"代码读不明白"、"想要实现的功能不会写"等问题，急需在专业老师的指导下开展学习、调研和实践，增加对专业的了解和认识，进一步培养学习兴趣，调动创新实践的积极性，增强专业自信心。

三、课程思政的教学实践

1. 优化顶层设计，专创思融合四年不断线

导论课作为面向大类专业新生的起点课程，旨在为学生系好大学的第一粒扣子。为开展"四新"建设，培养解决复杂工程能力提供有效支撑，学院紧密围绕"以学生发展为中心"的教育教学理念，建立了专创融合教学运行机制，在后续课程体系中加入"专业自主实践课"系列课程，将课外科技活动纳入培养方案，形成四年不断线的专创思融合课程群（见图1）。

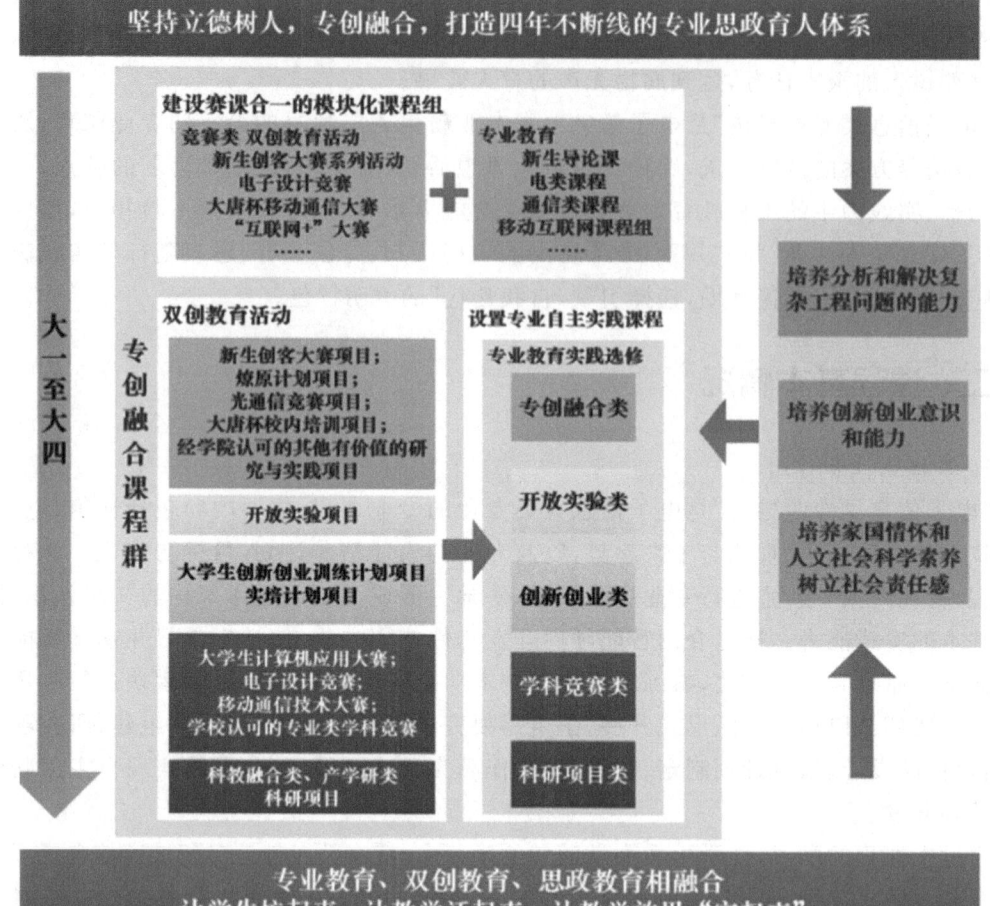

图 1　专业教育、双创教育、思政教育三位一体育人体系

2. 重构课程内容,挖掘课程思政元素,突出工程教育特色

"课程思政"的基础在课程,重点在思政,关键在教师。"电子信息类专业导论"课程紧密围绕"以学生发展为中心"重构教学内容,在增加实践课时,突出工程教育特色的同时,深入挖掘思政元素,将其与专业知识有机自然融入,为培养学生全面发展奠定基础。结合"新生创客大赛"强调"课"与"程"并重、赛课合一。

(1) 深入挖掘教学内容中的思政元素。导论课必不可少的就是介绍专业的发展历程、现状与未来趋势。从"飞鸽传书""烽火戏诸侯",到麦克斯韦、赫兹、波波夫、马可尼、香农、高锟、李建业等勇于探索、为科学发展做出杰出贡献的科学家和工程师,以及我国移动通信产业走过的"1G 空白、2G 跟随、3G 突破、4G 并跑、5G 引领"发展历程,今天辉煌成就背后,不仅离不开党的坚强领导、社会主义优越性和一代代通信人坚持不懈的奋斗,也要看到技术发展中蕴含的矛盾运动规律,树立科学哲学观。

(2) 通过对项目制实践环节,训练科学思维能力,培养学生积极探索、大胆创新以及团队合作精神。通过对项目的开发和管理,培养学生的工程实践能力,提出问题、分析问题、解决问题的能力,关注项目的人文价值和社会意义,使学生树立正确的世界观、人生观、价值观。

(3) 建设可应用推广的专业课程思政资源库,将创新创业核心素养要素的思政目标贯穿落实到课程培养方案、师资队伍建设、教学环节设计中,形成富有专业特色的智育与德育协同的教学设计。

3. 润物无声,探索工程实践活动中的思政教学设计

结合新时代学生特点,紧密结合工程教育启蒙实践开展思政教学,将课程思政与专业实践教学融为一体。

(1) 实践环节采用项目制教学,依托"爱国爱校爱家""冬奥会""智慧城市&文化遗产保护"等体现国家和社会重大需求的项目主题引入思政元素,引导学生树立正确的家国情怀、法治意识、社会责任、人文精神,并将创客理念融入其中。

(2) 建立学生助教制度形成老带新的跨年级知识传承和学生朋辈教育,让新生感受学生楷模的正能量,以不断的成就感激发创新创业的兴趣,避免学习的盲目性和在一二年级时的迷茫心理;同时,培养学生的社会责任感、工程职业道德和规范意识。

(3) 坚持启发式教学,"如盐化水,润物无声"。通过围绕项目主题的调研以及实践中遇到问题的解决过程,引导学生自我感悟,从了解到认同,从认同到信仰,从信仰到践行。思政教育与专业知识教育相辅相成,实现了知识传授、能力培养和价值引领的统一,育人成效与课程质量双向提升。

4. 推动赛课合一,探索融合发展教学生态

"导论"课程以项目制为实施方式开展实践环节教学,与后续的"新生创客大赛"相结合,实现赛课合一,以赛促学,以赛促教,探索构建了起点、过程、实践、检验全覆盖的"课"与"程"并重的专、创、思融合教学生态。"新生创客大赛"面向学院全体新生,贯穿整个大一年级;与后续五门"专业自主实践课"形成四年不断线的专创融合课程群,为培养学生解决复杂工程能力提供了有效支撑。学生成果还可以通过参加大学生创新项目进一步完善,为后续参加"互联网+""中美青年创客大赛""挑战杯"、电子设计竞赛、机器人大赛等系列学科竞赛提供支撑。

5. 注重思政导向,开展多元考核评价

课程充分利用信息技术和数字资源,注重思政导向作用,打造多元化评价体系,全方位促进学生成长。

(1) 课程成绩考核评价包括课程总结报告(占比25%)和实验成绩(占比75%)。其中课程总结报告需要结合理论讲座及实践环节对技术和个人收获进行总结,进而提出个人的学习规划和职业规划;实验成绩则包含案例分析、项目评审答辩等多个环节,指导老师、学生助教、学生评委互评等多角色评分的综合考核机制,思政层面侧重学生的思政收获,对学生学习过程进行客观、全面的评价。

(2) 引入互联网+比赛的评审模式(见图2)打磨作品,锻炼学生的创新创业思维,充分发挥智慧教室、通信工具等硬件优势,最终根据团队合作、贡献度、作品创意、功能完成情况、项目汇报情况综合评定。

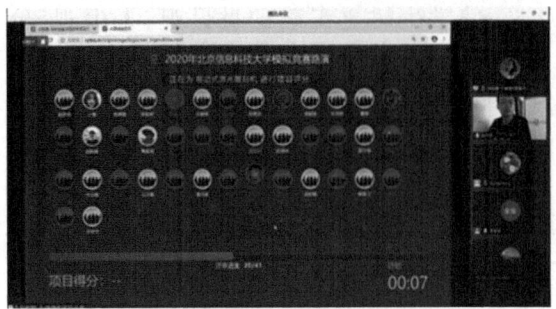 

图 2　利用互联网＋竞赛评审模式开展作品评价

四、创新实践成果

1. 课程建设成效

（1）开源开放，完善优质资源建设。课程组经过多年积累，充分利用现代信息化教学工具和平台全方面开源开放，除整合大量优质课内外教学资源外，在超星"学习通"上线共享自制的实验教学视频，在学校图书馆电子资源库上线了历届"创客大赛优秀作品及代码"。引领学生在完成创意作品的同时，增强查找资源、对知识搜索的能力，如图3～图7所示。

 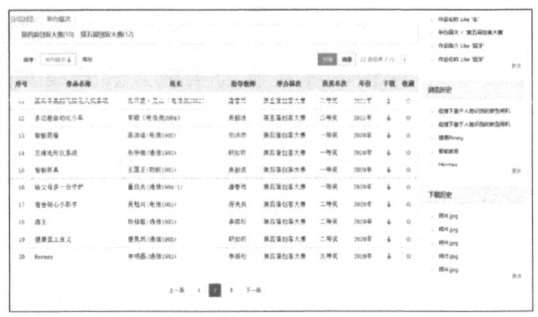

图 3　学校图书馆电子资料管理平台　　图 4　历届创客大赛获奖作品文档及代码资料库

 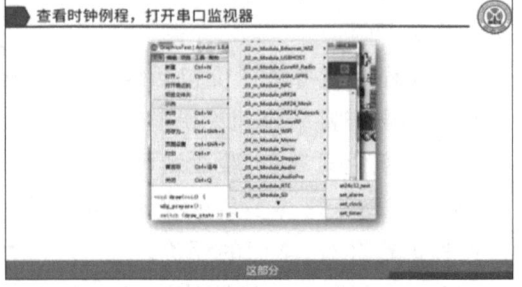

图 5　勤信课堂中的学生作品方案讲解　　图 6　勤信课堂中的教师讲解方案

（2）赛课合一，"课"与"程"并重成果丰硕。结合本课程，学院已成功举办六届新生创客大赛,优秀小组有机会被推选参与"多校协作燎原计划"和"腾讯高校 AI 小程序大赛"等活动中;通过选拔及培育,学生后续申请大学生创新项目,参加"挑战杯""互联网+"、机器人和人工智能等多项国家级竞赛均获得了较好成绩,形成了浓厚的双创氛围以及优良学风,提升专业自信。部分学生参赛作品如图 8 所示。

图 7　超星"勤信学堂"上线实验课知识点讲解视频

图 8　部分学生参赛作品

2. 学生发展性成效

"电子信息类专业导论"课程紧密围绕"以学生发展为中心"重构教学内容,开展工程认知、专创融合、思政随行的实践教学,专创融合能力培养具有"困境驱动、同伴互助、榜样引领、自我迭代"的鲜明特色。

(1)困境驱动。针对学生专业知识和编程能力均为零基础的痛点问题,课程力求以问题为导向,以困境来驱动,以竞赛来激发学生的创新意识,促使学生主动探索和解决问题。结合思政素材,鼓励学生树立勇攀高峰、敢为人先的创新精神,追求真理、潜心研究的求实精神。第 6 届新生创客大赛作品"极限救援"创作迭代过程如图 9 所示。

(2)同伴互助。课程实践环节采用项目小组形式开展,充分发挥小组成员在编程、视频制作、新媒体使用、演讲答辩等各环节中的各自优势,共同协作实现作品。当遇到创作瓶颈,也可以通过向其他学生、高年级学长求助来解决问题,如图 10、图 11 所示。

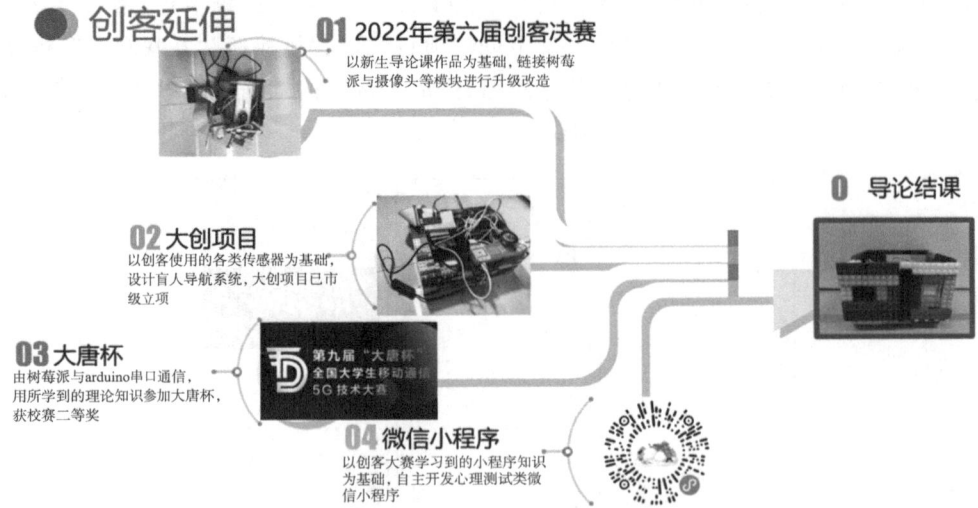

图 9　第 6 届新生创客大赛作品"极限救援"创作迭代过程

图 10　图书馆研讨室——创客大赛思路研讨

图 11　同伴相助解决问题

（3）榜样引领。将学生助教制度规范化，形成稳定的学生助教朋辈教育机制。在准备创客比赛的过程中，新生会通过调研往届作品，不停学习、揣摩榜样作品；通过高年级学长手把手开展项目指导，增强学生学习兴趣和自主性，形成榜样的引领效应，如图 12、图 13 所示。

图 12　"红马甲"学生助教展示作品

图 13　学生助教帮助新生解决编程问题

(4)自我迭代。通过对新生创客大赛设置初赛与决赛,使学生们能够长时间打磨作品,通过自我迭代的方式,完成更加完备的作品,对专业和学科有了进一步认识,以便更有效地投入后续的专业课学习与实践中。2021级勤信实验班实验课作品展示如图14所示。

图14　2021级勤信实验班实验课结课作品展示

五、结语

实现高质量课程思政建设,需要对课程进行深度改造,更好地将专业知识和思政元素有机融合,实现知识传授、能力提升和价值引领的有机统一。经过多年的探索和实践,"电子信息类专业导论"课在理论与实践教学中,不仅通过课程思政提升了学生的思想政治素质,培育了正确的人生观、价值观,良好的职业道德和职业素养,而且通过课程思政,鼓励学生投身ICT产业,不畏挑战,迎难而上,勇攀科学高峰,为实现中华民族伟大复兴的中国梦而奋斗,在伟大梦想中成就个人理想,激发了学生的学习积极性,提升了教学的质量,实现了课程思政与专业教学的"双融合、双促进"。

参考文献

[1]　杨维明,郭琳,彭菊红,等."电子信息技术导论"课程思政建设研究[J].电气电子教学学报,2022,44(2):98-102.

[2]　成艳.《计算机科学导论》课程思政的实施策略研究[J].产业与科技论坛,2021,20(12):125-126.

[3]　李琳,冯秀梅,吴青林."课程思政"引领,"光"耀学生未来——"光学"课程思政的探索与实践[J].高等教育研究学报,2021,44(4):83-88.

[4] 李学华,沈冰夏,厉夫兵,等.基于创客理念的双创教育与专业教育的融合探索[J].工业和信息化教育,2018(11):6-12.

[5] 李学华,沈冰夏,李振松,等.数字智能时代信息类专业基于专创融合的课程思政模式探索[J].高教学刊,2023,9(17):47-50.DOI:10.19980/J.CN23-1593/G4.2023.17.11.

作者简介

吴韶波,女,副教授,研究生导师,北京信息科技大学信息与通信工程学院物联网工程系教师,"电子信息类专业导论"课程负责人,北京高等学校优秀专业课主讲教师,北京市课程思政教学名师。

巩译,女,副教授,研究生导师,北京信息科技大学信息与通信工程学院通信工程系教师。

李学华,女,教授,研究生导师,北京信息科技大学信息与通信工程学院党委书记,北京市青年教学名师,北京高等学校优秀专业课主讲教师,北京市课程思政教学名师。北京高校电子信息专业群协作委员会委员,长期从事信息通信类专业的教学与科研,多次获得北京市及国家级教学成果奖。

李振松,男,高级实验师,北京信息科技大学信息与通信工程学院通信工程系教师。

沈冰夏,女,高级实验师,北京信息科技大学信息与通信工程学院电子信息工程系教师。

新工科背景下《传感网原理及应用》课程建设探索[①]

吴韶波　李月琴　张帆　张双彪

(北京信息科技大学信息与通信工程学院,北京,100101)

摘　要:为适应新工科背景下对课程两性一度的提升要求,更好地实现以学生为中心的教学理念,本文在分析"传感网原理及应用"课程特点、教学中存在的问题和挑战的基础上,重点阐述了该课程在师资建设、教学内容、资源建设、教学设计与实施、思政融入等方面的举措及成效,力求打造特色鲜明的物联网专业核心示范课程,有效提高课程的教学效果,提高人才培养质量。

关键词:传感器网络;教学改革;资源建设;教学设计。

Construction and Exploration of the Course "Principles and Applications of Sensor Networks" in the Context of New Engineering

Wu Shao-Bo　Li Yue-Qin　Zhang Fan　Zhang Shuang-Biao

Abstract:In order to adapt to the requirements of improving the "high-level, innovative, and challenging" curriculum in the context of new engineering, and better achieve the student-centered teaching philosophy. On the basis of analyzing the characteristics, problems, and challenges in the teaching of the course "Principles and Applications of Sensor Networks", this article focuses on the measures and achievements taken in the construction of teaching teams, teaching content, resource construction, teaching design and implementation, as well as ideological and political integration, in order to create a distinctive core demonstration course for the Internet of Things major and more effectively improve the teaching effectiveness of the course, Improve the quality of talent cultivation.

Keywords:Sensor network; Teaching reform; Resource construction; instructional design.

一、引言

"物联网工程专业"是面向国家战略性新兴产业发展的需要设置的,在加快经济发展、促进产业转型升级、服务社会民生方面正发挥越来越重要的作用。在新工科背景下更需加强课程体系建设,不断凝练和打造有特色的课程。

二、课程特点

《传感网原理及应用》是物联网工程专业的核心课程之一,在专业教学中起到承上启下

[①] 项目来源类别:北京信息科技大学 2022 年教改项目(2022JGYB16)。

的引领作用。课程主要讲授物联网领域的重要支撑技术——无线传感器网络的基础理论、基本技术和基本方法,通过课程的学习不仅培养了学生的创新意识,使其了解无线传感器网络的最新发展和最新技术动态,同时也训练了分析问题、解决问题、构建无线传感器网络的能力,为后续物联网项目开发奠定坚实的基础。

(1) 课程前修课程包括"计算机通信网络""RFID原理及应用""传感器原理及应用"等,后续有"短距无线通信与异构组网""通信原理"等理论课程,课时的四分之一用来进行课内实验,后续安排有"物联网传输综合实践"课程,具有较强的理论性和实践性。

(2) 课程需要讲解的知识内容多属于新兴和快速发展的技术,标准化尚未完成,种类多而繁杂,教学内容需要实时更新。相对于具体的技术细节,更需要培养学生养成有效的思维方式,理解和掌握已有技术,进一步针对不同应用需求尝试设计和完善技术的细节。

(3) 无线传感器网络是一门涉及传感器、通信、网络、算法等多门学科知识交叉的课程,与具体应用的相关性很强。单纯学习某一具体技术内容,对针对性的应用场景未必是最优解的设计,而如何根据实际应用场景灵活运用所学的知识和关键技术才是教学的重中之重。

三、存在问题和挑战

教学过程中存在的主要问题如下:

(1) 随着信息技术的发展以及信息技术在课程教学中的广泛运用,单纯线下"填鸭式"的教学手段,导致学生学习课程的兴趣下降;需要加强课程资源建设,全面优化教学方式。

(2) OBE理念流于表面,需要在课程教学的各个过程中加以落实。需要结合思政教育设计教学案例,探索教学手段和评价的改革。

(3) 强调知识传授,知识运用重视不够,面向解决复杂工程问题的物联网系统设计能力的培养效果有限。理论和实践教学内容都需要进一步整合。

(4) 师资队伍建设有待提高,由于专业学生数较少,基本都是一两位老师讲授课程,缺乏教学团队的建设,不利于教师发展,课程教学的改革缺乏动力。

课程建设中面临的挑战包括:

(1) 如何调整教学内容、课程大纲及学期授课计划,将OBE理念落实于课程目标-教育学-课程考核-目标达成中。

(2) 如何开展课程资源建设,将课程的知识点视频与面向具体应用的实践活动相结合,满足线上线下混合式教学以及思政教育的需要。

(3) 如何调动青年教师的积极性,融入先进的科研成果,教师互相促进,共同成长。

(4) 如何进行教学手段和评价改革,不仅强化知识的传授,更重要强化了知识的运用。

四、课程建设

坚持OBE理念,围绕课程目标,针对如何建设(教学资源)、如何使用(教学模式)和如何管理(考核方式)等方面进行落实,力求满足"具有创新性、高阶性和挑战度的课程"的条件质量,开放的"施教"和"学习"的过程质量,以及对学生能力考核和过程化考核的结果质量的全面要求。落实OBE理念的途径如图1所示。

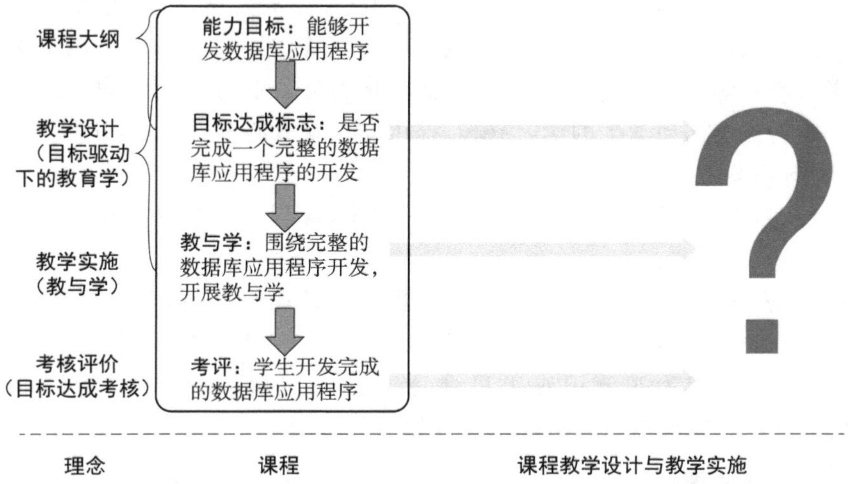

图 1 落实 OBE 理念的途径

1. 师资队伍建设

高素质、结构合理的教师队伍是提高教学水平和人才培养质量的基本保证。针对物联网工程专业缺少引领课程的现状，以及专业需要开展专业教育工程认证的需要，新工科背景下建设培养一支精干高效、乐于奉献、业务优良、治学严谨的师资队伍尤为重要。作为应用型地方高校，教学团队采用老带新模式，由物联网工程专业骨干教师和近年新入职的青年教师组成，在教学经验传帮带的同时，充分发挥年轻教师的积极性，将较新科研和行业技术与学校教学内容相融合，努力践行"产教融合、协同育人"，大力加强与企业合作，使教师获得实践能力的提升，促进了"双师型"人才的培养，既探索了教学改革，又培养了教师队伍。

2. 教学内容整合

"传感网原理及应用"课程知识体系庞杂，涉及很多先修课程的知识；技术发展快速，由于与具体应用紧密相关，实践性强，软硬件强耦合。因此，教学团队首先对教学内容进行梳理、调整、精简和优化，隐性融入思政教育内容。

（1）弱化已学过的知识内容讲解，强调已有知识如何为本课程服务，强调无线传感网中的新知识和其他学科中的已学知识的不同，增强学生的学习效果，加深学生理解无线传感网的设计特点，激发学生对新知识的思考，从而掌握新知识。

（2）着眼于应用场景、发展现状、发展前景等，增加针对相关前沿技术尤其是先进的科研成果的介绍。例如5G在定位技术中的应用，室内定位技术中采用的新思路，车联网中无线传感器可以实现哪些功能等，旨在激发学生的兴趣和创造性。

（3）对知识点内容根据难度和扩展的需要进行分类，结合教学资源建设，利用线上MOOC提供不同难度的学习资源，保证学习能力强的学生可以通过线上资源达到较好的学习目标和高挑战度要求，能力弱的一部分学生需要通过课堂翻转进行加强学习，从而满足不同学生的差异化需求。

3. 教学资源建设

将新一代信息技术引入高等教育的教学中已成为当前教育教学革新的大趋势。"互联网+"教育突破了时空约束，在提供丰富的课程教学资源的同时，线上课堂和线下教学优势互补,其混合式教学模式逐渐常态化。紧跟行业和技术不断发展,教学团队开展了一系列课程资源的建设,包括线上知识点视频、课件、微课、习题库、试卷库、教学应用案例、思政教学案例、在线虚拟实验等形成全过程教学资源,提供更为形象生动、活泼有趣、表现力强的数字资源和数字环境,更能调动学生的学习兴趣,提供知识获取的多样途径,开阔学生知识视野。

4．教学设计与实施

以学生发展为中心,是世界高等教育共同的理念,课程是解决这个理念落地的"最后一公里"。

(1) 探索教学设计及其表达方式。围绕课程如何教如何学,利用知识图谱绘制方法表明教学设计过程。并根据物联网应用串联起个知识点,不仅强化知识的传授,更重要强化了知识的运用。其中,内容为 K 知识或 T 思维,教学方法包括次序 S 和重要度,E 为示例,Q 为问题,P 代表练习。知识图谱表示教学设计如图 2 所示。

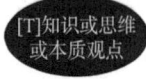

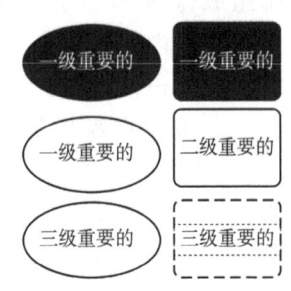

节点:圆角形框或圆形框,内写知识或思维或本质观点。
[K]—该框内容为知识型教学内容(如概念、原理、方法、算法等)。
[T]—该框内容为思维或本质观点型教学内容。

[S—箭头线]:知识/思维的逻辑关系或教学的先后次序。
粗箭线——教学关键路径。
细箭线——一般教学路径。
两节点左右重叠——等同于由左至右有细箭线关系或次序。
两节点上下重叠——等同于具有并列地位的两个内容。

[E]:示例教学。此内容或为示例,或要以示例讲授此内容。

[Q]:问题。此内容或为问题,或要以问题提问方式引导学生思考。

[P]:练习。此内容或要让学生习练来完成。

图 2　知识图谱表示教学设计

(2) 开展线上线下混合式教学探讨,探索"教、学、讲、评、练"教学模式在课程中的具体应用方法,针对学生情况实现差异化教学,做到因材施教,有效提高教学效果,师生赋能,学以致用。增加与具体应用实践相关内容的比重,除了传统的基础性实验、提高实验以及综合实验三个部分,还引入虚实结合的物联网系统设计,各部分实验相辅相成,有利于提高学生灵活应用所学专业知识解决物联网工程实际问题能力。

(3) 隐性融入课程思政。主要体现在学生通过学习、研讨和实践进一步提高对所学专业知识的认知,培育学生求真务实、实践创新的精神;其次,将课程教学的知识性、技能性与教育性相互交融,将价值导向与知识传授相融合,培养科学精神,传播正能量,突出体现引领学生树立正确的价值观;最后,通过技术发展实例与事例,使广大学生了解现有国家领先的方向,突破技术壁垒,开拓前沿技术,摆脱技术依赖,坚定"四个自信",激发爱国主义情怀和民族自豪感。

（4）建立形成性评价机制,量化学生学习过程。强调课堂教学形式的改变,强化了课堂分组互动,避免搭车摸鱼现象,探索评价模式改革,减少线下成绩构成,非标准化考试的成绩比例适当提高。由于物联网专业学生数较少,通常采用小班翻转课堂的形式,引入"以练代讲""生讲生评""生辩众评""研讨辩论"和传统的"师讲生听"等形式教学开展互动化、主动化、深度化。成绩组成比例举例如图3所示。

图3　成绩组成比例举例

五、结语

"传感网原理及应用"课程经过团队建设、教学内容整合、资源建设以及教学设计改革,全面整合课程资源,优化理论课程教学方式,打造虚实结合实验实践体系,通过线上线下混合解决因材施教问题。结合思政教育设计教学案例,通过知识图谱绘制的方法,把教学设计如何教如何学进行表达,探索将OBE理念真正落实于课程大纲、教学设计、教学实施和考核,在专业核心课程群中起到引领示范作用。

参考文献

[1] 李世钊.《无线传感网络》课程教学改革与实践[J].电子世界,2019,(6):63-64.

[2] 王萍,张振亚,王菲露,等.基于翻转课堂的《传感网原理及应用》教学改革研究[J].电脑知识与技术,2019,15(36):157-158.

[3] 谢光前,李晓芳,李春光,等.新工科背景下"无线传感网原理与应用"教学改革与探索[J].电脑知识与技术,2019,15(6):97-99.

[4] 胡必玲,钟锦,潘洁珠.新工科背景下基于翻转课堂的传感网实验课程教学改革[J].物联网技术,2021,11(9):125-127.

[5] 郝洁.《无线传感器网络》课程特点、挑战和解决方案[J].现代计算机(专业版),2016,(35):75-77.

作者简介

吴韶波,女,副教授,研究生导师,北京信息科技大学信息与通信工程学院物联网工程系教师,北京高等学校优秀专业课主讲教师,北京市课程思政教学名师。

李月琴,女,讲师,博士,北京信息科技大学信息与通信工程学院物联网工程系教师。

张帆,女,副教授,博士,北京信息科技大学信息与通信工程学院物联网工程系教师。

张双彪,男,讲师,博士,北京信息科技大学信息与通信工程学院物联网工程系教师。

面向 OBE 理念的人工智能实践类课程[①]形成性考核体系建设初探

张思宇　李振松　董俊辰

（北京信息科技大学信息与通信工程学院，北京，100101）

摘　要：人工智能是现代计算机与高新技术产品中的重要组成部分。作为国家的重大发展战略，人工智能技术已在诸多领域取得了广泛的发展与应用。当前的人工智能实践课程体系主要基于校内教育，其形成性考核体系建设还在初步探索阶段，考核方式相对单一，缺乏指导性，无法有效地调动学生的主观能动性，也不能客观、准确地反映学生的工程能力和变化。针对当前人工智能实践人才培养过程中存在的问题，本文以人工智能综合实践课程为例，尝试提出面向 OBE 理念的形成性考核机制，通过融合"教学资源平台建设"，"评价方法改革"与"参与度提高"三方面内容，建设科学的形成性考核体系，保证教学质量的持续提高，有机联系理论与实践，从而更好地培养高质量的创新型人才。

关键词：人工智能；OBE；形成性；考核；多元化。

A Study on the Construction of Formative Evaluation System for Artificial Intelligence Practice Courses Based on OBE Concept

Zhang Si-Yu　Li Zhe-Song　Dong Jun-Chen

Abstract：Artificial intelligence is an important part of modern computers and high-tech products. As a major development strategy of the country, artificial intelligence technology has achieved extensive development and application in many fields. The current artificial intelligence practice curriculum system is mainly based on in-school education, and its formative evaluation system is still in the exploration stage. The evaluation method is relatively single and lacks guidance. It cannot effectively mobilize the subjective initiative of students, nor can it objectively and accurately reflect the engineering capabilities and changes. In view of the problems existing in the current training process, this article takes the artificial intelligence comprehensive practice course as an example, and tries to propose a formative evaluation mechanism oriented to the OBE concept. By integrating three aspects, including "teaching resource platform construction", "evaluation method reform" and "participation improvement", construct a scientific formative evaluation system, ensure the continuous improvement of teaching quality, organically link theory and practice, so as to better cultivate high-quality innovative students.

Key words：artificial intelligence；OBE；formative evaluation.

[①] 北京信息科技大学 2023 年教改项目（2023JGYB18）

一、引言

党的二十大报告强调,要完善科技创新体系,坚持创新在我国现代化建设全局中的核心地位。报告提纲挈领地指出了创新在我国未来发展中的重要性。因此,对应用型大学来说,紧贴产业需求,培养创新实践能力强的工科毕业生是其重要的建设目标之一。综合实践设计类课程属于专业课程教学体系中承上启下的实践教学环节,对培养学生知识和技能的综合运用以及分析和解决工程实际问题的能力具有重要的作用。当前,人工智能已经成为科技发展的热点方向,引领着新兴科学技术的发展方向[1]。因此,以人工智能为教学内容设计实践课程,不仅符合国家和社会的发展趋势,也有助于培养学生快速学习、勇于实践、协作创新等综合能力,契合高水平应用型大学的人才培养需求。

基于产出的教学理念OBE(Outcomes-based Education)包括定义学习产出(Defining)、实现学习产出(Realizing)、评价学习产出(Assessing)、使用学习产出(Using)四个步骤,其中评价学习产出要求在明确的目标驱动下,对学生学到的内容进行评价,帮助教师与学生了解其掌握知识的程度,从而有效地衡量学生能做什么以及其能力与社会的需求是否匹配[2]。

近年来,基于OBE理念,针对人工智能课程教学体系、教学模式、达成度评价建设与持续改进等诸多方面的问题,教育工作者已经进行了许多研究与实践。有的高校基于教师、教学、学生、单位四个维度推进课程目标达成[3],有些高校通过对于软硬件教学平台的建设优化教学模式[4],建设双轨驱动的人工智能实践课程体系等[5]。然而当前的实践课考核评价体系还比较单一,缺乏形成性考核手段,尤其是对于多元化的形成性考核体系建设,如课程内容多元化、评价方式多元化、考核手段多元化等内容的研究仍存在不足,现有对于实践教育的研究仍过多地关注与教师授课内容和课堂管理相关的内容,对课程平台、评价机制、学生主体等方面关注较少。因此,建设一套关注过程、体现公平、提高学生积极性的形成性考核体系,既便于教师向学生提供及时的个性化指导,持续改进完善课程体系,又体现了以学生为中心的教育理念,对学生树立学习信心、改善学习效能、提高高阶思维能力、促进全面发展具有重要的意义。

二、现阶段实践教学形成性考核现状及存在的问题

1. 课程体系与资源未有效整合

机器学习与人工智能作为当前现代信息技术中的重要一环,已经得到了诸多高校的重视。我院在本科阶段开设了《人工智能技术与应用》《机器学习》《人工智能综合实践》等一系列课程,总学时超过120学时。然而,在充分的课程设置与学时保障下,学生对于人工智能相关技术的学习仍然感觉吃力。经调查发现,学生在学习中遇到的困难与现有课程体系与资源未得到有效整合有一定关系。首先,现有课程内容设置存在重叠与不足双重问题,以《人工智能技术与应用》和《人工智能综合实践》两门课程为例,《人工智能技术与应用》在教授理论课程的同时还含有16学时的实验,这些内容与《人工智能综合实践》中的部分基础训练重叠,而对于学生欠缺的基础编程能力,《人工智能技术与应用》却由于课程内容与课程目

标设置等原因缺少覆盖,导致学生在进行实践课学习时遇到困难。其次,考虑到学生背景,实践课程在开展的过程中课题设置比较保守且缺乏梯度。尽管为了体现实践教学内容的多元性,教师设置了不同类型的课题供学生选择,但这些课题往往是平行设置的,全年级大部分同学都会选择某一特定题目,这种操作给后续考核体系的多元化建设增添了障碍。同时,在实践课程开展之前,学生对人工智能理论的掌握程度也存在差别。如果延续传统的实践类课程平行设置课题的方式,会造成对优秀同学激励度不够,对基础薄弱同学又缺乏基本训练。

2. 现行评价体系单一

与理论课不同,实践教学中的评价主要基于期末提交的综合报告与结题答辩,报告中考察的点主要以客观性较强的算法介绍、代码与仿真结果为主,方式较为单一,缺乏层次感,无法体现学生实践过程中工作的多样性和复杂性。在实践教学开展的过程中,学生的课题与报告撰写往往以小组协作的方式完成,在类似课题的基础上,同学间代码存在雷同或高度相似的情况,且传统考核报告缺乏对学生学习态度考查的手段,导致部分学生偷懒,提交的报告算法结果很好但真正得到的知识或经验却寥寥无几。与国内外顶尖院校相比,地方应用型大学的学生在理论的掌握程度和创新性上还存在一定差距,教师的实践教学计划中区分度较高,需要学生充分运用理论进行创新的部分往往无法有效完成,最终导致教师根据学生报告的标准程度以及结题答辩时对基础理论知识的掌握程度进行打分,忽视了对实践能力的考查[6],将实践课变成了理论课的附属。而与专科院校相比,地方应用型大学的学生尽管理论水平较高,但由于课程设置的原因,对实际项目操作的训练又比较缺乏,导致工程能力欠缺,在实际实践教学过程开展中经常存在"上不去,下不来"的困境。因此,寻找一条适合于地方应用型大学实践教学的多元化评价体系势在必行。

3. 学生参与主体性不强

除了上述存在的一系列问题,学生在实践课中的主体参与性与积极性也亟待提高。尽管许多高校在实践课教学中都加入了不同的形成性考核方式,但在实际教学开展中,仍会以考勤、设计成果等客观性考察为主,导致出现团队某一同学能力过强进而包办全组工作,其他同学"躺赢"的情况,学生没有努力完成课题却取得了较独立完成设计学生更高的成绩,这种现象有违公平,不仅打击了认真付出同学的积极性,也不利于对学生学习品质的培养。除此之外,上述课题内容陈旧,课程分散也是学生参与性不强的原因之一。无论是机器学习还是深度学习等相关课程,实现具体的算法时,仍然是以传统内容为主,数据集经典、案例成熟,不仅无法适应当今快速发展的应用场景,也不能让学生从课题任务中体会人工智能为我们的生活带来的重要意义。最后,由于信息技术的飞速发展,当前本科生不仅面临的课业压力较大,还需要参加各类学科竞赛与学校活动,能够在每门课上分配的时间有限,因此,对于一些非考试、非考研、非核心的课程在参与的积极性上也会相对缺乏。

三、人工智能实践类课程形成性考核体系建设

1. 建立统一的人工智能教学资源平台

人工智能理论与实践课程体系的建设是一项系统化工程。作为高校,需要协同多方力量,完善课程设置,优化教学内容。作为课前建设的重要一环,以培养优秀的应用型人才为目标,合力建设统一的人工智能教学资源平台是完善人工智能类课程教学过程性考核体系

建设的坚实基础。首先,应打通院系内各相关课程的平台资源,形成统一连贯的培养体系,去繁就简,删除重复内容,添加学生亟须的背景知识,引导学生由浅入深,提高其学习兴趣;其次,由于人工智能在当前许多研究中都发挥着重要的作用,应充分运用专业教师的科研内容与科研平台,在实践教学的开展中适当引入学院教师的部分研究内容,引导学生探索人工智能的前沿领域,鼓励校企合作,围绕行业需求,构建产学研实践课程资源平台[5]。最后,为了确保课程始终与行业发展保持同步,可以尝试引入学生意见驱动的实践课程内容更新机制。通过结合实时行业发展和学生意见,确保人工智能实践课程的内容始终紧密联系于实际情况,培养出与时俱进的专业人才。整合学院乃至学校资源建设统一的人工智能教学平台需要为学生提供实际应用的机会,通过实践与理论的结合使学生在学习中获得全面的体验[7]。

2. 发展多元化的实践课评价方法

作为形成性考核体系建设的核心部分,实践类课程需以过程为导向,建立多元化考核架构,用以替代传统的以结果为中心的评价方式。如表1所示,多元化实践评价内容需包含调研、课堂互动、合作展示与报告、中期和结题答辩等多重内容。课前的调研需要学生在实践课题开展之前认真搜集相关资料,查阅相关文献,了解实践中将要运用的知识及注意事项。课上教师可通过问答或令学生展示等方式来检验学生的调研成果,并将学生的预习表现作为考核记录下来。另外,实践课堂并不只是学生依托指导书进行自主操作的过程,更是师生相互交流的重要途径,通过回答学生积极思考后提出的一些想法或问题,既能促进学生进一步对讲授内容的思考,又能帮助其他非提问同学巩固课堂内容[8]。

表1 过程考核项与具体比重

评价项目	评价内容	考查能力	考查权重
课前调研	调研成果展示	自学能力	低
课堂表现	积极贡献想法、回答问题随堂测试等	表达能力、知识理解	
小组合作展示与报告	课题项目展示与课堂答辩、实践报告合作撰写	团队协作能力、知识、原理运用	中
中期答辩	实践性问答	知识、原理运用	中
结题答辩	实践性问答	知识、原理运用	中

多元化评价还依托于教学内容的多样化。为了让不同能力的学生都能够进行有效的学习,需要对课堂内容进行梯度化设计。如表2所示,实践性课题可以按照递进难度分为基础性、综合性和创新性三个阶段。一方面,这样的安排有助于小组成员熟悉课题内容;另一方面,实验难度梯度化也给予学生充分的选择权,让能力强的同学能够从实践过程中获得能力的提高,让能力稍差的同学也能完成适合自己的课题。以表2为例,基础部分可侧重于理论背景和实验操作,综合性部分要求学生对核心知识更深入地分析与应用,而创新性部分则强调思考和展望。通过施加不同权重,最终结合实验报告与答辩综合评判学生成绩。这样递进式教学设计也有助于将学习过程分为不同层次,使学生能够逐步提升自己的学术水平和综合能力。最后,发展多元评价体系还应该引入阶段性测试,让教师有效地监测学生在人工智能领域基础算法逻辑方面的学习进展,及时了解教学效果,以便根据学生的实际情况调整教学策略,进一步提升课程的教学质量。

表 2　递进式实践教学项目设计及权重值

实验类别	实验序号	实验名称	实验权重
基础型实验（必做）	实验一	实验环境配置及基本操作	中
	实验二	数据处理与展示	
	实验三	单因子房价预测	
	实验四	KMeans 实现数据聚类	
综合型实验（二选一）	实验五	MLP 实现服饰分类	高
	实验六	CNN 实现猫狗识别	
创新型实验（选做）	实验七	RNN 实现股价预测	低
	实验八	LSTM 实现文本生成	

3. 学生考核中的主体性提高措施

针对学生在实践中主体性不高,参与感不强的问题,需要从课后的评价方法与课堂内容设计两方面考虑。首先,针对合作造成的工作量不平衡问题,为确保每位学生都能积极参与和发挥作用,防止某些同学过度包办工作,导致其他同学贡献度不足,引入项目贡献度作为强化学生考核主体性的措施,如表 3 所示,每位小组成员将负责实践报告中的不同部分,为确保小组成员的全面发展,每个课题中,小组成员不应重复负责与之前同一类别的分工内容,鼓励小组成员在各个方面都有所涉猎和贡献,确保每个人都能充分参与。明确贡献,不同部分的实验报告将涵盖不同难度和贡献度的内容。通过贡献度权重的引入,可以让每位同学在项目的不同阶段都有机会为集体项目做贡献,同时根据工作量划分贡献值,确保学生的能力得到准确反映。最后,积极推进"以赛促学",鼓励学生参加相关竞赛并在实践课上选用包括"互联网＋"创新创业大赛和机器人及人工智能大赛等赛事的题目替代课程选题,通过灵活的内容安排,给予学生更多自主探索的机会,激发学生的主观能动性,将学习过程从被动接受变为主动获取,进而提升学生对于人工智能相关内容的兴趣。

表 3　个人贡献度项目设计及权重值

小组分工项目	项目内容	个人贡献度权重
背景与应用调查	课题所用理论知识与应用背景意义研究	低
程序算法	设计算法流程的第一部分	高
	设计算法流程的第二部分	
	设计算法流程的第三部分	
实验报告撰写	负责记录实验结果以及实验结论,并将小组合作的全部过程以实验报告的方式呈现	中
答辩展示内容设计	负责课堂展示内容的设计与讲解小组设计思路与流程	

四、总结和展望

通过分析现行实践类教学形成性考核体系的现状,针对课程资源分散、评价方法单一、学生参与主体性差的问题,以人工智能实践环节为例,按照 OBE 理念,提出"教学资源平台建设""评价方法改革"与"参与度提高"三方面的改进内容,构建更加完善的形成性考核体系,提升高校教学质量,丰富教师和学生的理论、实践知识,使课题贴近于实践。作为工程教育的重要一环,接下来要对所提出的改进措施做进一步实证分析。在后续的实施过程中要结合地方应用型高校的特点,考虑地方社会经济发展需要,对实施措施进行跟踪与改进,强化所提措施对学生工程能力评价的准确性、有效性和针对性,为学生学习成果导向、教师教学持续改进时提供直观、详尽、准确的评价结果。

参考文献

[1] 邢艳芳,周舒琪,朱金付.高校人工智能通识课程教学实践探究[J].电脑知识与技术:学术版,2022,18(19):89-90.

[2] 李疆,杨秋萍,金开军,等.基于 OBE 理念的工程训练形成性考核多元评价体系的建设初探[J].高教学刊,2020(19):4.

[3] 荣辉桂,边耐政,欧阳柳波,等.面向产出的课程目标达成评价机制与持续改进研究[J].计算机教育,2021(7):5.

[4] 王佛琴.应用型高校人工智能课程的实践探索[J].科技风,2022(17):38-40.

[5] 吕朋,刘芝辰,黄东方,等.基于"双轨驱动"的人工智能专业创新创业人才培养实践课程体系的研究[J].创新创业理论研究与实践,2022(15):3.

[6] 周波,刘亚军,郭迎九.新工科背景下嵌入式人工智能实践课程教学体系的研究[J]. 2022.DOI:10.16667/j.issn,2022,7(44):1032-2095.

[7] 高仲亮,王何晨阳,李智,等.新工科背景下的实践教学多元精细化考核体系构建[J].中国教育技术装备,2021(5):3.

[8] 白叶飞,康晓龙,贺玲丽.基于 OBE 理念的综合课程设计教学改革与实践[J].教育教学论坛,2022(29):4.

作者简介

张思宇,男,博士,副教授,硕士研究生导师,就职于北京信息科技大学信息与通信工程学院。
李振松,男,博士,高级实验师,硕士研究生导师,就职于北京信息科技大学信息与通信工程学院。
董俊辰,男,博士,副教授,硕士研究生导师,就职于北京信息科技大学信息与通信工程学院。

"人工智能＋X"教学模式下移动通信网络课程教学方式改革与实践[①][②]

王鑫　李振松　潘春雨　李学华

（北京信息科技大学信息与通信工程学院，北京，100101）

摘　要：随着新工科背景下高等工程教育范式经历了从"科学范式"到"工程范式"，再到"融合创新"新范式三阶段的发展，开放式协同互动、可持续融合创新模式已然成为现代高等教育的优先模式。针对移动通信课程组的下一代移动通信网络课程，传统教学理念、内容、模式方法和质量难以适应新工科"融合创新"教育范式需求的问题，本文在交叉融合和产教融合两个融合理念下，创新性地提出了"人工智能＋X"教学模式下"四优"课程优化设计，并在课程中融合下一代移动通信前沿项目，探索教学与科研相促进的新途径；优化下一代移动通信案例教学，构建校企深度融合的教改课程共建机制，突出人工智能工程实践，搭建云端智能高性能教学科研实践支撑环境，旨在提升学生的自主学习能力和综合素质能力。

关键词：人工智能＋X；移动通信网络；案例教学；云端智能。

一、移动通信网络课程现状分析

目前传统教学模式下，移动通信网络课程教学模式的不足主要体现在以下几个方面。

1．课程与前沿领域交叉融合性不足

现有移动通信网络课程内容只针对当前网络架构下某些具体问题和技术进行介绍，缺少对紧跟学科前沿与发展趋势的下一代移动网络理论的系统性分析。

2．教学内容与毕业就业需求脱节

现有移动通信网络课程内容对未来通信与信息网络演进的展望无法一直满足新兴技术快速更迭背景下的时效性需求，实践内容仍然依附于理论教学、流程与形式内容也过于简单，滞后的专业知识与实际应用存在一定差距。

3．单一化教学与多样化人才培养的矛盾

传统教学方式主要以"课堂讲授"为主，在教师单一化无差别教学方式下，学生只能被动地接受知识；同时，课程教学与实践对学生这一教育主题重视不足，无法满足学生多样化、个性化的学习需求，制约了学生特长发挥与科研创新能力的培养。

二、"人工智能＋X"教学模式下"四优"课程优化设计

新工科背景下高等工程教育范式经历了从"科学范式"到"工程范式"，再到"融合创新"新范式三阶段，开放式协同互动、可持续融合创新模式已然成为现代高等教育的优先模式[2]。针

[①]　项目来源类别：北京信息科技大学 2023 年教改项目 2023JGYB17

[②]　项目来源类别：北京信息科技大学 2023 年教改项目 2023JGZD03

对下一代移动通信网络课程,传统教学理念、内容、模式方法和质量难以适应新工科"融合创新"教育范式需求的问题,本文在交叉融合和产教融合两个融合理念下,创新性地提出"人工智能＋X"教学模式下"四优"课程优化设计,融合下一代移动通信前沿项目,探索教学与科研相促进的新途径;优化下一代移动通信案例教学,构建校企深度融合的教改课程共建机制;突出人工智能工程实践,搭建云端智能高性能教学科研实践支撑环境。

下面详细介绍本文提出的"人工智能＋X"教学模式下"四优"课程优化内容。

1. 教学理念优化

在"人工智能＋X"教育模式下,树立下一代移动通信网络与人工智能的交叉融合,以及面向信息通信产业的产教融合教学理念是下一代移动通信网络课程培养信息专业高素质工程人才的根本[3]。

从学科交叉融合优化的角度,现代通信网络技术的学习不再只是专业知识的理论学习,需要同人工智能、计算机、电子信息等多学科建立紧密联系,掌握人工智能技术在下一代移动网络中通信感知一体化、新能力、新元素——智慧内生和新动能、新服务——算力赋能B5G、6G网络等学科间融合机理。学生应具有学科交叉融合的意识,结合已掌握其他基础学科的理论,去理解掌握网络技术理论和智能算法,达到学科知识的融会贯通,加深对下一代移动网络的理解,提高学科间知识迁移学习的能力。从产教融合优化的角度,在教学中应紧跟人工智能赋能的信息产业发展演进面临的工程问题,以实际工程案例应用为驱动,加强对理论知识的学习主动性,培养学生解决工程问题的思维思辨能力。树立学科交叉融合、产教融合的理念,学生在课程学习过程中,积极投身到信息通信行业的技术创新和发展中,建立学习的积极主动性,是下一代移动网络课程教学的首要环节。

2. 教学内容优化

从科研进展和产业需求驱动的角度,依据"学科交叉融合、产教融合"的教学理念,课程教改将学科发展态势与产业需求映射为教学内容,如图1所示,具体包括网络篇、数据篇、案例篇和算法篇四部分,其中网络篇为基础,主要包括网络感通算技术;数据篇是驱动,包含数据预处理分析和挖掘技术;算法篇为赋能,为机器学习赋能;案例篇着重应用,主要解决下一代B5G/6G移动网络面临的新工程问题。

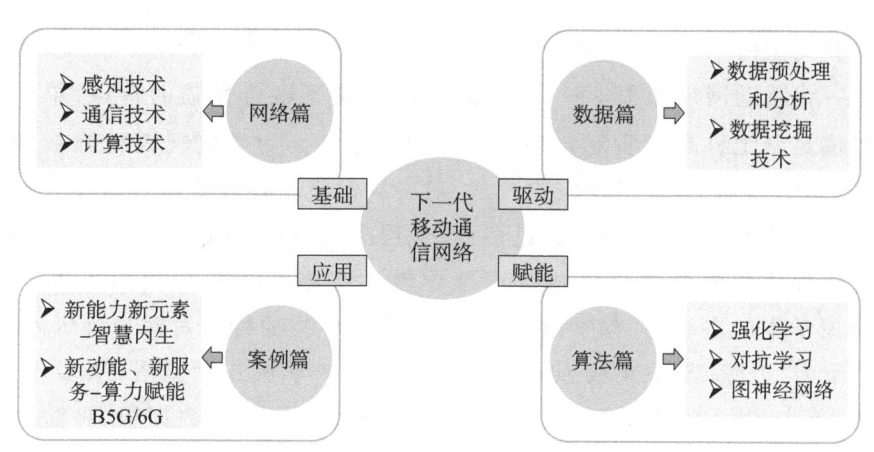

图1　下一代移动通信网络课程教学内容概况

教学内容从紧跟科学研究的角度,下一代移动通信网络课程基于融合思想,对人工智能赋能的下一代移动网络中智慧内生、算力赋能等进行介绍,旨在使学生更好掌握信息网络科学研究发展所面临的问题,提高对综合工程问题的分析和思考能力。从行业需求驱动下教学内容优化的角度,针对下一代移动通信网络中异构资源协同优化、智能调控等问题,强化学生工程问题驱动意识,培养学生的思考能力和综合应用能力,如图2所示。通过采用云端智能机器人管理平台解决下一代移动网络中新形态业务流量请求的精准预测,计算资源、网络资源等异构资源协同优化的智能决策,并采用人工智能算法和网络切片、网络功能虚拟化等技术结合网络通信服务质量进行优化。

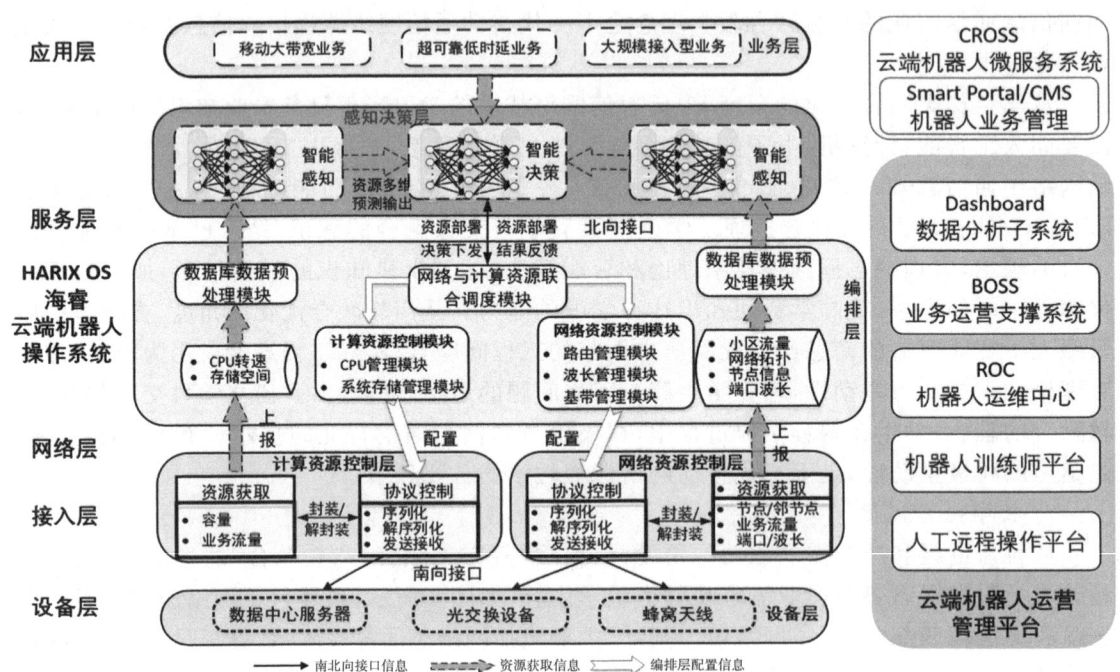

图2 基于云端智能机器人的下一代移动网络智能化案例设计

3. 教学模式优化

针对下一代移动网络课程学科知识涉及面广,交叉融合性强的特点,单一被动式教学模式难以满足新工科高素质复合型人才培养需求[4]。为了实现因材施教的个性化教育,使学生真正掌握知识,采用探究式教学、启发式教学与经典讲授式教学相结合的混合式教学方式和工程案例教学方式,通过多样化、层次化课程实践选题、优势互补的团队化协作与交互式评估的综合评价模式等精准化教学实施,在兼顾"面向人人"与"因材施教",旨在激发学生的主动性、探索欲和求知欲,提升学生的特长发挥与科研创新能力。

图3所示为"追踪-选题-实践-协作-评估"渐进式教学模式示意图,从多样化、层次化实践的角度,首先,基于学生对下一代移动网络课程中网络篇、数据篇、算法篇不同内容学习历史成绩追踪,了解学生基础知识掌握与实践能力水平等,掌握学生的知识、能力的普遍和差异化水平;其次,开展多样化选题,针对不同研究方向、个性和兴趣的学生,征集、优化设计和推荐多样化的课程实践选题,引导学生通过兴趣爱好探索背后的网络技

术原理,激发学生的探索欲和求知欲,开启学生内在潜力和主动学习能力;最后,基于上述学生水平和反馈难度分析数据,为不同学习阶段、不同水平的学生设计和推荐不同层次化难度的系列实践选题,鼓励和启发学生的分析思考。从优势互补的团队化协作与学习的角度,设计综合性和系统性更高、工作量更大的团队任务,鼓励不同研究方向、个性与特长的学生自由组合形成研究团队,通过分工协作,各尽所长,互相交流学习、取长补短、优势互补,共同完成团队实践任务,在系统性科研训练的同时,提升学生的团队学习与沟通写作能力和科研合作意识。

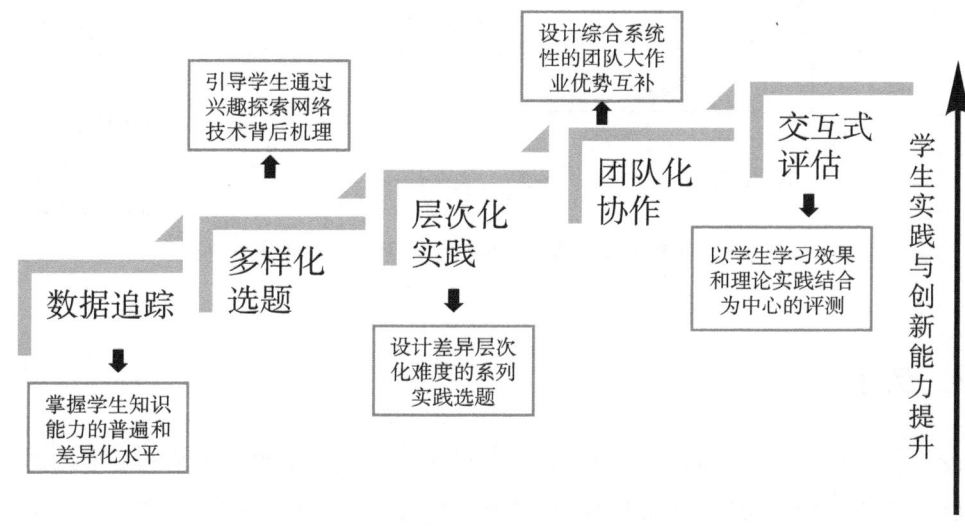

图3 "追踪-选题-实践-协作-评估"渐进式教学模式

4. 教学支撑平台优化

依据"产教融合"的教学理念,新工科建设需要探索创新"人工智能＋X"教学模式下工程教育教学改革,推进人工智能、信息技术与工程教育深度融合[5]。"人工智能＋"教育模式下实践类课程对人工智能算法,如强化学习、对抗学习、图神经网络等实践有着较高要求,借助于现有企业开源开放、技术领先、功能完备的云端智能平台/人工智能学习平台/虚拟仿真实验设备,深化校企合作。在校企深度合作的过程中,一方面,将"人工智能＋下一代移动网络"课程教授内容紧密与产业需求痛点结合,缩短科研成果向企业需求落地的;另一方面,企业辅助高校搭建高性能的教学实践平台,对开阔学生视野、激发学生兴趣与主动性,紧跟学科前沿与工程发展趋势大有裨益。以人工智能在虚实交互环境下自主学习和训练为例,如图4所示,为提升课程效果增加实验与实践教学环节,在虚拟环境中生成各种仿真训练场景,通过深度学习、强化学习训练数字孪生机器人。

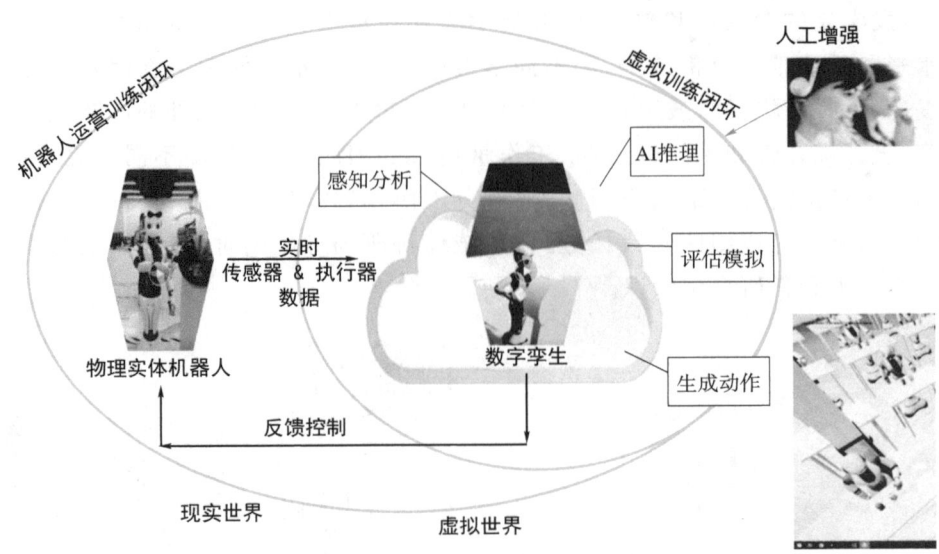

图 4 人工智能在虚实交互环境下自主学习和训练示例

三、结语

本文旨在解决下一代移动通信网络课程,传统教学理念、内容、模式方法和质量难以适应新工科"融合创新"教育范式需求的问题,探讨了"人工智能＋移动通信网络"的教学方式改革与实践方法,在交叉融合和产教融合两个融合理念下,创新性地提出"人工智能＋X"教学模式下"四优"课程优化设计,融合下一代移动通信前沿项目,探索教学与科研相促进的新途径,结合优化的下一代移动通信案例教学,构建校企深度融合的教改课程共建机制;突出人工智能工程实践,搭建云端智能高性能教学科研实践支撑环境,全面提升课程教学方式和实践质量,发展学生应对移动通信网络衍生的工程问题的解决能力,满足实际工程中对复合型综合强能力人才的需要。

参考文献

[1] 呼增,等.新工科背景下移动通信课程教学模式探索[J].软件导刊,21(9):176-179,2022.

[2] 樊丽霞.新工科背景下工科优势高校课程建设问题及对策研究[D].华东理工大学,2020.

[3] 王晶.新工科背景下"移动通信"课程教学探索[J].工业和信息化教育,8:35-37,53,2019.

[4] 代治国,等.产教融合背景下计算机专业教学模式创新研究[J].电脑知识与技术,2023,19(11):117-119.

[5] 王煜炜,等.基于混合教学模式的教学平台设计与实现—以C语言程序设计课程为例[J].信息与电脑(理论版),2022,34(12):241-244.

作者简介

王鑫,女,副教授,研究生导师,北京信息科技大学信息与通信工程学院物联网工程系教师,专注于通信与网络相关研究与教学工作。

李振松,男,高级实验师,研究生导师,北京信息科技大学信息与通信工程学院通信工程系教师,长期从事通信工程专业实践教学工作。

潘春雨,女,副教授,研究生导师,北京信息科技大学信息与通信工程学院通信工程系教师,长期从事移动通信专业教学工作。

李学华,女,教授,研究生导师,北京信息科技大学信息与通信工程学院党委书记,北京高校电子信息专业群协作委员会委员,长期从事信息通信类专业的教学与科研,多次获得北京市及国家级教学成果奖。

科技创新类

分布式 Canny 边缘检测处理器架构设计[①]

刘丁　朱仕梁　缪旻

（北京信息科技大学信息与通信工程学院，北京，100101）

摘　要：在本文中，针对 Canny 时间复杂度高的问题，我们基于 FPGA 提出了一种灵活可扩展的分布式 Canny 边缘检测运算架构。该架构同时使用多个边缘处理子核并行运行 Canny 算法。为了进一步提高实时性，我们在卷积过程中使用了数据重用和采用了一种基于块分类技术的快速自适应阈值提取方法。实验结果表明，该架构拥有良好的实时性和可靠精度。

关键词：FPGA；Canny；多核；数据重用；自适应阈值。

Distributed Canny Edge Detection Processor Architecture Design[①]

Liu Ding　Zhu Shi-Liang　Miao Min

(School of Information and Communication Engineering, Beijing University of Information Technology, Beijing, 100101, China)

Abstract: In this paper, we propose a flexible and scalable distributed Canny edge detection computing architecture based on FPGAs to address the problem of high Canny time complexity. The architecture uses multiple edge processing subcores simultaneously to run the computational Canny algorithm in parallel. To further improve the real-time performance, we use data reuse in the convolution process and employ a fast adaptive threshold extraction method based on block classification techniques. The experimental results show that the architecture has good real-time performance and reliable accuracy.

Key words: FPGA; Canny; Multicore;　Data Reuse; Adaptive Thresholding.

一、引言

近年来，在嵌入式/边缘计算设备中使用高分辨率图像/视频的场景越来越多，对高性能和低功耗的图像处理系统的需求也越来越大。在图像处理系统的预处理中，特征检测占据了主要的计算量和内存空间，因此一款高效的特征检测算法的加速架构对图像处理系统来说是至关重要的。而边缘检测的应用占据了特征检测算法应用中的半壁江山，包括目标追踪[1]、图像增强[2]、图像分割[3]、图像压缩[4]和 2D 与 3D 图像的转换[5]等，用于发现图像中的明显不连续性，例如图像亮度或强度突然变化。在目前的边缘检测算法中，Canny 算法[6]作为一种经典算法依然保持着优越于其他检测算法的性能，其优越的性能来源于 Canny 算

[①] 项目来源类别：国家自然科学基金项目（62074017）"芯粒（Chiplet）集成组件芯片间互连的信号/电源完整性、电磁干扰特性协同分析与设计优化方法"；专业自主实践课-科研项目类。

法的滞后阈值化特征,阈值的选取直接影响着最后处理的效果。Canny 算法已被广泛视为嵌入式/边缘移动计算设备等高帧率和低功耗高分辨率图像处理场景的理想选择。

传统的 Canny 主要分为四个部分:①使用高斯滤波器进行图像滤波;②使用 Sobel 算子计算像素的梯度大小和方向,并用非最大抑制(NMS)确定保留的边缘;③使用固定的高低阈值强化/孤立边缘;④抑制弱边缘完成边缘检测。固定的阈值并不能很好地适应所有的图像场景,应该使用自适应阈值进行改善。Otsu 算法[7]通过灰度直方图计算类间方差,寻到最大类间方差的阈值作为最优的自适应阈值[8],但 Otsu 的计算复杂度非常的高。这需要一个快速处理的方案才能满足图像/视频边缘检测系统的实时性。

在本文中,为了减少计算复杂度,提出了一种利用卷积核的数据重用策列,对卷积核列向量之间的常量倍数进行数据复用,减少了空间卷积所需的乘法次数。为了减少时间复杂度,提出一种块分类技术来大幅度的提升自适应阈值的运算速度,它不需要通过 Otsu 的复杂计算就能获得近似的全局自适应阈值,这种块阈值方法的速度远高于传统的 Otsu 方法。

二、基于 FPGA 的 Otsu-Canny 算法

基于 FPGA 的 Otsu-Canny 边缘检测算法[9]的流水线如图 1 所示,其中大部分的计算延迟来自高斯卷积、Sobel 卷积的运算和 Otsu 的最大类间方差计算。Canny 算法包括以下六个步骤:①对输入图像进行灰度值转化;②对灰度图像进行高斯平滑滤波卷积,去除图像噪声;③利用 Sobel 算子对图像进行卷积,计算图像梯度强度和方向;④进行非极大值抑制,使边缘更清晰;⑤通过 Otsu 计算得到的高低双阈值消除噪点和强化边缘;⑥根据强边缘抑制独立弱边缘。Otsu 算法需要两个步骤:①存储图像的灰度直方图;②求最大类间方差。这两步具有极高的时间复杂度和计算复杂度,我们将在下一节用一种新的快速计算方法进行替代。

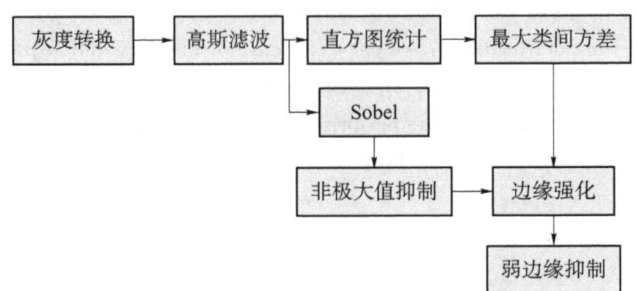

图 1 Otsu-Canny 边缘检测算法流水线

1. Canny 检测算法中的卷积运算

(1) 图像高斯平滑降噪的简化

图像滤波的主要目的是降噪,Canny 算法采用的是二维高斯函数对图像进行平滑滤波降噪。设二维高斯核函数为 $G(x,y)$、输入图像函数为 $f(x,y)$,使用高斯滤波核与图像进行卷积,减少边缘检测器上明显的噪声影响。其中 $f(x,y)$ 是一个二维的离散图像,处理后得到的结果为 $g(x,y)$。具体表达式如下:

$$g(x,y)=f(x,y)*G(x,y)=f(x,y)*\frac{1}{2\pi\sigma^2}e^{\frac{x^2+y^2}{2\sigma^2}} \qquad (1)$$

为了降低图像滤波降噪的计算复杂度,在 FPGA 上使用 3×3 的高斯滤波核来代替上述的公式,3×3 的高斯滤波核与输入图像卷积的具体公式如下:

$$g(x,y) = f(x,y) * \frac{1}{16}\begin{pmatrix} 1 & 2 & 1 \\ 2 & 4 & 2 \\ 1 & 2 & 1 \end{pmatrix} \quad (2)$$

(2) 梯度幅度和方向计算的简化

将 Sobel 卷积核与进行高斯滤波平滑后的灰度图像进行卷积,得到水平方向和垂直方向的偏导数 G_x 和 G_y,具体卷积公式如下:

$$G_x = f(x,y) * \begin{pmatrix} -1 & 0 & 1 \\ -2 & 0 & 2 \\ -1 & 0 & 1 \end{pmatrix}, G_y = f(x,y) * \begin{pmatrix} 1 & 2 & 1 \\ 0 & 0 & 0 \\ -1 & -2 & -1 \end{pmatrix} \quad (3)$$

再利用 G_x 和 G_y 求得梯度大小和梯度方向对目标和背景进行边界分类。梯度幅值(G)、方向(θ)的计算公式如下:

$$|G| = \sqrt{G_x^2 + G_y^2}, \theta = \tan^{-1}\left(\frac{G_y}{G_x}\right) \quad (4)$$

由于该方法不考虑对角线方向,在 45°和 135°方向上可能会出现检测误差。然而,开方和反正切的直接计算的计算复杂度还是非常大。在保证计算结果准确性的同时提出了一种近似计算,与原始欧氏范数相比,所提方法的最大误差为 8%。只考虑 8 个角度(0°,45°,90°,135°,180°,225°,270°,315°)来计算梯度的大小和方向[9]。如图 2(a)所示,当一个点($|G_x|$,$|G_y|$)分别投射到单位向量(1,0),(1,2,1,2)和(0,1)上,只考虑 0°,45°和 90°方向时,三个向量中的最大值可以是($|G_x|$,$|G_y|$)的近似梯度幅值。公式可以简化为

$$|G| = \max\left(|G_x|, |G_y|, \frac{|G_x| + |G_y|}{\sqrt{2}}\right) \quad (5)$$

式中,G_x 最大时,θ 为 0°;G_y 最大时,θ 为 90°;($|G_x|+|G_y|$)/$\sqrt{2}$ 最大时,θ 为 45°或 135°,只需检查 G_x 和 G_y 的符号位即可找到为哪个角度。图 2(b)所示为一个例子,θ 等于 45°,可以用 G_x 和 G_y 的±号来确定方向。

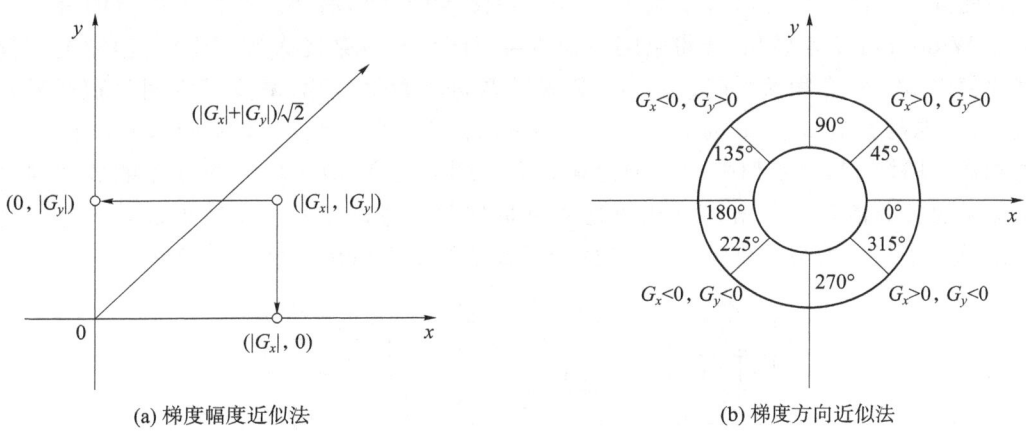

(a) 梯度幅度近似法　　　　(b) 梯度方向近似法

图 2　梯度幅度和方向近似优化说明图

2. 非极大值抑制、Otsu 双阈值算法检测和连接边缘

对非极大值的数据进行抑制,即寻找像素点局部最大值,将非极大值点所对应的灰度值置为 0。对梯度图像的每一个像素进行非极大值抑制两个步骤如下:①将当前像素点梯度强度与梯度方向上两侧的梯度强度进行比较;②比较之后若为最大值则保留该像素点;否则该像素点被抑制。

Canny 算法中减少假边缘数量的方法是采用双阈值法。选取两个阈值—高阈值 T_h 和低阈值 T_l,对非极大值抑制后的图像函数遍历,若某像素点的梯度值大于 T_h 则必为边缘;若小于 T_l 则一定不为边缘;若梯度值介于 T_l、T_h 间,若该点的 8 邻域内有梯度值有大于 T_h 的边缘,则判定该点为边缘,否则舍去。

Otsu 需要先统计灰度直方图,然后将现有大小为 $M \times M$ 的目标图像,灰度值范围为 $[0,255]$,将图像中灰度值小于 t 的像素点归为一类 C_0,即 $[0,t] \in C_0$,其余像素点归为一类 C_1,即,$[t+1,255] \in C_1$,其数学模型公式如下:

$$P_0(t) = \sum_{i}^{t} P_i, P_1(t) = \sum_{i=1}^{255} P_i = 1 - P_0(t) \tag{6}$$

$$U_0(t) = \sum_{i=0}^{t}\left(i \frac{p_i}{p_0(t)}\right), U_1(t) = \sum_{i=t+1}^{255}\left(i \frac{p_i}{p_0(t)}\right) \tag{7}$$

$$T_h = \mathrm{argmax}\{\sigma(t)\} = \mathrm{argmax}\{P_0(t)U_0^2(t) + P_1(t)U_1^2(t)\}, T_l = T_h/2 \tag{8}$$

式中,i 为图像的灰度值索引,P_i 为灰度值 i 出现的概率,$P_0(t)$ 和 $P_1(t)$ 分别表示类别 C_0 和 C_1 出现的概率,$U_0(t)$ 和 $U_1(t)$ 分别表示类别 C_0 和 C_1 的平均灰度,$\sigma(t)$ 为类间方差。T_h 为高阈值,是 $\sigma(t)$ 达到最大值时的灰度值。T_l 为低阈值,一般为 $T_h/2$。

三、计算复杂度的优化和实现框架

针对 Otsu-Canny 检测的不足之处,本文选择对卷积和双阈值计算做了优化处理。

1. 利用卷积核数据的倍数关系的数据重用策列

在 Canny 算法中,高斯和 Sobel 的卷积运算占据了绝大部分的计算量,特别是乘法运算。因此降低乘法运算可以直接减少 Canny 检测器的计算消耗。英伟达公司的近期产品采用了 Winograd 快速卷积,使得空间卷积所需要的计算复杂度大幅度降低,但需要大量的额外内存带宽。对卷积核列向量之间的常量倍数进行数据复用,减少了空间卷积所需要的乘法次数,规避了 Winograd 高额外内存带宽的缺点,如图 3 所示。图中所示为一个 3×3 高斯卷积核,其秩为 1,表示列中的每个元素具有相同的比率,故可以用第 0 列的数据乘以一个常数来表征其他列的数据,Sobel 核之间也是如此。即每列的卷积结果都与邻近列的卷积结果成一个倍数关系。故每个 3×3 的卷积乘法结果可以用一个 3×1 卷积结果表征。

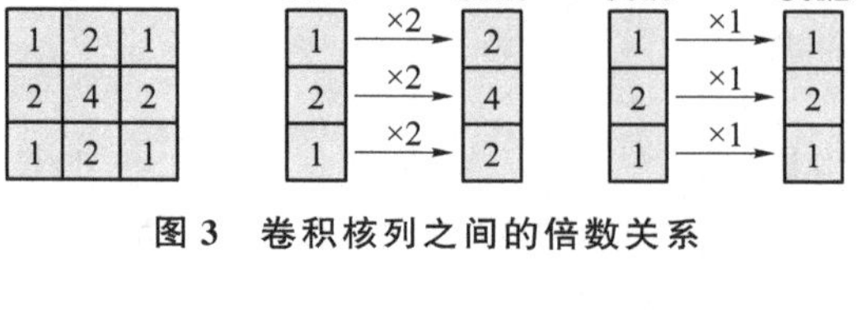

图 3 卷积核列之间的倍数关系

设一张图片 $M\times M$，每次进行空间卷积都要进行 9 此乘法，总共需要 $9\times(M-2)\times(M-2)$。使用列卷积方案，每次卷积都只需要 5 次乘法，3 次 1 列上的乘法和 2 次用来表征其他列的卷积结果，总共 $5\times(M-2)\times(M-2)$。很直观的可以看到，列卷积重用策略直接节约了 4/9 的计算周期。表 1 给出了列卷积重用策列和原始空间卷积的乘法次数。

表 1　列卷积重用策列和原始空间卷积的乘法次数

乘法次数	图像分辨率			
卷积类型	128×128	256×256	512×512	1 024×1 024
原始卷积	142 884	580 644	2 340 900	9 400 356
列卷积重用	79 380	322 580	1 300 500	5 222 420

2. 类型识别的自适应阈值计算方法

Otsu 根据灰度直方图选择高低阈值的计算有很高的时间复杂度，这对电路运算来说并不友好。但是通过对伯克利分割图像数据库的 200 张图像进行训练后，可以发现同类型的局部图像块的梯度幅度的平均值非常近似，并将这些块分为均匀块、均匀/纹理块、纹理块、边缘/纹理块、中等边缘块和强边缘块六种类型。因此，阈值选择过程可以简化为将局部块的灰度平均值与预先确定的常数相乘，即用块类型判断代替了复杂的阈值计算，和 Otsu 相比最大误差仅仅达到 5%。对于自适应阈值的选择，因此，在多核系统中，每个处理核可以通过识别自己负责的图像块的类型来确定自适应阈值。可以比较图像块梯度的方差来确定图像的类型。表 2 所示为伯克利分割图像数据库的 200 张图像的图像块梯度方差。表 3 所示为不同大小图像块类型的梯度幅度的平均值和阈值的比例常数，边缘越强比例越小。

表 2　梯度方差

块类型	均匀块	均匀/纹理块	纹理块	边缘/纹理块	中等边缘块	强边缘块
方差	0.006 8	0.005 6	0.008 3	0.006 7	0.008 1	0.008

表 3　梯度均值与自适应阈值的常量比例

比例常数	图像块类型					
块大小	均匀块	均匀/纹理块	纹理块	边缘/纹理块	中等边缘块	强边缘块
8×8	3.27	3.19	1.86	1.57	2.13	0.95
16×16	3.14	3.23	1.80	1.52	2.04	0.91
32×32	3.18	3.21	1.76	1.47	2.12	0.89
64×64	3.14	3.27	1.83	1.46	2.10	0.89
128×128	3.21	3.27	1.81	1.46	2.07	0.88

图 4 所示为基于类型识别的自适应阈值 Canny 算法的运行流水线，在 Sobel 运算之后计算梯度的均值和方差。计算梯度平均值与方差相比，起最大类间寻找最大阈值的方法的计算量小的多，显著地降低了计算复杂度和运算成本。

简单的自适应阈值电路如图 5 所示，主要由分类器和多路选择器组成，高阈值和低阈值之间存在一个常量倍数关系。此模块需要提前将表 3 的常量写入常量缓存区和表 2 的方差写入图像分类器中。在计算时，图像块分类器先根据梯度方差确定图像类型，MUX 再根据图像类型给出一个常量与梯度均值相乘,从而得到高阈值和低阈值。

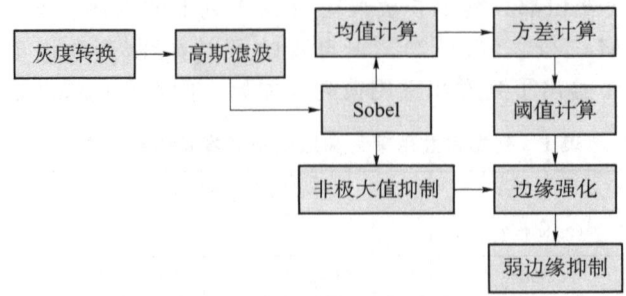

图 4　基于类型识别的 Canny 算法流水线

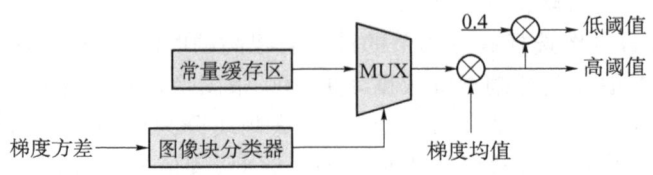

图 5　简单的高低双阈值计算电路

3. 系统整体框架

图 6 所示为本文分布式边缘检测处理器的设计架构。整个处理器框架主要由 16 个 PE,2 块输入 SRAM 和 2 块输出 SRAM,图像分割和图像聚合模块。输入的图像存在 SRAM 中,通过图像分割模块平均分成 16 分送入不同的 PE 中,PE 为图像处理子核。例如 256×256 的图像,被分割成 16 块 64×64 的图像块。当运算好的边缘图像再通过图像聚合模块聚合成一张图片。图像分割和图像聚合模块还担任乒乓操作的功能。此架构还是一种可扩展架构,可以对 PE 的行列数增减。

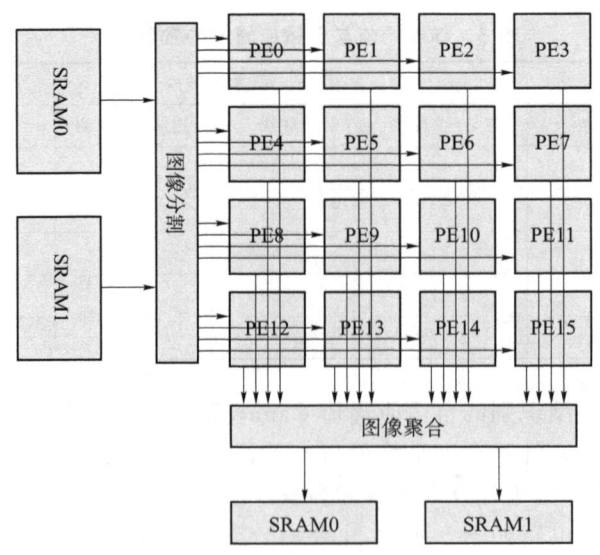

图 6　系统整体框架图

四、实验结果与分析

本文采用基于 Xilinx 系统芯片 Virtex UltraScale+ XCVU3P-2FFVC1517-i 的实验平台和 Vivado 软件平台中使用 Verilog 语言实现的此架构,并在 PyCharm 平台使用 Python 语言显示用此架构边缘检测后的图像。图 7(a) 为原始图像,图 7(b) 为 Otsu-Canny 算法实现效果图和图 7(c) 为本文改进 Canny 算法实现效果图。本文实现的实时边缘检测系统,边缘检测效果理想,且在一定程度上改善了 Otsu-Canny 算法运算量大的不足。

 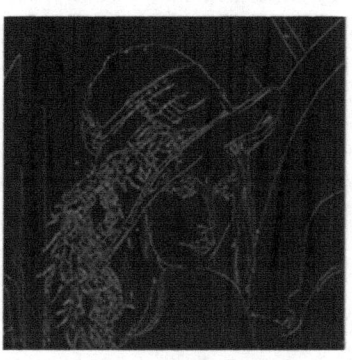 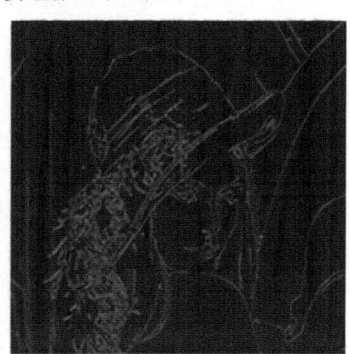

(a) 原始图像　　　　　　　(b) Otsu-Canny 的边缘图像　　　　　　(c) 本文改进的边缘图像

图 7　算法效果对比图

五、结论

本文提出了一种分布式的 Otsu-Canny 边缘检测器硬件结构。此硬件结构可以根据使用的硬件大小进行调整具有可重构性,能够处理大多数场景下的实现视频处理。本文主要做出了两个贡献:①提出的卷积计算重用能够避免大面积并行处理时乘法器的开销;②快速的块分类自适应阈值计算极大地降低了传统自适应阈值的运算时间。实验结果表明,该方法在保证提取的边缘精确的基础上,实时性较软件实现也有了很大的提升。本系统在工业生产、目标追踪等领域都有较强的应用前景。

参考文献

[1] Zhao P,Zhu H,Li H , et al. A Directional-Edge-Based Real-Time Object Tracking System Employing Multiple Candidate-Location Generation[J]. IEEE Transactions on Circuits & Systems for Video Technology, 2013, 23(3):503-517.

[2] Chen S L,Ma E D. VLSI Implementation of an Adaptive Edge-Enhanced Color Interpolation Processor for Real-Time Video Applications[J]. Circuits & Systems for Video Technology IEEE Transactions on, 2014, 24(11):1982-1991.

[3] Somkantha K,Theera-Umpon N,Auephanwiriyakul S . Boundary Detection in Medical Images Using Edge Following Algorithm Based on Intensity Gradient and Texture Gradient Features[J]. IEEE Transactions on Biomedical Engineering, 2011, 58(3):567-573.

[4] Na S,Lee W,Yoo K. Edge-based fast mode decision algorithm for intra prediction in HEVC [C]// IEEE. IEEE, 2014:11-14.

[5] Tsai S F, Cheng C C, Li C T, et al. A real-time 1080p 2D-to-3D video conversion system[J]. IEEE Transactions on Consumer Electronics, 2011, 57(2):915-922.

[6] Mallat S, Zhong S.Characterization of signals from multiscale edges[J]. Trans IEEE, 1992, 14(7):710-732.

[7] Otsu N. A Threshold Selection Method from Gray-Level Histograms[J]. IEEE Transactions on Systems Man & Cybernetics, 2007, 9(1):62-66.

[8] 崔玉,俞建定,邹洪彬,等.改进的Canny实时边缘检测算法在FPGA上的实现[J].无线通信技术,2021,30(4):27-31+36.

[9] Lee J, Tang H, Park J.Energy Efficient Canny Edge Detector for Advanced Mobile Vision Applications[J]. IEEE Transactions on Circuits and Systems for Video Technology, 2016:1-1.

高速电互连系统中配电网络电源完整性分析[①]

付龙云　李涛　缪旻

(北京信息科技大学信息与通信工程学院,北京,100101)

摘　要:本文针对三维集成高速电互连系统中转接板电源分配网络进行了电源完整性分析。首先对电源分配网络中的 SSN 产生机理进行了分析,其次建立了转接板电源分配网络的三维模型,仿真分析了其频域阻抗特性和时域电源波动情况。为了抑制 SSN 的干扰,使用了基于 TSV 电容的可调去耦电容方案,仿真结果验证了此方案的有效性。

关键词:电源分配网络;电源完整性;SSN;TSV 电容。

Power integrity analysis of distribution network in high speed electrical interconnection system

Fu Longyun　Li Tao　Miao Min

Abstract: In this paper, the power integrity of the converter board power distribution network in a three-dimensional integrated high-speed electrical interconnection system is analyzed. Firstly, the generation mechanism of SSN in the power distribution network is analyzed. Secondly, the three-dimensional model of the power distribution network is established, and the frequency domain impedance characteristics and time domain power fluctuation are simulated. In order to suppress the interference of SSN, an adjustable decoupling capacitor scheme based on TSV capacitor is used, and the simulation results verify the effectiveness of this scheme.

Key words: power distribution network; power supply integrity; SSN; TSV capacitance.

一、引言

随着现代科学技术的发展,高速集成电路朝着高密度、高时钟频率、低功耗以及低供电电压、大供电电流方向快速发展,系统中高频分量不断增加,由此带来的寄生问题导致电源完整性问题越来越突出。

电源分配网络(Power Distribution Network,PDN)对高速电路系统的电源完整性影响起着重要的作用。当器件工作于高速开关状态时,电流回路上存在的电感,以及过大的瞬态交变电流都会造成电源的不稳定。从电源波动的表现形式上看,可以将不稳定的来源分为三类:同步开关噪声(Simultaneous Switch Noise,SSN),有时也称为 Δi 噪声;非理想电源

[①] 项目来源类别:国家自然科学基金项目(62074017)"芯粒(Chiplet)集成组件芯片间互连的信号/电源完整性、电磁干扰特性协同分析与设计优化方法";北京信息科技大学专业自主实践课-科研项目类。

阻抗影响;平面的谐振及边缘效应。其中,同步开关噪声对高速电路的电源完整性影响最大,因此,电源配送网络中的同步开关噪声问题得到越来越多的重视。

本文从 SSN 的产生机理出发,建立了转接板电源分配网络的三维模型,仿真分析了其频域阻抗特征和时域电源波动情况,并基于一种可调 TSV 去耦电容方案对其 SSN 进行了抑制,仿真结果验证了其有效性。

二、SSN 产生机理

电源噪声的产生主要是因为不理想的电源分配网络。如图 1 所示,任何电子系统,其 PDN 上的电压都在一定范围内波动。因为电源平面和其他导体一样,都具有寄生电容、电感和等效阻抗,所以配电网络无法在所有情况下都提供稳定的电源。

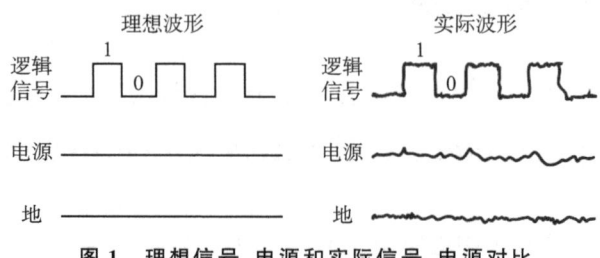

图 1　理想信号、电源和实际信号、电源对比

解决电源完整性问题的基本思路就是控制电源分配网络的阻抗。使用去耦电容是实现阻抗控制的主要方法,能够有效提高瞬态电流的响应速度,降低配电系统的阻抗。电源系统的设计,实际上就是合理地使用电容,使配电系统能在较宽的频段范围内保持低阻抗。

图 2 所示为典型的 PDN 的系统模型。三维集成中涉及的完整 PDN 包含 PCB 上 PDN、封装上 PDN 和芯片上 PDN 等部分,因为芯片是供电的对象,所以芯片电源引脚处看到的 PDN 阻抗是电源完整性分析考虑的主要对象。

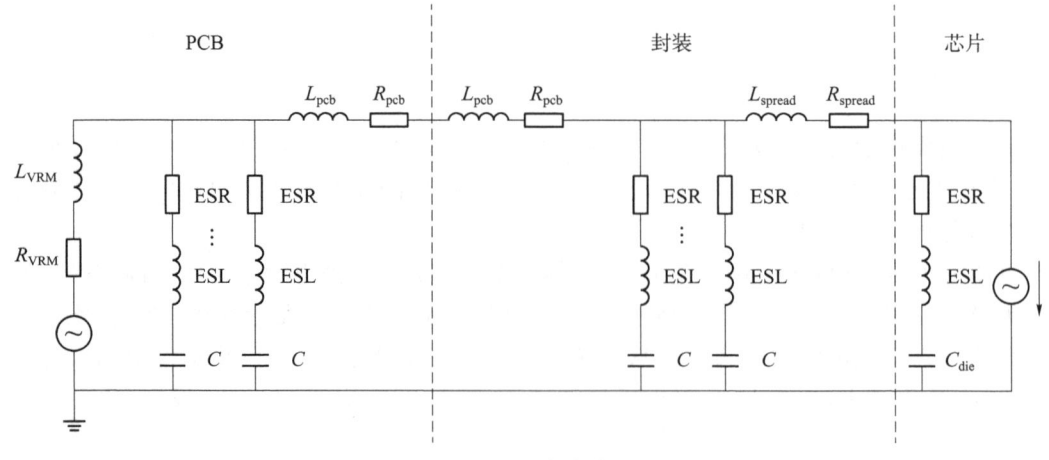

图 2　PDN 电路模型

芯片中大量相邻驱动器同时开关时,在电源地中会引入瞬态的大电流,由于电源地中存在寄生电感,会在系统电源地上产生电压波动从而形成 SSN。SSN 的产生主要有两方面因素:瞬态大电流和电源地寄生电感,明白这两方面因素的来源就可清楚地理解 SSN 产生机理。

当单个驱动器由低电平向高电平切换时,P 管导通 N 管截至,在这个过程中,会存在一个瞬间使 P 管和 N 管同时导通,这是将会产生很大的瞬态电流。相反,当单个驱动器由高电平向低电平切换时,也会产生较大的瞬态电流[1]。这个瞬态电流可采用三角波来近似的表示。当多个驱动器同时开关及同时切换状态时,瞬态的尖峰电流叠加会导致电源波动变大。驱动器开关产生瞬态尖峰电流示意图如图 3 所示。

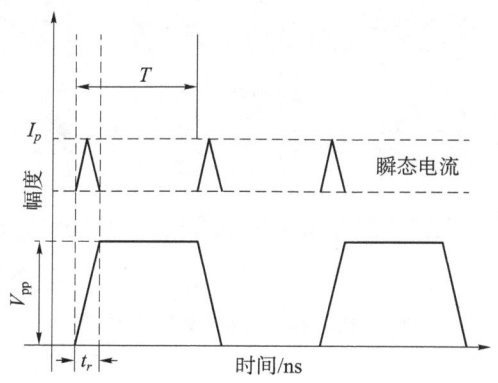

图 3　驱动器开关产生瞬态尖峰电流示意图

PCB 级 PDN 设计较理想时,芯片驱动器端感受到的最大电感来自芯片封装引入的电源地引脚寄生电感。SSN 在芯片驱动器端产生,然后沿着系统 PDN 向外传播。

三、转接板电源分配网络建模

转接板 PDN 处于整个 PDN 系统的中间部分,通常工作在 100 MHz 到 500 MHz 之间[2]。该部分面积相对较大,结构也比较复杂。本文中建立的转接板 PDN 的结构如图 4 所示,是一个 1.4 mm×1.4 mm 的 TSV 转接板。PDN 中的电源地网络由两个电源地金属层构成,分别为 Metal1 和 Metal2[3]。在 Metal2 层水平的电源线和地线以均匀间隔垂直布设,相应的,在 Metal1 层垂直的电源线和地线以均匀间隔水平布设,电源与地通过 Metal1 层和 Metal2 层间过孔连接。该转接板的硅基板内除了普通的信号互连 TSV 外,还预先埋布了一种特殊结构的 TSV。这种 TSV 由内向外由同轴铜、氧化层以及重掺杂的硅侧壁组成[4],如图 5 所示。因为这种特殊的结构,该 TSV 电容相当于同轴电容。在本章研究的硅转接板中,这种电容 TSV 的直径为 20 μm,高 100 μm,能够提供 1 pF 左右的电容。利用转接板中的这些 TSV 电容可以实现一种可调去耦电容方案,用来抑制同步开关噪声。

整个 PDN 结构的等效模型如图 6 所示,由于本文主要研究转接板 PDN 的特性,所以 PCB 和芯片部分的 PDN 均使用简易的集总参数模型代替,不详细展开。

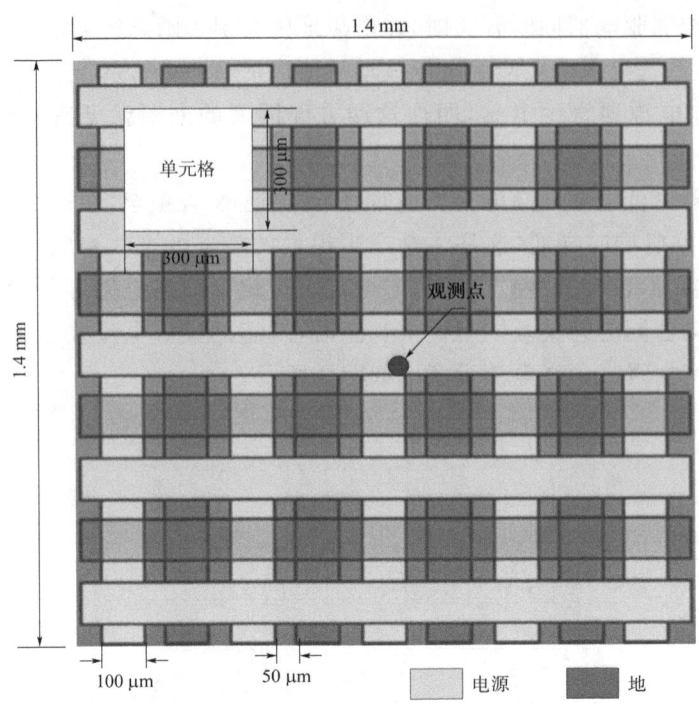

图 4 转接板上 PDN 结构示意图

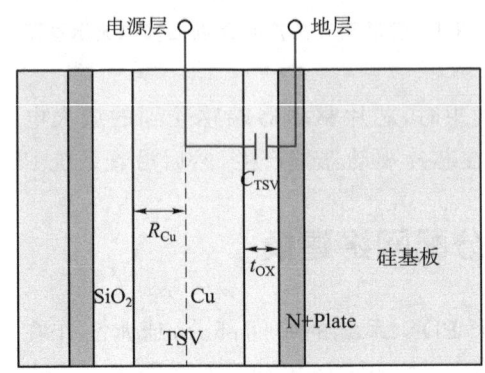

图 5 TSV 电容结构

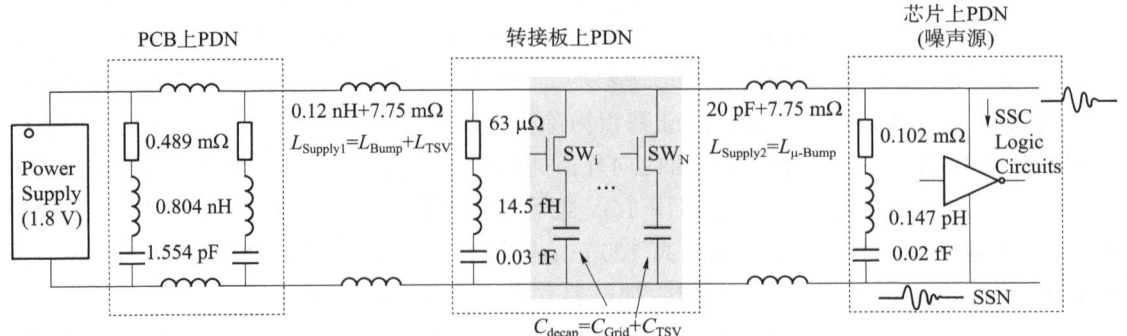

图 6 整体 PDN 等效电路原理图

PDN 电路模型主要参数如表 1 所示。

表 1　PDN 电路模型主要参数

PDN 系统	参数	取值
PCB 上 PDN	R_{PCB} L_{PCB} C_{PCB}	0.489 mΩ 0.804 nH 1.554 pF
BGA	R_{BGA} L_{BGA}	7.75 mΩ 0.12 nH
转接板上 PDN	$R_{interposer}$ $L_{interposer}$ $C_{interposer}$	63 μΩ 14.5 fH 0.03 fF
TSV(互连)	R_{TSV} L_{TSV}	7.75 mΩ 20 pH
芯片上 PDN	R_{Chip} L_{Chip} C_{Chip}	0.102 mΩ 0.147 pH 0.02 fF

在转接板的硅基板中，TSV 电容两端分别连接电源网络和地网络，并且串联控制开关。通过控制开关状态决定是否将 TSV 电容接入网络，作为并联在转接板 PDN 电源和地之间的去耦电容。由于本文中采用的电容 TSV 的直径约 20 μm，而转接板每个单元格的尺寸为 300 μm×300 μm，综合考虑其他器件所需的空间和转接板结构的稳定性，在研究中设定每个单元格大小的硅基板中预先埋布的电容 TSV 的数量为 20，并且可以根据需求决定接入转接板 PDN 中的电容 TSV 的个数，以此来获得不同的去耦电容值 C_{decap}。

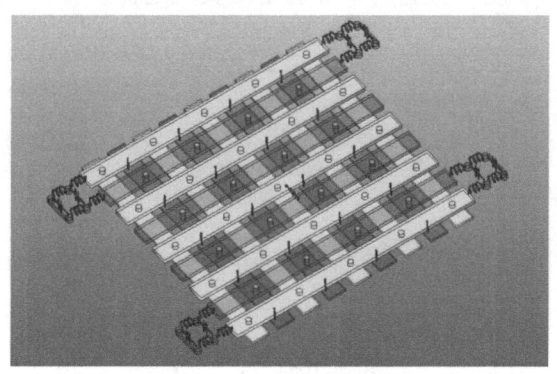

图 7　转接板物理模型

通过 ANSYS SIWAVE 软件对整体 PDN 的阻抗进行三维全波仿真，图 7 是在 SIWAVE 中建立的转接板物理模型，其中 PCB 和芯片部分的 PDN 均用电路元件来等效。仿真每个单元格接入五个、十个和十五个 TSV 电容即接入电容值为 5 pF、10 pF 和 15 pF 时转接板观测点处的阻抗，得到如图 8 所示的阻抗曲线。从图中可以看到，随着接入电路的

TSV电容的增加,转接板PDN的频域阻抗谐振点明显下降,也就是说,增加接入TSV电容的数量,可以降低转接板PDN系统的阻抗。

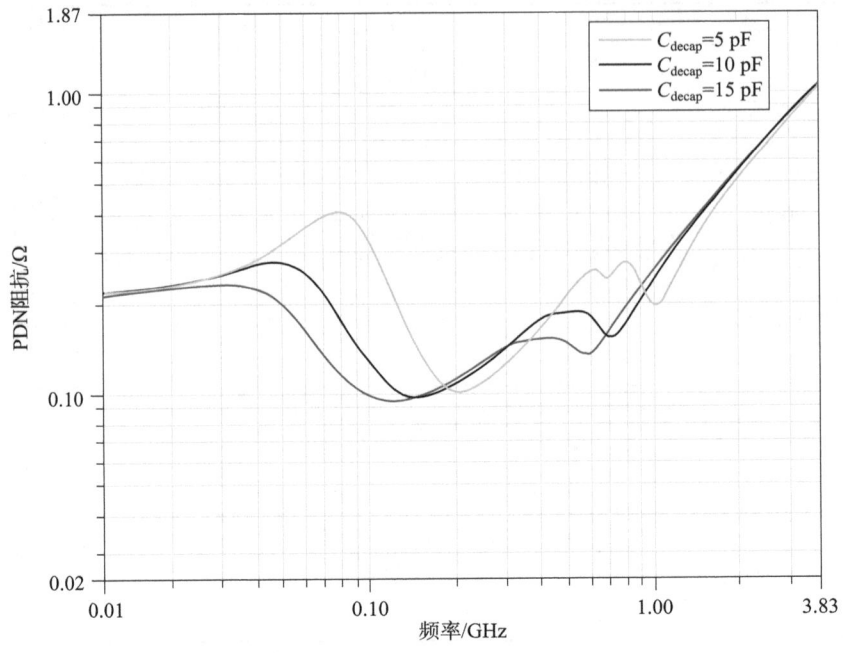

图8 转接板PDN频域阻抗特性

四、同步开关噪声仿真分析

为了研究SSN的特性,本节将在ADS软件中建立相应的等效电路模型,将上节中仿真得到的转接板PDN的频域阻抗输出为SNP文件,并在ADS中建立相应的SNP模型接入到等效电路模型中,如图9所示。分析一种确定的负载电流条件下PDN上芯片电源引脚处的SSN波动情况。

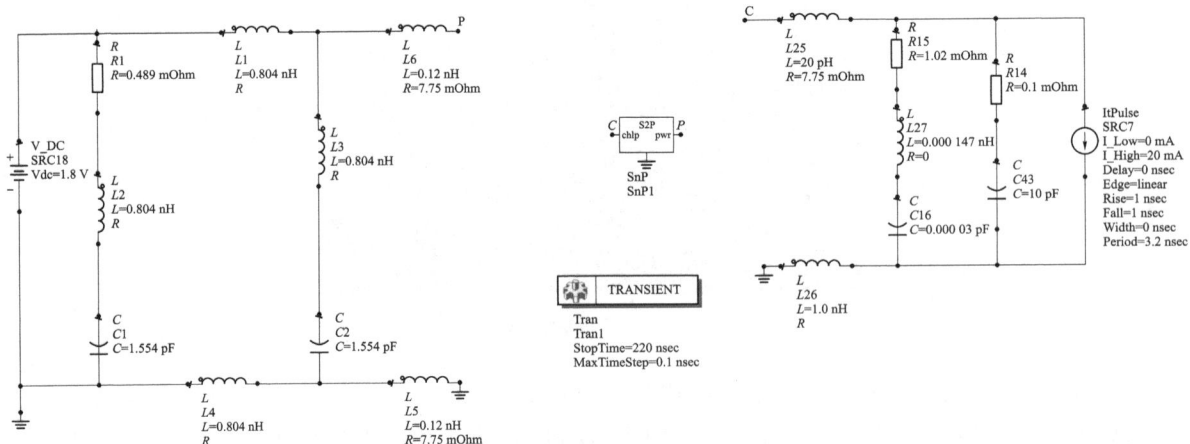

图9 SSN仿真等效电路模型

电源/地平面之间的 SSN 的物理行为,本质上说是一种电磁现象,SSN 由大量器件同时开关需要的瞬时电流(Simultaneous Switching Current,SSC)引起,受到 SSC 特性的影响。为了评估 SSN 的大小,先仿真一种不接入去耦电容的情况下 SSN 的波动。供电电源 VCC 设置为 1.8 V,同时使用具有特定函数特性的电流源作为芯片的驱动电流来模拟 SSC。一般情况下,芯片中心位置的电源引脚处会存在 SSC,在 PDN 等效电路模型对应的节点处添加电流源激励,进行 SSN 的瞬态仿真分析。根据数字 IC 工作模式的特点,电流源被设置成一个周期三角波,峰值电流为 20 mA,上升/下降时间为 1 ns,周期为 3.2 ns。观测点设置在图 9 中的位置,仿真得到 SSN 的波动情况如图 10 所示。

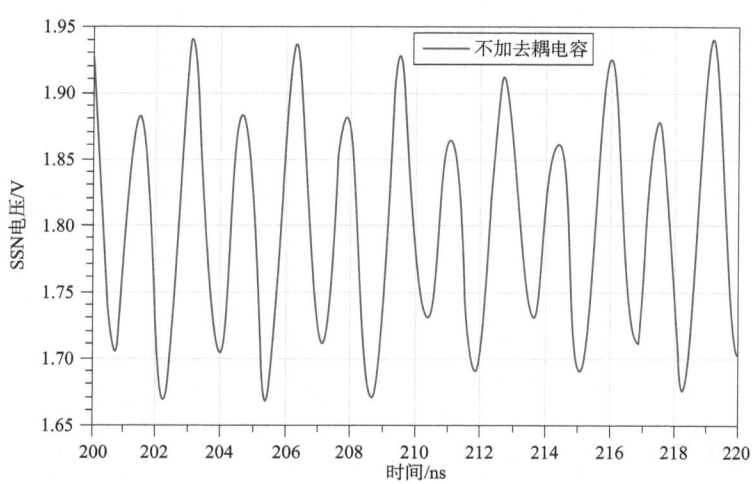

图 10　不接入去耦电容时的 SSN 电压

可以看到,由于 SSN 的影响,转接板上观测点处的电压在理想的 VCC 幅度值上波动。正是这种波动减慢了信号传输速度,甚至可能影响接收端的正确判读,需要设法抑制这种波动。

去耦电容可以调节 PDN 阻抗曲线的反谐振频率,并降低一定频率范围内的阻抗大小。根据这一性质能够设计一种可调去耦电容方案,该方案根据不同的 SSC 频谱特性调节去耦电容的大小,以此改变 PDN 的阻抗特性,避免阻抗曲线的反谐振频率接近 SSC 主频范围。结合上文中介绍的特殊结构的 TSV 电容,可以实现这一去耦电容调节方案。利用在转接板的硅基板中预先埋布的电容 TSV,通过改变开关状态控制 TSV 电容的接通或断开可以实现对去耦电容值大小的调节。利用转接板非芯片区域中冗余的 TSV 电容搭建这种电路,从而在较低的成本代价下,控制转接板 PDN 中电源平面和地平面之间的 TSV 支路上的开关状态,达到调节去耦电容值大小的目的。同时,与上文中的分析类似,依然使用周期三角波形式的电流源来等效噪声源 SSC。得到的 SSN 的波动情况如图 11 所示。

可以看到,与不接入 TSV 电容时相比,加入 TSV 电容后可以大大抑制 SSN 对电源的影响,将电源的波动控制在极小的范围内,不影响电路的正常工作。同时,针对不同的噪声源可以接入不同的 TSV 电容数量,以更好地匹配电路工作的要求,如本例中,接入 10 pF 电容时,可以将 SSN 的影响降到最低。

大部分数字电路器件对电源波动的要求是正常工作电压的 ±5% 范围之内,对于芯片内部更加苛刻,通常要求供电电源的纹波在 ±3% 之内。本文中的可调去耦电容方案,可以将 SSC 引起的电源纹波降低到要求的值以下,满足大部分数字电路芯片对供电电源的要求。

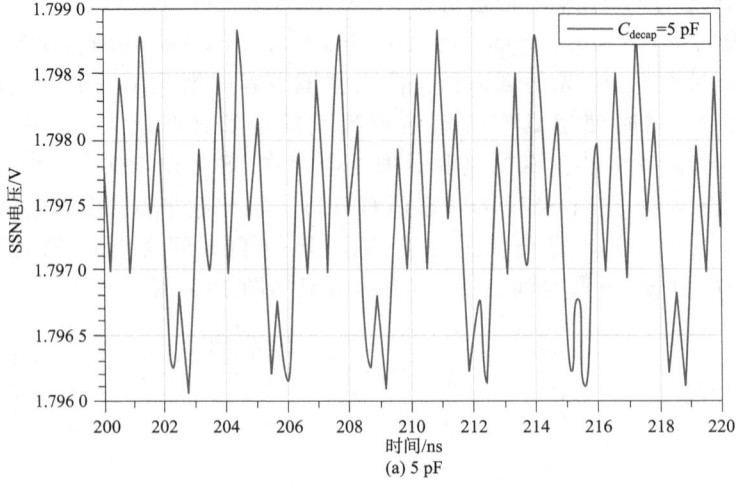

(a) 5 pF

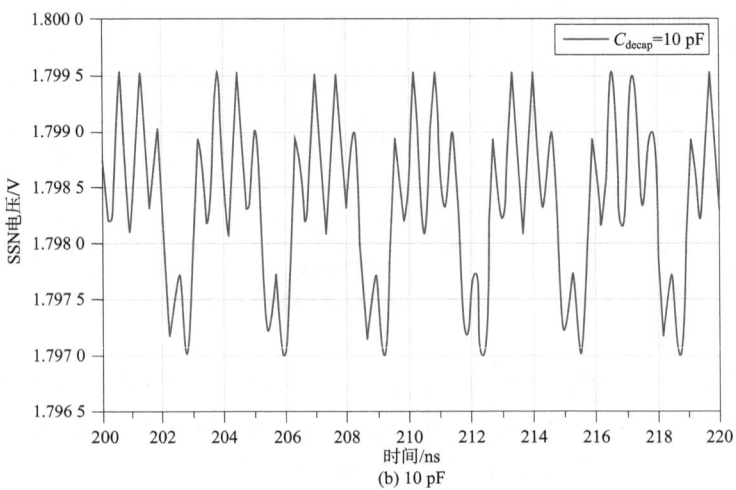

(b) 10 pF

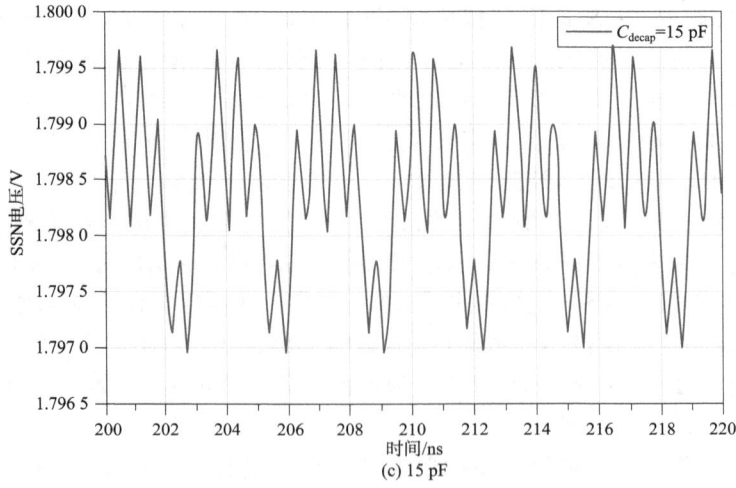

(c) 15 pF

图 11 接入不同 TSV 电容时的 SSN 电压

五、总结和展望

本文主要研究了三维高速电互连系统中的典型转接板电源分配网络的同步开关噪声。首先,对同步开关噪声的产生机理进行了分析,对 PDN 系统中转接板上 PDN 进行了物理建模,并对其在频域中的阻抗特性进行了仿真分析,通过使用一种可调 TSV 去耦电容可以降低其阻抗,以满足不同电路的需求。其次,利用等效电路模型进行了 SSN 的仿真分析,发现通过接入不同数量的 TSV 去耦电容可以抑制 SSN,将转接板上 PDN 的电源波动控制在可接受的范围内,满足芯片供电系统的性能要求。

由于时间和仿真条件限制,选择了一种网格型电源分配网络,且各项参数设置较为理想化。下一步可以针对特定的电源网络进行分析,以保证更符合实际情况。同时,三维堆叠芯片是现在研究的重点,可以将此方法进行延伸,以更好地满足三维堆叠芯片电源分配网络发展的要求。

参考文献

[1] 张松松. 高速电路板级 SI、PI、EMI 设计[D].西安电子科技大学,2013.
[2] 陈天放. 三维集成高速电互连的信号通路与配电网络噪声分析、建模及抑制[D].北京信息科技大学,2019.
[3] 胡晋,王彦辉,张弓.三维堆叠芯片电源分配网络电源完整性建模与仿真[J].计算机与数字工程,2019,47(11):2728-2732.
[4] Miao M, Wang L, Chen T, et al. Modeling and Design of A 3D Interconnect Based Circuit Cell Formed with 3D SiP Techniques Mimicking Brain Neurons for Neuromorphic Computing Applications[C]. 2018 IEEE 68th Electronic Components and Technology Conference (ECTC). IEEE, 2018:490-497.

浅析基于深度学习的路标识别系统的构建

洪启宸　李振华

（北京信息科技大学信息与通信工程学院，北京，100101）

摘　要：随着科技和经济的发展，交通问题越来越深刻地影响着人们的日常生活，我国机动车保有量和增量均为世界第一，将有越来越多的汽车涌向道路，但这也意味着更为复杂的路况，这给每一个交通参与者带来了极大的困扰，然而自动驾驶技术将极大地改善所有问题。而如何实现汽车自动识别路牌，则是重要的技术之一。本文将浅析一种基于深度学习的路标识别系统，系统将分为自动行驶和手动驾驶两种模式，在这两种模式下系统都可通过配备的视觉模块，实现对交通标识特征的捕捉，再通过神经网络将捕捉到的图像进行分析，以实现路标识别的功能。在自动行驶模式下，系统可根据巡线传感器使智能车按照指定轨迹行驶，同时对智能车行驶方向进行超声波测距，检测障碍物，并实现自主避障。

关键词：深度学习；传感器；卷积神经网络；视觉识别；路标识别；模型训练。

The construction of road sign recognition system based on deep learning

Hong Qi-chen　Li Zhen-hua

Abstract：With the development of science and technology and economy, traffic problems have more and more profound impact on People's Daily life. Both the quantity and increment of motor vehicles in China are the first in the world. There will be more and more cars rushing to the road, but it also means more complex road conditions, which brings great troubles to every traffic participant. How to realize automatic recognition of road signs is one of the important technologies. This paper will analyze a road sign recognition system based on deep learning. The system can be divided into two modes: automatic driving and manual driving. In both modes, the system can realize the capture of traffic sign features through the equipped vision module, and then analyze the captured images through the neural network to realize the function of road sign recognition. In the automatic driving mode, the system can make the intelligent car according to the line sensor in accordance with the designated track, at the same time, the intelligent car driving direction ultrasonic ranging, detection of obstacles, and achieve autonomous obstacle avoidance.

Key words：Deep learning; Sensor; Convolutional neural network; Visual recognition; Road sign recognition; Model training.

一、引言

交通管理和交通安全问题正越来越受到重视。在这样的背景下，智能交通系统的概念就产生了。交通标志识别系统作为智能交通系统的一部分，在行车辅助、交通标志维护、自动驾驶等诸多方面发挥着重要作用。本文将以深度学习为基础设计路标识别系统，利用卷积神经网络实现对路标的识别。卷积神经网络是结合人工神经网络和深度学习技术而产生的一种新型人工神经网络方法，它将给系统带来更强大的工作能力。

二、系统组成

由于汽车在行驶过程中处于高速状态,所以路标识别系统识别速度和准确度都必须有极高的要求,因此首先要对系统的物理组成和运行流程做出合理的设计。

1. 系统物理组成

基于系统的各项功能,首先选择主要组成硬件有视觉模块、巡线传感器、超声波传感器、蓝牙模块等,并对硬件进行功能分配,如图1所示。

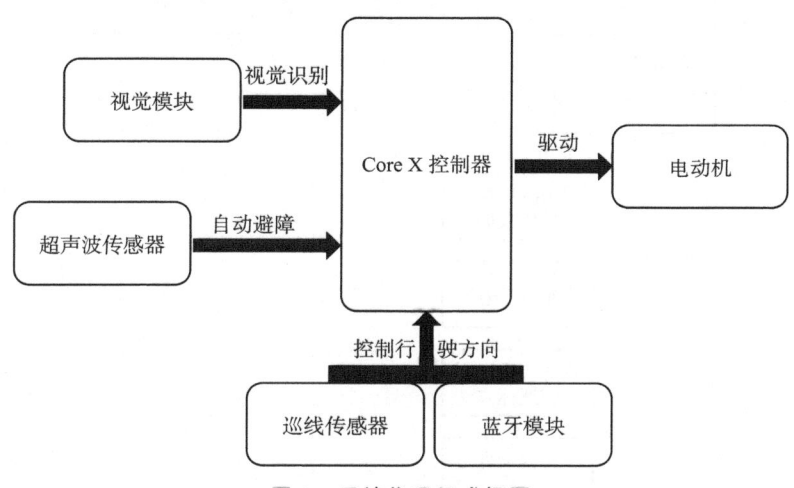

图 1　系统物理组成框图

视觉模块基于 Kendryte K210 AI 芯片,并根据学习记录常见交通信号标志的特征,可实现通过视觉能够使分类系统自动辨别出标志大致形状、颜色、文字及其他具体特点等,实现对交通标志的识别。系统可通过超声波传感器采集信息,实现自动避障功能,能够反馈智能车与障碍物的距离,并且可以手动调整障碍物阈值。在自动驾驶模式下,系统将通过巡线传感器,实现按照预定轨迹自动行驶的功能。蓝牙模块可使系统与移动端 App 连接,将智能车的行驶信息传输到移动端显示界面,并能够通过移动端控制智能车的行驶状态以及行驶模式。

2. 系统运行流程

系统在运行过程中必须保证各功能流畅运行,同时满足自动、手动两种模式随时切换,对系统运行的流程如图2所示。

进入系统后需先选择运行模式,手动模式将基于蓝牙实现对小车的控制,自动驾驶模式则将基于巡线传感器巡线自动前进,两者可通过物理按键随时切换。在两种模式下行驶过程中,系统将自动检测障碍物,及时减速或避开障碍,视觉模块实时采集路标信息,辅助小车行驶,并作出规定反应。

3. 图像识别处理

在路标识别过程中,为了区别复杂的背景区域和目标区域,首先需要对原始图像进行预处理,以提高目标识别率。然后再利用卷积神经网络进行分析识别,最后输出得到的信息。识别过程如图 3 所示。

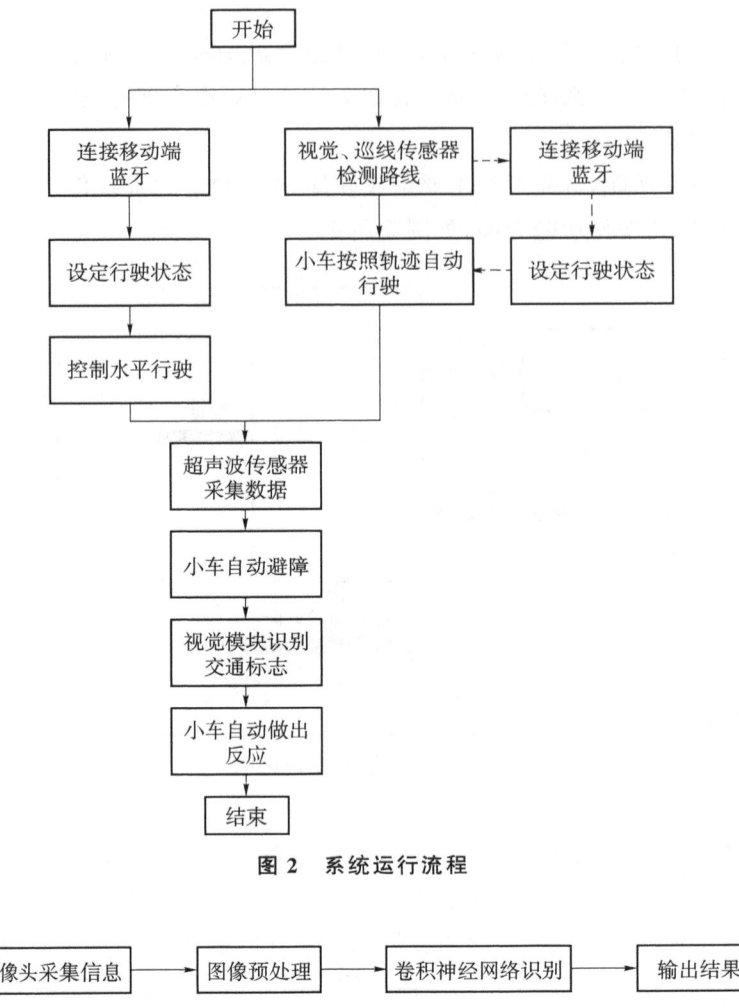

图 2　系统运行流程

图 3　路标识别流程

在预处理过程中,首先,需要把采集的数字图像的 RGB 数据模型转化为 HSV 数据模型。虽然我国交通标志种类繁多,但交通标志颜色固定,以红色、黄色、白色、黑色为主,与 RGB 三原色模型相比,HSV 模型的颜色区间更好确定,便于目标定位。然后把交通标志的典型颜色,如红、蓝等,设置其二值化阈值,并转换为二值化图像,使交通标志区别于复杂的背景之下。为提高对目标的识别精度,需要增强图像处理,利用开放运算,连接邻近像素平滑边界,从而减少图像噪声、防止特征腐蚀[1]。

对交通标志的定位与提取,采用了提取连通分量的方法,这种方法以形态学的膨胀运算为基础。在经过预处理后的二值化图像上,从左到右依次自上而下读取所有像素的灰度值,当第一次扫描到灰度值与交通标志的灰度值相同,则认为这是交通标志的左边界,并记下该像素点 Xmin,当读取的灰度值有两个或以上的灰度值相同时,则认为该行处于交通标志范围之间,并记下像素纵坐标 Ymin 和 Ymax,然后判断扫描结束后的灰度值,即为该行的灰度值。如果扫描读取的灰度值与目标交通标志灰度值相同的像素点由多点变为一点时，则认为是交通标志的右边界，将每次读取的目标灰度值坐标信息做记录，在二值化图像中按像素坐标点裁剪像素连通区域，即可得到目标图像[1]。路标采集如图4所示。

图 4　路标采集

三、路标识别原理分析

系统基于深度学习技术，通过低层特征的组合，深度学习形成更抽象的高层表示属性类别或特征，从而发现数据的分布式特征表现。深度学习技术可以是系统对于路标的识别速度和准确度都有了很大的提升，为系统的可靠性带来了保证。深度学习是一类模式分析方法的统称，具体研究内容，主要是以卷积运算为基础的神经网络系统，即卷积神经网络。

1. 卷积神经网络原理

卷积神经网络（Convolutional Neural Networks，CNN）是一类包含卷积计算且具有深度结构的前馈神经网络，是深度学习（deep learning）的代表算法之一。卷积神经网络具有表征学习能力，可按其阶级结构平移不变分类输入信息，因此又被称为"平移不变人工"。

（1）局部感知域

局部感知域又称稀疏联结。一般来说，因为图像的某一特征在局部地区比较密集，而对相对较远的局部地区则相关性较弱，因此，每个神经元不必与图像的所有像素点相连，只需将局部区域相连，最后拼接所有神经元的信息，就可以得到图像的全部信息。神经元全连接和神经元局部连接图如图5(a)和图5(b)所示。

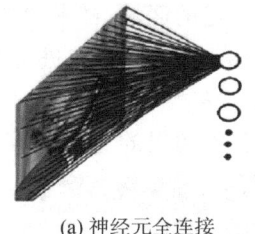 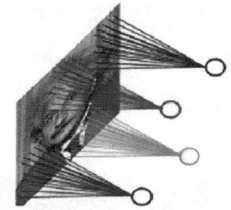

(a) 神经元全连接　　　　　　　　(b) 神经元局部连接

图 5　神经元连接

左侧是一个1 000乘以1 000的图片，同时有1M个隐藏层。如果使用全连接，也就意味着这 1 M 个隐藏层的神经元都要和图片的每一个像素点对应,即每一个像素点,都要把所有的隐藏层都给过一遍,意味着需要有:$1\,000×1\,000×1\,M=10^{12}$ 个连接,同时也意味着,有 1 012 个权值,这就会导致模型极其复杂。

但是,如果我通过卷积神经网络,神经网络当中需要"过滤器",假设这个过滤器是 10 乘 10 的,在具体的链接当中,我们只需将这个"过滤器"和图片进行全连接,那么就是 $10×10×(1\,000×1\,000)=10^8$,比起 10 的十二次幂,已经少了很多了。

(2) 权值共享

当每个卷积核与图像进行卷积处理时,每个卷积核的参数都是固定的,也就是说,当卷积核与图像进行局部连接时,其权重是一样的,所以对于整个图像来说,"共享"一个卷积核权重,这就是权重共享机制,在很大程度上,权值共享可以减少自由参与的待学次数,大大提高学习效率,泛化能力强。假设局部感知域的大小为 3×3,有 1 024 个神经元,100 个卷积核,则局部连接的参数为 3×3×1 024,通过权值共享,则参数量为 3×3×100,通过权值共享机制,可以进一步减少参数量。无论图像的大小,参量只与卷积核的大小有关,与卷积核的多少有关。[2]

2. 路标识别深度学习应用

路标识别系统在运行过程中,需要实时对路边的路标进行检测,因此监测路标的频率将会非常高,如果直接以神经元全连接的方式进行识别,运算量将非常高,不但会影响系统反应速度,对硬件的运算要求和成本也会大幅提高,这也会使系统的安全性和可靠性大打折扣。

而通过卷积神经网络进行识别,在保证一定的准确率的情况下,对通过摄像头采集到的路标图像进行分析识别,通过局部感知域和权值共享大幅减少运算量,满足系统对识别速度的要求,使路标识别应用到现实成为可能。

除此之外,深度学习的概念源于是模拟人脑进行分析学习而诞生的神经网络,它能够模拟人脑的思考过程,从而解释数据,比如图像、文本等。在路标识别系统的构件中,我们能够利用合理的训练提高系统对于路标识别的准确率。通过训练,系统能够记录对于路标的特点、权值,从而使系统参数达到最佳,为路标识别系统的可靠性再加一层保障。

四、深度学习训练

在构建好卷积神经网络之后,系统还需要通过大量的样本进行训练和学习,以提高识别的精确性。通过 GTSRB 数据集,共包含了 43 类交通标志,训练样本 39 209 张,测试样本 12 630 张。在提供的样本中,图像都显示出标志区域和周围一定的区域,样本图像尺寸包括从 15×15 到 250×250,当然,它不一定是正方形。基于深度神经网络的方法来进行交通标志识别,最后在 43 类交通标志的识别准确率达到了 99.46%,超过了人类表现的 98.84%,可以看出系统有着较高的识别率,并且能够对光照不均、出现遮挡、掉色等情况的交通标示有一定的鲁棒性。

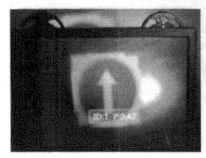

图 6　路标识别效果

经过训练,即可对系统进行测试,系统能够快速对视频采集范围内的路标进行分析识别,根据预先设置的路标编号进行归类,最后屏幕显示识别路标对应编号并输出给处理器。

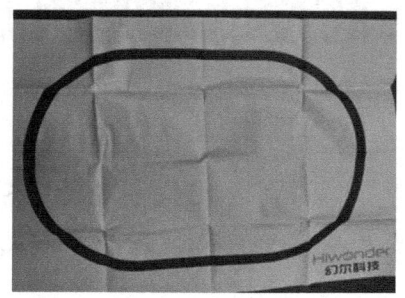

图 7 模拟跑道

最后进行进一步测试,在椭圆形模拟跑道上,随即点位布置 3 个及以上路标,模拟汽车行进过程中的路标识别,在测试过程中不断调试视觉模块角度,最终实现在 50 次模拟过程中全部识别成功。

五、结语

基于深度学习的路标识别系统已经能够实现高准确率、高速度的工作,然而这仅仅是自动驾驶众多技术当中的一个,要将其真正用到自动驾驶技术当中,仍然需要多方面的努力与进步,而这项技术也能够应用到更加广泛的用途当中,为构建物联网社会带来更大的可能。

参考文献

[1] 杨佳义.基于机器视觉的交通标志检测识别系统设计[J].科技创新与应用,2022,12(18):103-106.DOI:10.19981/j.CN23-1581/G3.2022.18.025.

[2] 张文乐.基于深度学习的交通路标图像识别研究[D].西安石油大学,2020.DOI:10.27400/d.cnki.gxasc.2020.000704.

作者简介

洪启宸,男,本科生,就读于北京信息科技大学信息与通信工程学院物联1901班。

李振华,男,博士,讲师,研究方向为物联网智慧感知与处理。

基于 STM32 的疫情测距测温防控系统①

李圆菊　赵宗民　张兰杰

(北京信息科技大学信息与通信工程学院,北京,100101)

摘　要:本课题针对疫情防控常态化背景下,核酸检测点人群间距不足导致的交叉感染以及核酸检测点工作人员被感染的问题。基于 STM32 核心模块,选取 MLX90614 作为体温信息判断传感器、Lidar 作为距离信息采集传感器,并采用温漂矫正算法、DBSCAN 聚类算法、多帧融合算法,首先设立了一个可以及时监测排队人员体温及间距的装置,其次用 Javascript 语言设计了一个云端小程序用于接收异常人员信息,最后特别考虑设计了人员特殊拐点人员间距过近情况下的聚类情况,采用多帧融合算法进行判断。

调查测试表明,该研究可以较好地实现一个可以在核酸检测过程中检测排队人群间距并提醒人们维持安全距离、测量人员体温以及异常情况云端上传的防控系统,符合人们对于现下疫情防控的期望,该系统对辅助疫情防控人员维持现场秩序,减少交叉感染,减轻社会防疫压力有重要意义。

关键词:疫情防控;MLX90614 测温;Lidar 测距;温漂矫正算法;DBSCAN 算法;多帧融合。

The prevention and control system of distance monitoring and temperature control based on STM32 under the epidemic situation

Li Yuanju　Zhao Zongmin　Zhang Lanjie

Abstract:In this paper, we study the cross infection caused by insufficient population spacing at nucleic acid detection points and the infection of nucleic acid detection point staff under the background of normalization of epidemic prevention and control. Based on the STM32 core module, MLX90614 is selected as the temperature information judgment sensor, Lidar is selected as the distance information acquisition sensor, and temperature drift correction algorithm, DBSCAN clustering algorithm, and multi frame fusion algorithm are used. First, a device that can timely monitor the temperature and spacing of queuing personnel is set up. Second, a cloud applet is designed with Javascript language to receive abnormal personnel information, Finally, the clustering of special inflection points with too close personnel spacing is specially considered, and the multi frame fusion algorithm is used to judge.

The investigation and test show that this research can better realize a prevention and control system that can detect the distance between queuing people during nucleic acid detection and remind people to maintain a safe distance, measure the temperature of personnel and upload abnormal conditions to the cloud, which is in line with people's expectations for the current epidemic prevention and control. This system is of great significance for assisting epidemic prevention and control personnel to maintain on-site order, reduce

---

① 项目来源类别:2021 年北京市大学生科技创新计划项目

cross infection, and reduce the pressure of social epidemic prevention.

Key words：epidemic prevention and control；temperature control based on MLX90614；Distance monitoring based on Lidar；Temperature drift correction algorithm；DBSCAN algorithm；Multi frame fusion.

一、引言

在疫情常态化背景下,核酸检测和疫苗接种已成为常态,在各个场所分配组织秩序、引导人群的志愿者是保障防控顺利进行的有效手段。然而,在疫情管控下,志愿者在进行引导时难以保证自身的安全,人流增加也会导致传染风险增加,加之很多参与引导的志愿者多为临时招募,对于场所信息和组织流程没有充分了解,无法及时进行有效的引导。并且在排队过程中,由于不能及时保持安全距离而导致交叉感染情况时有发生,工作人员也会因此具有感染风险。此外,在排队过程中不遵从引导的情况时有发生,在没有实际证据的情况下,往往无法对相关人员进行管控,加剧了核酸检测现场交叉感染的风险。因此,在人员聚集环境下放置一个用于距离监测和体温检测的设备并实现远程监控是极有意义的。

目前防疫工作中最常用的测温仪器主要有两种,一种是手持式红外测温仪,这种测温仪需要医务人员手持使用,存在交叉感染风险;另一种是红外热像仪,这种装置往往体型巨大,价格昂贵。陈伟、杜德虎等设计测温系统,主要基于emesp8266系列无线测温模块,使用了非手动接触红外线的测温方式,采用了emfrc522无线阅读卡芯片系列,用来识别不同的用户。刘泽宇针对测温距离不定导致测温不准的缺点,采用MLX90614作为体温信息采集传感器、HC-SR04作为距离信息采集传感器,并利用温度补偿算法弥补距离不定问题[1]。宋威等对于排查工作高效问题,设计包括口罩佩戴检测和体温检测两部分。口罩目标检测模型分为一阶检测器,包括SSD、YOLO和二阶检测器,包括FasterRCNN、MaskRCNN等;体温检测模块采用红外测温枪进行体温检测[2]。由此看出,应用小巧的固定非接触式红外测温装置进行体温监测已是大势所趋[3]。

基于超声波测距、CCD探测、雷达测距、激光测距等多种非接触式检测技术均具有各自优点,王林、张江涛在YOLOv4框架基础上使用轻量化网络E-GhostNet代替原网络中的CSPDarknet-53,E-GhostNet网络在输入数据和原始Ghost模块生成的输出特征之间建立关系,使网络能够捕获上下文特征,达到实时行人距离检测的效果。杨柳、李会朋基于Python语言,采用pyCharm开发工具及OpenCV、Tkinter框架实现了相关功能模块和前端界面的设计,满足多人社交安全距离的动态检测,在检测到非安全距离时提出警示[4]。而我们的项目选择基于STM32的lidar距离检测也将与多个模块相融合,构建起多功能的测距装置[5]。

本课题在前人研究的基础上,针对MLX90614模块由于外部条件变化产生温漂导致测温不准确的情况,添加温漂矫正按钮在测量到的温度基础上对温度进行矫正,使装置能够更加准确的监测人员温度;同时针对DBSCAN算法聚类时由于Lidar扫描到的人群间距过近导致聚类为单人的情况,提出了一种多帧融合进行判断的算法,该算法通过调用上两帧的数据进行对比,考虑聚类到目标点尺寸过大的特殊情况下,判断是体型较大人员还是两人间距极近,从而为两人之间的间距监测提供了更为准确的监测,通过增加这两个算法使得装置的播报更为准确,减少了误报错报的情况,推动该装置的落地及推广。

二、总体架构介绍

基于对市面已经存在的功能以及防疫现状需求的分析,该疫情测距测温防控系统的实现主要分为实体检测和移动通信部分,包括测距、测温、语音播报、通信等模块,以基于 STM32 的硬件模块和基于微信小程序的通信模块相交互,实现线上线下对人群间距的检测和提醒,对人员体温的检测和上传。总体技术图解如图 1 所示。

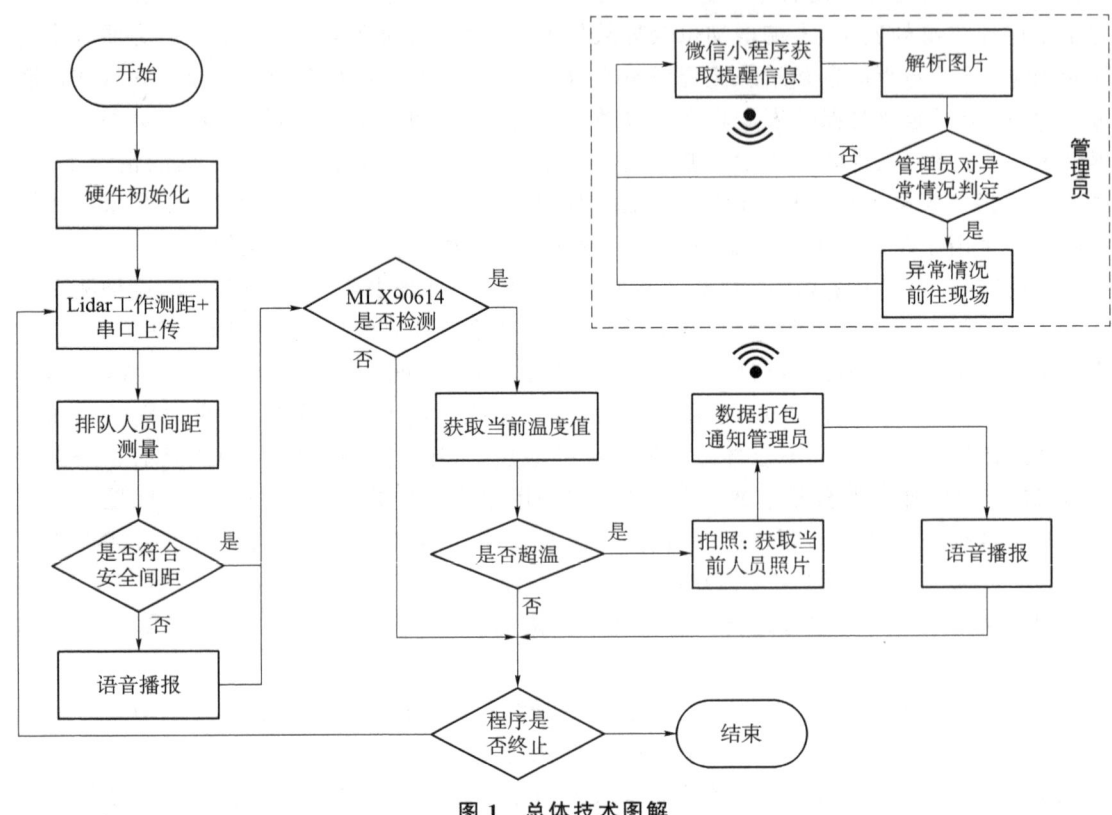

图 1 总体技术图解

装置开始运行后,首先对硬件进行初始化,其次通过超声波测距和角度控制测量得出排队人员间的间距并判断是否符合安全间距,如若不符则进行语音播报。之后检测测温区是否有人员,如若没有排队人员则判断程序是否终止,如若仍有排队人员则通过红外测温获取相关人员温度值并判断是否超温,不超温则直接判断程序是否终止,一旦超温,就需要通过拍照获取当前人员照片并亮灯预警,并将数据打包通知管理人员,打包的数据与提醒信息将被微信小程序获取并在微信小程序中对图片进行解析,从而让管理员进行异常情况判定,如果工作人员判定为异常情况,则会前往现场进行处理,灯光由预警变为警告,语音播报相关人员等候处理;如果工作人员判断并非异常,在微信小程序持续获取信息,灯光熄灭,之后语音播报预警解除,排队工作正常进行,此时程序也进入判断是否终止阶段。最后,在所有程序判断为应当终止后,装置运行结束。

该课题的设计从软硬件两个方面进行展开,接下来将对这两个方面进行详解。

1. 硬件架构介绍

硬件部分由嵌入式处理器、测距模块、Lidar 模块、测温模块、语音播报模块、LED 模块、TFT 模块以及通信模块组成,其中测距和舵机模块共同实现距离检测功能,LED 和 TFT 共同实现检测状态显示。硬件部分主要目的是实现核酸检测过程中排队人员的距离检测和温度监测,而测温模块主要是通过使用 MLX90614 测量人体温度,并判断是否异常。如果出现异常情况,则通过扬声器进行语音播报,并在状态显示模块进行显示,对相关人员进行提醒和指导。通信模块则将异常情况上传至小程序中,将打包的数据传递给管理人员,接下来将对其中最主要的模块及运用的算法进行详述。硬件部分架构图如图 2 所示。

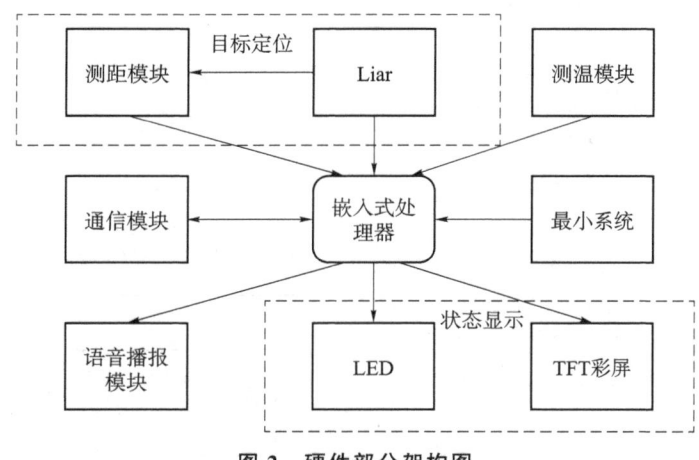

图 2 硬件部分架构图

(1) Lidar 测距模块

Delta-2D 激光雷达是通过 UARTTTL 电平与外部设备通信的,仅支持单工通信(即激光雷达主动发数据帧到外部设备),外部设备只需从数据帧中提取有效数据即可,不需要做任何回应,通信帧中的所有数据都是 16 进制格式数据。操作过程中 Lidar 得到每个人到传感器之间的距离和角度,将这些信息转化为笛卡儿坐标后,进行聚类便可得到每个人的坐标,进而获得相邻两人之间的距离,判断人员密集程度是否符合安全间距,如若不符则进行语音播报间距提醒。

在设置模型时,先在装置内初始化设置流动方向,将 Lidar 扫描的连续几帧进行,断定是否为同一个目标,若连续几帧都为同一个聚类点,则判定为体型较大人员,若连续几帧内初始化定义方向上出现大目标分离的聚类点,如 i 个聚类点转变为 $i+1$ 个聚类点,则判定原点为易发生聚集情况的点,如拐点和监测点,安置在附近的仪器则会对其进行重点观察,及时对聚类到距离相近的成员进行提醒,防止因距离过近导致人员感染的发生。特殊情况下的聚类优化算法图解如图 3 所示。

(2) MLX90614 测温模块

非接触磁传感器 MLX90614 温度数据由 STM32F103C8T6 单片机采集,由于传感器都有温漂,该系统增加温漂参数,可以通过按键进行设置。通过到位开关检测是否有人通过,采集温度,根据温度结果进行舵机动作处理(此处舵机相当于拦截异常人员通过),根据温度对比结果单片机驱动 JR6001 语音播报相应信息(间距不足提醒、温度异常人员警告),通过 TFT 彩屏显示上述参数及设置参数。

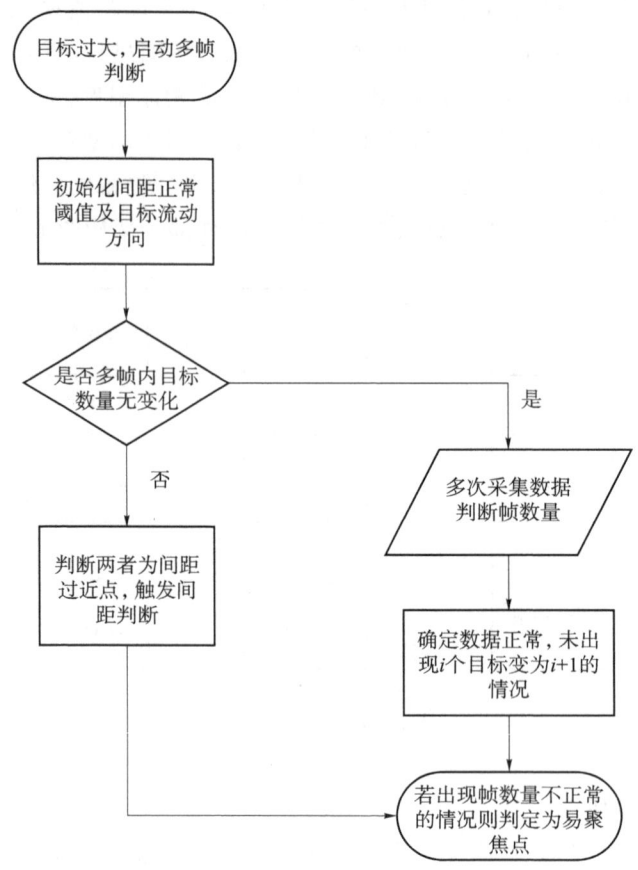

图 3　特殊情况下的聚类优化算法图解

2. 软件实现方法

基于 STM32 和微信小程序实现对疫情防控测距测温装置的操作,在硬件上传至数据库后,利用微信小程序获取提醒信息,并且解析照片,如果异常则通知管理员对异常情况进行判定,并且人工前往现场处理,达到疫情防控的标准。软件部分架构图如图 4 所示。

(1) 微信小程序交互界面设计

微信小程序采用微信开发者工具实现设计,小程序是用 Javascript 语言编程实现的,在设计中采用模块化的设计方案,以便于后期程序的修改和调试。该小程序通过超声波测距装置和摄像头及测温装置处理距离、人像和温度异常情况,为便于人工操作该程序可快速查询体温超过 37 ℃的人,便于人工查看异常情况并处理结果。本设计主要的软件设计方法是对各种温度值的读取、转换、显示和测距系统上传到页面内,本系统采用了一种模块式的软件设计工作理念,包括温度自动测量程序、超声波测距及角度控制程序、摄像头模块上传程序等。微信小程序基本页面图如图 5 所示。

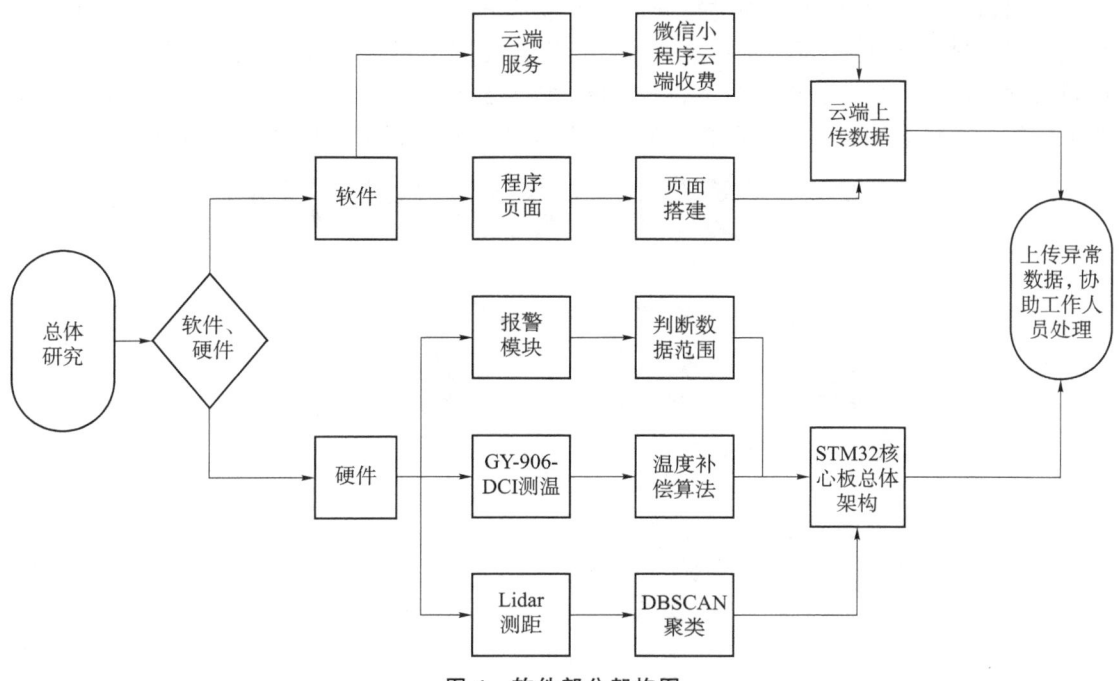

图 4 软件部分架构图

图 5 微信小程序基本页面图

(2) 云端数据上传

STM32 获取并处理 Lidar 及 MLX90614 传输的信息后通过程序进行简单处理,对处理后的数据进行阈值判断,若符合阈值标准,则将距离数据返回 OLED 显示屏正常显示,若距离聚类后不符合标准,则直接返回指令进行语言播报,一旦温度不符合标准,则返回提醒的同时调用摄像头进行拍照,将异常人员信息和数据一并打包上传云端,此时微信小程序获取云端数据,在管理人员监测页面进行异常温度显示,通知管理人员进行下一步处理,管理人员到达现场进行处理后,可以选择将云端数据进行完善上报,或者处理完成,确定不具危险后,将云端数据删除,若管理人员不自行删除,则可选择定期自动清除云端信息,该系统获取并上传的云端信息则会在一周后自行清空。管理人员接收云端数据页面图如图6所示。

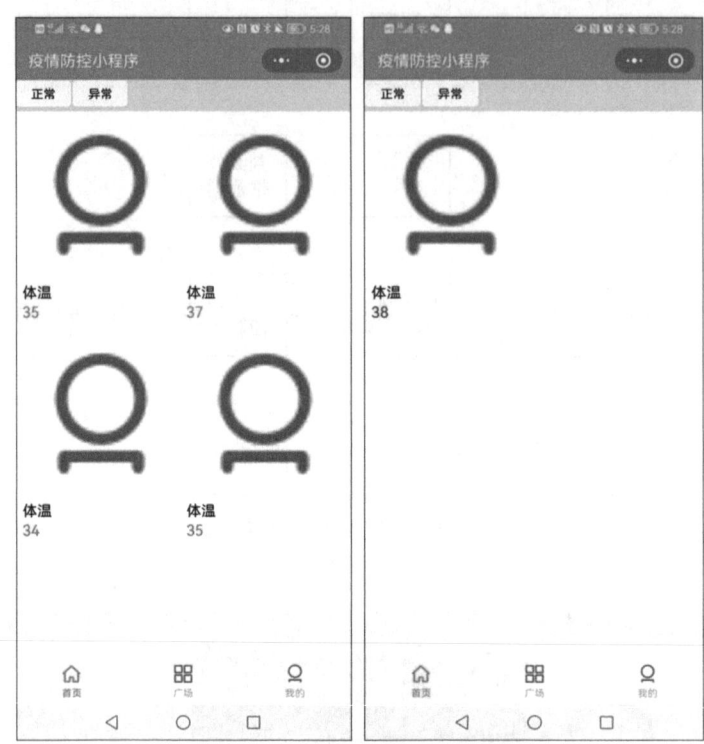

图 6 管理人员接收云端数据页面图

三、总结和展望

在常态化疫情防控时期,核酸检测是精准防控的有效手段,本课题研究的系统主要通过Lidar测距、MLX90614红外线测温以及移动通信等模块实现对人群间距的检测和提醒,对体温监测和上报等功能,从而降低疫情防控中人群感染的概率,对推进国家疫情防控的安全有序实施具有实际意义。在实际应用中,也可安装在医院入口、码头、机场等人流量大的公共场所,真正做到小成本公共场所的人员身份认证和体温筛查。

本课题在装置中设置了温漂用于矫正测量温度,但具体的设置数值仍旧依照环境温湿度与温漂的固定公式,但温漂不仅取决于设备所处环境温湿度,还与设备自身的使用情况及使用时间有关,因而我们提出提高其测温准确度的具体实验,建立其使用状态及使用时间和温标之间的对应关系的优化思路。

同时,我们在聚类中发现,在队伍拐角处常常存在一些较大的目标点,无法判断其是体型较大人员还是人员间距过近导致重合,因而我们提出了通过多帧融合的方法来动态判断目标点情况,判断是否发出提醒,这也是后续研究的重点。

下一步研究的重点，是通过具体试验建立温标和测温装置间的拟合关系，实现更加精确的温度测量，并且在聚类算法中加入多帧融合的算法，具体处理特殊情况下的人群间距，如何快速获取并及时处理这些数据，实现实时准确的测温测距防控仍是未来值得我们深入研究的方向。

参考文献

［1］陈伟,杜德虎,王泽凯,等.物联网的校园体温检测系统[J].电子世界,2021(14):172-173.DOI:10.19353/j.cnki.dzsj.2021.14.068.

［2］刘泽宇,吕宗旺,魏子栋,等.基于STM 32的体温检测系统设计及应用[J].电子质量,2022(8):121-124.

［3］宋威,谢豆,石景文,等.一种口罩佩戴和体温检测系统的设计与实现[J].物联网技术,2022,12(5):30-33.DOI:10.16667/j.issn.2095-1302.2022.5.8.

［4］王林,张江涛.基于轻量化神经网络的社交距离检测[J/OL].计算机系统应用:1-11[2022-11-17].DOI:10.15888/j.cnki.csa.008942.

［5］杨柳,李会朋.多人社交距离识别检测系统的开发与实现[J].德州学院学报,2022,38(2):48-50.

作者简介

李圆菊,女,本科生,就读于北京信息科技大学信息与通信工程学院电信2102班。

赵宗民,男,实验师,北京信息科技大学信息与通信工程学院研究生导师。

张兰杰,女,副教授,北京信息科技大学信息与通信工程学院研究生导师。

电子导盲犬——盲人便携式导航设备[①]

许文轩　陈鹏旭　李佳慧　韩铭宇　张兰杰　赵宗民

（北京信息科技大学信息与通信工程学院，北京，100101）

摘　要：随着社会环境的日新月异，导致了盲人出行可能会遇到路况不好、盲道被占用等各种问题，导盲犬成为帮助盲人出行的最佳选择。然而中国目前服役的导盲犬数量不足200只，这使得盲人的出行成为巨大的难题。因此创造出一个新的技术通过科技来弥补盲人与正常人士的差别尤其急迫。本设备可以通过语言识别功能精确收集到使用者的操作指令，通过 GPS 定位模块获取设备的精确实时定位位置信息，经由语音播报对盲人进行正规准确的道路指引或告知使用者的当前所在位置信息。目前本设备可实现全自动运行并且通过了设备的导航功能测试和设备整体性能的实验测试。该设备已经成为一款集语音识别、精准定位、智能导航、语音播报为一体的盲人便携式导航设备，实现了便携式设备真正落地于盲人出行，切实地通过科技手段为盲人带来行动上的便利。

关键词：盲人；便携式导航；语音识别；GPS 定位；语音输出。

Electronic Guide Dog - Portable navigation device for the blind

Xu Wen-xuan　Chen Peng-xu　Li Jia-hui　Han Ming-yu
Zhang Lan-jie　Zhao Zong-min

Abstract：With the rapid change of social environment, the blind may encounter various problems such as bad road conditions and occupied blind paths when traveling. Guide dogs have become the best choice to help the blind travel smoothly. However, there are fewer than 200 guide dogs in service in China, making it a huge problem for the blind to travel. Therefore, it is particularly urgent to create a new technology that bridge the gap between blind and normal people. The device can accurately collect the operation instructions of user by the automatic speech recognition function, obtain the precise real-time location information of the device through the GPS positioning module, and provide regular and accurate road guidance for the blind or inform the user of the current location information through the voice broadcasting. The device can realize fully automatic operation and has passed the navigation function test of the device and the overall performance test of the device. The device has become a portable navigation device for the blind that integrates speech recognition, precise positioning, intelligent navigation, and voice broadcasting, realizing the portable device really landing on the ground for the blind to travel, and effectively bringing convenience to the blind to move through scientific and technological means.

Key words：the blind；portable navigation；automatic speech recognition；GPS positioning；speech output.

[①] 项目来源类别：2022 年大学生创新创业训练计划创新训练项目。

一、引言

世界卫生组织报告显示,全球中度或重度视力受损或失明者人数已超过 2 亿人,其中中国盲人有 700 多万人。国内助盲人设备研究有超声波探测式盲杖及一些自主研发的导盲设备。但导盲犬驯养成本极高,以及地铁等区域是否允许导盲犬进入仍存在争议,目前国内除普遍采用的两点触地式盲杖使用方法,超声波测距式引导盲杖是普通盲杖功能的延伸,依靠分析超声波的回声提升盲人探测障碍物的距离,但该方法不能明确障碍物类型,且无法导航,使用效果较差。

目前国内外对于盲人出行问题的讨论也是如火如荼,相关产品主要为较为简单的导盲手杖、穿戴式导盲设备、移动机器人式导盲设备等。虽然盲人出行的产品近年来在市面上不断创新,但产品结构单一,可基本分为两大类,自主式和引导式[1]。尽管市面上的导盲产品对盲人的生活起到一定的帮助,但对于出行而言现有功能远不能满足其需求,因此开发一款具有导盲功能且同时具备体积小、便携等特点的无线智能耳机及拐杖[2]具有很大的现实意义。

国内有许多对于语音盲杖方面的研究。他们的出发点在于解决盲人出行的问题,有的设计由单片机控制模块、红外检测模块、摄像头模块、语音播报模块、GPS 及 GSM 等模块组成。使用红外传感器进行避障及检测路面凹凸不平信息的检测,采用语音模块进行播报提醒信息,摄像头模块主要是对盲人出行的过程进行拍摄;GPS 定位在获取经纬度后经单片机数据处理,再经过 GSM 以短信的形式发送到家人手机终端,方便家人实时了解盲人的位置信息。还有的设计利用系统以 STM32 单片机为核心控制器,结合超声波测距、图像采集及处理、GPS 导航和双向语音播报四个模块,可以达到探测障碍物,识别特定物体,导航去特定地点以及对特定语句的录入、传递、播报等功能。

除此之外,国外也对于语音智能助盲设备有着大量研究,比如斯坦福大学研究了一款智能盲杖[3],手杖采用尖端传感器,重量仅为三磅,可以在家中使用现成的零件和免费的开源软件制造,售价 400 美元。手杖帮助人们检测和识别障碍物,在这些物体周围轻松移动,并遵循室内和室外的路线。手杖配备了激光雷达传感器。

当前国内外助盲设备的研究以及设备组成基本有以下几个方向:

(1) 设备定位。国内的研究调用高德 API,利用北斗导航系统实时返回经纬度信息,动态地进行实时路径规划。首先进行地理编码,在已建立好的地名-经纬度坐标数据库中进行地名-经纬度匹配。其次使用统一资源定位实现对高德地图步行查询及行驶距离计算接口 API 的调用,将数据以 JSON 或 XML 格式返回。最后对现有的路径数进行解析,抓取中的路径轨迹点 povine。过逆地理编码,将经纬度信息转换为省、市、区、门牌号等,支持地标性景区及建筑物名称,可以准确提示距离和方向,能够在无须展现地图的场景下,进行线路查询。

(2) 人机交互模式。由于盲人不能通过双眼感知世界,声音成了最有效的沟通方式。科大讯飞的 XF-S4240 语音模块虽能够实现 TTS,但价格昂贵,故选取 TTS 文本转语音的方式进行播报。为更好地服务广大盲人群体,选取了集成 XFS5152CD TTS 芯片,利用 TTS 文本转语音技术,可以实现中英文 TTS,且支持混读也可播报一些特殊符号。其中的嵌入式语音播报系统共分为如下 3 个部分：①高德地图返回路径信息给树莓派主控板。②主控板通过 I2C 通信，将含有文本信息的指令集发送到 TTS 模块。③TTS 模块将文本信息转换为语音信息，并通过扬声器将路径信息传达给盲人[4]。

（3）图像识别分析。最为典型的便是斑马线识别，其功能对于导盲系统具有非常重要的意义，目前的斑马线识别大多是运用了传统图像处理来实现，基于深度学习的斑马线识别案例非常少，且难以找到标注好的斑马线数据集，可选用语义分割算法，建立自己的斑马线数据集，改进了 Deeplab V3+ 模型，该模型使用空洞卷积，可以提取更加有效的特征，通过判断像素点所属类别的概率，确定其类别，并反馈给树莓派主控板，以便及时提供给盲人信息。

除此之外国内外对于开拓设备的辅助功能也在不断探索，其中包括超声波避障、设备自主收集系统以及将人工智能融入助盲判别系统等新形式。

本项目正是基于上述背景之下所提出的针对盲人群体设计，充分借鉴现有智能穿戴设备的设计理念，聚焦盲人群体，推出一款"电子导盲犬"，利用语音控制代替需要借助视力操作的部分，通过语音播报进行线路导航，最大限度地解决盲人的出行需求。

二、系统与方法

系统硬件部分架构如图 1 所示，主要包括嵌入式处理器、语音识别模块、GPS 定位模块、语音播报模块。

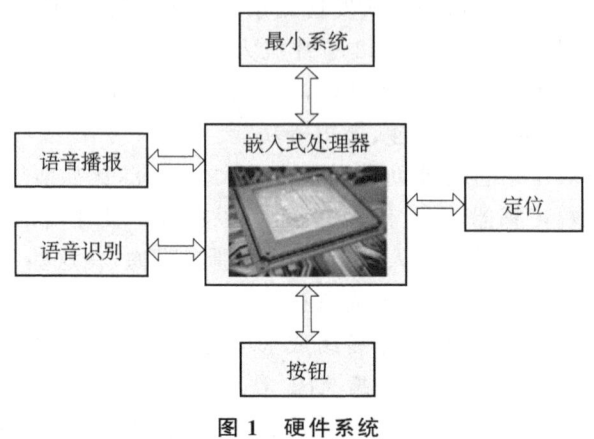

图 1　硬件系统

1. 语音识别模块

语音识别是让机器通过识别把语音信号转变为文本，进而通过理解转变为指令。智能语音控制系统基于嵌入式处理器来实现，通过嵌入式处理器的录音功能来采集语音信号，并进行串口通信、特征提取和解析，解析收到的串口指令，将识别后的语音信号以信号脉冲的形式传给相应的处理器，进而做响应的指令动作。

2. GPS 定位模块

GPS 定位模块接收来自嵌入式系统的语音信息，通过数据库解析获得 GPS 中的经纬度坐标信息，并为导航模块提供实时经纬度坐标数据。定义 float 类型函数变量将 GPS 模块的经纬度信息进行收集,收集后便于以数字的形式与导航路径的精确坐标进行距离比较。GPS 模块将以 115 200 波特更新定位信息,方便系统做出及时且正确的判断,完成 GPS 定位任务。

3. 语音播报

将步行动作语音包(左右转、直行、过马路、前方注意红绿灯等)提前录制好,存入 SD 卡中,语音播报模块接收到树莓派串口通信命令后,利用 mCookie 中的 SD 卡模块与树莓派发出的对应命令通信,实现音频的调用与播放。

4. 嵌入式处理器

用于连接各个模块。嵌入式处理器控制的语音识别模块在收到导航开始的指令之后,将清除缓存区并设置当前模式为口令触发模式。将语音转换为相应命令后,嵌入式处理器向 Arduino 的 GPS 模块发送串口通信命令,在 GPS 模块中进行经纬度信息匹配并向树莓派回传匹配成功的信息;嵌入式处理器在接收到经纬度信息匹配成功的信息后,将向 Arduino 的语音播报模块发送串口通信命令,使语音播报模块播报对应路径指引音频。

5. 工作流程

线路导航功能实现流程如图 2 所示,当收到语音输入的导航命令后,设备将通过 GPS 定位模块实时获得当前位置的经纬度信息,并实时同步测量当前坐标与预设导航路线上的节点间的距离,从到达第一个节点 5 米内开始,读取相应线路的音频导航信息并输出,通过节点的不断更新引导使用者前行。直至经过最后一个节点后,GPS 实时经纬度坐标与目的地经纬度坐标相近,设备将通过语音播报导航结束。

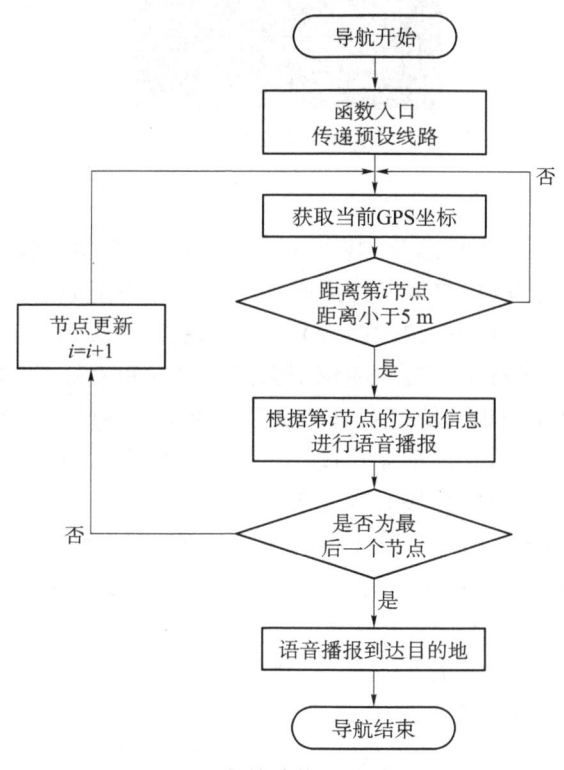

图 2　导航功能运行过程

三、结果

本工作前期做了大量实验验证,志愿者为北京信息科技大学 4 名大学本科在读生(2 男 2 女)。下面重点介绍一些实验结果,以展示本文导盲系统的基本功能,进而讨论其技术升级路线和应用潜力。

1. 语音播报

系统加装 mCookie 套件的 2 个喇叭,音量能够达到 80 分贝,让盲人在室外也可以正常听清语音播报的方向指令。

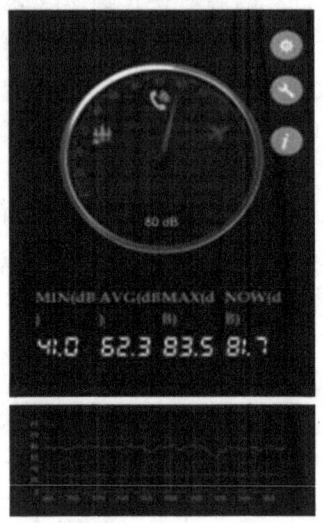

图 3 语音播报分贝测试截图

2. 语音识别

语音识别模块使用 LD3320 芯片,基于 LD3320 和内部 MCU,该模块通过内部 MCU 对 LD3320 进行初始化配置,用户可以直接通过 I2C 录入识别词条和词条对应的序号,设置模块的模式(循环检测、口令触发、按键触发),获取识别到的结果。模块集成了 LD3320 无须用户训练和录入语音,通过录入对应的识别词语的拼音和序号,当识别到对应的词语的时会在结果寄存器里面更新为识别给过对应的序号。模块最多可以设置 50 个识别词条,识别结果可以是单字、词组、短句,长度不能超过 10 个汉字或者 79 个字节的拼音字符串。

模块有三种模式,循环模式模块时刻处于语音识别状态,口令模式当检测到口令时候进行语音识别,按键模式当按下按键后处于语音识别模式,模块没有设置板载按键,通过主控板设置按键检测程序,检测到按键后通过 I2C 发送按键命令触发识别,该按键模式可以有客户定义任意的自己用的按键。

模块的识别原理非特定人语音识别技术 ASR,是一个基于关键词语列表的匹配识别技术算法本质是在提取输入声音的特征后,在关键词语列表中寻找一个相似度最高。因此,任何的声音输入进语音识别芯片,都会去和关键词语列表中的词语进行匹配对比,并且也都会依次打分。这有时候可能会造成一些错误识别,而通过增加垃圾词吸收可以有效消除错误识别。

3. GPS 定位

本系统采用的 GPS 模块是基于 ATGM336H-5N 的高性能 BDS/GNSS 定位导航模块。模块支持多种卫星导航系统,包括中国的北斗二号和北斗三号全部卫星,美国的 GPS,俄罗斯的 GLONASS,日本的 QZSS,可以同时接收以上卫星导航系统的卫星信号,并且实现联合定位、导航与授时,模块具有高灵敏度、低功耗、低成本等优势。模块特点如下:

- 支持北斗二号和北斗三号 1～63 号全部卫星。
- 支持 BDS/GPS/QZSS 卫星导航系统的单系统定位,以及任意组合的多系统联合定位。
- 支持 A-GNSS。
- 冷启动捕获灵敏度:－148 dBm。
- 跟踪灵敏度:－162 dBm。
- 定位精度:2.5 m(CEP50)。
- 首次定位时间:32 s。
- 低功耗:连续运行 25 mA@3.3 V。
- 内置天线检测及天线短路保护功能。

此外在弱信号环境,无外部辅助的接收机捕获卫星很慢,很难从卫星获取电文,因此需要很久才能定位,甚至无法定位。本设备系统尝试使用了 AGNSS 为接收机提供定位必需的辅助定位信息,例如电文、粗略位置和时间。这可显著缩短设备的首次定位时间,保证了设备在弱信号环境时的定位精确度,很好地提升了设备的稳定性。

图 4　实地测试图片

四、展望

听觉对于盲人而言至关重要,《神经科学杂志》[5]上的一篇研究表明,通过核磁共振技术,专家发现大部分处在神经发育关键期或之前的人,若出现失明则大脑的神经连接将可能重组,使大脑听觉皮层成为补偿。大脑中负责处理视觉信息的部分,在接收声音时出现了强烈反应。因此大多数盲人对于声音来源的位置以及通过听觉处理语言的速度比正常人快一倍。

当前市面上的盲人智能产品基本以助视器为主，其种类主要包括视听转化类、植入型 BMI 类和非植入型 BMI 类。植入型 BMI 类是一种仿生视觉系统，又称为"仿生眼"。其原理是在视网膜下植入含电极在内的无限光伏视网膜下植入物，通过视神经将视觉信息传输到大脑。非植入型 BMI 类是基于电刺激的触觉-视觉替代系统，代表产品是 BrainPort 盲人眼镜。其原理为由头部可穿戴摄像头和口含式传感器组成，设备将摄像头捕捉到的视觉信息转换为微电脉冲信号，使用者收到信号后对其做出反应。视听转化类则是一种可穿戴视觉辅助产品。也称为"天使眼"。其原理为实时或离线地将视觉信息转换成语音。

本设备作为视听转化类设备，利用了盲人听觉对于语音处理的高敏感度，将视觉信息经处理后以音频数据播放后，会为盲人使用者提供最大化的辅助效率。相比于市面上的视听转化类设备，本文所描述的设备将主要方向定于路径和路况问题，这正是目前盲人产品所少有的空缺。本设备的 GPS 模块在定位功能上使用了 AGNSS 服务器实现弱信号的读取解析，这样的双重保险使得其相较于其他盲人智能产品更为精确和稳定，适用于强弱等不同信号地区的使用。因此，相比于其他设备，本设备的有效性、稳定性以及信息转化和处理能力更加突出。这些设备优势将会填补盲人出行设备选择上的这一空白。

多项实际场地测试表明，便携式盲人穿戴设备的语音识别、定位、导航、语音播报等功能已实现预期效果。该设备通过对用户的语言进行感知识别，使设备应用更为方便；通过语音播报功能，保障盲人安全；通过 GPS 定位，告知盲人附近建筑物，便于盲人得知自己所处位置；通过导航系统，可实现目的地导航，辅助盲人出行。盲人可以通过现代的科技，跨越身体上的障碍以及不适，更好地适应当今的这个社会，更加接近正常人的生活，为他们的生活提供便利，令他们生活得更加有质量。

不仅如此，该设备不止局限于视障人士，也适用于独居空巢老人。针对不同的人群，该设备将切换不同的工作模式，未来加装小程序服务功能，视频对讲功能，增加更多的路线选择等，并不断地调试精准度。对于视障人士而言，最大限度地解决他们的出行需求，让盲人在完全脱离视觉应用的场景下，也能完成正常出行，打破对残障人的社会障碍和歧视，让残障人士最大限度地发挥自己的能力。对于空巢老人而言，自身出行安全得到保障的同时，也能与家人实时视频，给予老人身心陪伴。

五、结论

本文介绍了一项基于嵌入式处理器的利用语音辅助盲人等视障人士出行的设备。硬件部分将语音识别模块、GPS 定位模块、语音播报模块及嵌入式开发板继承于一体，设备通过语音识别系统及程序收集外部语音信息，分析使用者命令，指使设备做出对应操作。设备的实时位置信息输出的完成利用了现有的网络无线通信技术，实时获得当前位置的经纬度信息并进行播报。设备的导航功能则会在定位基础上同步测量当前坐标与预设导航路线上的节点间的距离，辅以语音识别及播报，辅助盲人出行。

本项目完成实际场地测试，证明该设备能在盲人出行时规划路线、实时知晓定位等，规避出行风险，保障盲人安全。随着现代科技发展，在后续研究中，将针对不同用户切换不同的工作模式及功能。本文展示的设备为盲人出行发展提供新的思路与技术手段。

参考文献

[1] 安业,李光胜,杜青,等.盲人语音导航避障系统的设计[J].电子测试,2020,(17):12-14.

[2] 朱鑫,黄艳,高飞跃,等.基于STM32的盲人导航系统设计[J].数字技术与应用,2019,37(11):122-123+125.

[3] 安德鲁·迈尔斯-斯坦福.DIY"智能"白手杖就像自动驾驶汽车一样工作[G].2021.10.15.

[4] 宋玉娥,刘业辉,张小燕,等.基于STM32的智能导盲杖的设计[J].电子器件,2020,43(5):1180-1184.

[5] 徐丽丽,赵小云.盲人的听觉优势,神经机制及教育启示[J].绥化学院学报,2018,38(1):6.

作者简介

许文轩,女,本科生,就读于北京信息科技大学信息与通信工程学院通信2102班。

陈鹏旭,男,本科生,就读于北京信息科技大学信息与通信工程学院通信2101班。

李佳慧,女,本科生,就读于北京信息科技大学信息与通信工程学院通信2103班。

韩铭宇,男,本科生,就读于北京信息科技大学信息与通信工程学院通信2101班。

张兰杰,女,副教授,研究生导师,长期从事信息通信类专业的教学与科研,获得北京高等教育本科教学改革创新项目。

赵宗民,男,讲师,就职于北京信息科技大学信息与通信工程学院,长期从事雷达信号处理、多通道同步采集及系统可靠性研究。

基于 GPS 和超声波测距的盲人导航系统

庞元淇　迟萌　李雨聪　王霄峥

(北京信息科技大学　信息与通信工程学院,北京,100101)

指导教师:田露　讲师

摘　要:本文基于当代视障人士的安全问题现状,视障人士出行时会遇到无法确定所在位置以及路上的障碍物,遇到危险时不能及时求助的问题。针对解决盲人出行问题,本文开展了旨在为视障人士提供相对安全的出行环境的研究,利用所设计搭建的盲人导航系统,使盲人出行时能够识别前方障碍物而正常行走,从而起到保护盲人安全的作用。

关键词:盲人安全;出行环境;及时求助;识别障碍物。

Navigation system for the blind based on GPS and ultrasonic ranging

Pang Yuan-qi　Chi Meng　Li Yu-cong　Wang Xiao-tong

Abstract:This paper is based on the current situation of safety problems of the visually impaired. When the visually impaired travel, they will encounter the problem that they cannot determine their location and obstacles on the road, and they cannot seek help in time when in danger. In order to solve the travel problem of the blind, this paper carries out a research aimed at providing a relatively safe travel environment for the visually impaired. The navigation system for the blind designed and built is used to enable the blind to recognize the obstacles in front of them and walk normally when traveling, so as to protect the safety of the blind.

Key words:blind safety; Travel environment; Seek help in time; Identify obstacles.

一、引言

　　盲人是残疾人中一个特殊的群体,他们由于先天或后天的生理缺陷丧失了视觉,因此盲人在日常生活和安全行进方面受到了很大制约。当前全世界大约有 4 500 万盲人,中国的视力残疾人有 1 263 万[1]。全球每年还有 700 万新增盲人。尽管他们看不到这个五彩斑斓的世界,但是也有权利感受这个世界的多彩。随着科技的发展,各式各样的辅助盲人生活的设备也渐渐出现在我们的视野中。但是经过调查,目前市场上的盲人产品的研究仍处于发展阶段,服务于盲人的产品从早期的开发难度大到如今逐步走向品种多样化的趋势。我们发现市面上已经出现了许多用于辅助盲人生活的产品,然而有的产品功能过于繁杂,不利于视障人士对其进行掌握并使用;有的产品价格昂贵,不利于社会对其进行推广与普及。因此,导盲相关的技术和产品拥有巨大的潜在市场。如果能够研发出方便且便宜的产品,势必造福广大视障人士。因此本文所提出的盲人定位系统利用 GPS 模块进行经纬度定位,并将使用者所在经纬度信息发送至 LED 屏幕;超声波测距传感器检测前方 20 cm 内是否有障碍物,将障碍物信息返回到 LED 屏幕,若 20 cm 内有障碍物蜂鸣器进行报警。如没有障碍物,LED 屏幕显示障碍物状态为无。LED 屏幕上显示设定的电话号码,电话号码可以通过按键进行调整。如果需要帮助按下按钮,GSM 模块进行通信,将求助信息和经纬度信息发送至指定号码的手机上,确保使用者能够得到帮助。

二、基于 GPS 和超声波测距的盲人导航系统功能模块

盲人定位系统原理图如图 1 所示。

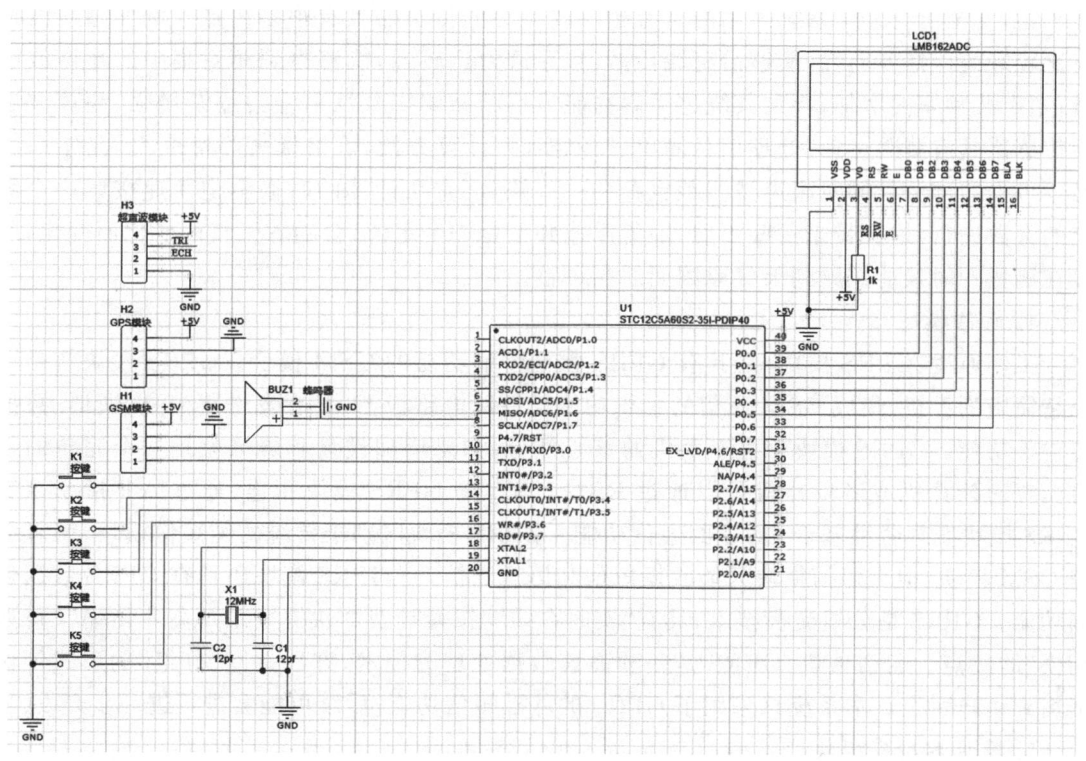

图 1 盲人定位系统原理图

1. 整体组成说明

本系统利用 GPS 模块进行经纬度定位,并将使用者所在经纬度信息发送至 LED 屏幕;超声波测距传感器检测前方 20 cm 内是否有障碍物,将障碍物信息返回到 LED 屏幕,若 20 cm 内有障碍物蜂鸣器进行报警。如没有障碍物,LED 屏幕显示障碍物状态为无。LED 屏幕上显示设定的电话号码,电话号码可以通过按键进行调整。如果需要帮助按下按钮,GSM 模块进行通信,将求助信息和经纬度信息发送至指定号码的手机上,确保使用者能够得到帮助。

2. GPS 定位模块

工作原理:天空上多个卫星同时发送信号,地面的接收装置与各卫星的距离不一样,到达的时间当然就不一样,利用时间差来计算出接收机的经纬度。GPS 全球卫星定位系统由

三部分组成:空间部分——GPS星座;地面控制部分——地面监控系统;用户设备部分——GPS信号接收机。卫星至用户间的距离测量是基于卫星信号的发射时间与到达接收机的时间之差,称为伪距。为了计算用户的三维位置和接收机时钟偏差,伪距测量要求至少接收来自4颗卫星的信号。本系统利用GPS进行经纬度定位,将使用的视障人士的实时位置显示在LED屏幕上,并根据盲人的需要将实时位置发送给联系人,便于联系人随时掌握盲人的位置信息。

3. 超声波测距模块

工作原理:超声波测距传感器会发射一定频率的超声波信号,通过接收并检测被物体反射回来的信号,以此判断前方是否有障碍物以及盲人与障碍物与之间的距离,保护盲人绕过障碍物,安全出行。本系统采用的具有超声波测距的传感器具有很多优点。例如超声波拥有比较好的传播方向性,能够沿直线传播,且穿透力比较强,能够得到相对集中的超声波能量;超声波频率的增加,导致其绕过障碍物能力不断减弱以及反射能力逐渐增强;超声波测距传感器具有测距迅速、处理信息简单、控制实时、计算方便、价格低廉等特点[2],是本系统必不可少的部分。同时超声波测距也存在一些缺点:它在计算的时候会把声速按照一个固定的常数进行,这会带来一些不便,因为声速并不是一个定值,会随着天气的变化而变化,所以在测量的时候能照顾到天气原因而适当调整。

4. 通信模块

工作原理:GPRS模块,是具有GPRS数据传输功能的GSM模块。GPRS模块就是一个精简版的手机,集成GSM通信的主要功能于一块电路板上,具有发送短消息、通话、数据传输等功能。GPRS模块相当于手机的核心部分,如果增加键盘和屏幕就是一个完整的手机。普通计算机或者单片机可以通过RS232串口与GPRS模块相连,通过AT指令控制GPRS模块实现各种基于GSM的通信功能。GPRS模块区别于传统的纯短信模块,两者都是GSM模块,但是短信模块只能收发短信和语音通信,而GPRS模块还具有GPRS数据传输功能。GPRS是分组交换技术,具有"实时在线""按量计费""快捷登录""高速传输""自如切换"的优点。通俗地讲,GPRS是一项高速数据处理的技术,方法是以"分组"的形式传送资料到用户手上。本系统只采用了GPRS的基础短信功能,后续可能会进行进一步开发。

5. 蜂鸣器报警模块

蜂鸣器的工作原理是当PF8引脚输出低电平时,PNP三极管导通,蜂鸣器发声;当PF8引脚输出高电平时,PNP三极管截止,蜂鸣器停止发声[3]。本系统的蜂鸣器报警主要用途是基于超声波测距,通过检测前方20 cm内是否有障碍物,将障碍物信息返回到LED屏幕。若20 cm内有障碍物,蜂鸣器则会进行报警,提醒盲人注意安全,及时调整行走路线;若20 cm内没有障碍物,LED屏幕显示障碍物状态为无。确认盲人可以继续通行。

6. 按键求助模块

按键是一种电子开关,使用时轻轻按开关按钮就可使开关接通。在本系统中超声波屏幕上显示设定的电话号码,电话号码可以通过按键进行调整。如果需要帮助按下按钮,GSM模块进行通信,将求助信息和经纬度信息发送至指定号码的手机上。使家人及时得知盲人的情况并提供帮助,确保盲人安全。

三、系统仿真模拟

为了验证系统的功能可行性,通过 proteus 软件进行了模拟,验证了系统功能的实现。盲人定位系统模拟仿真图如图 2 所示。

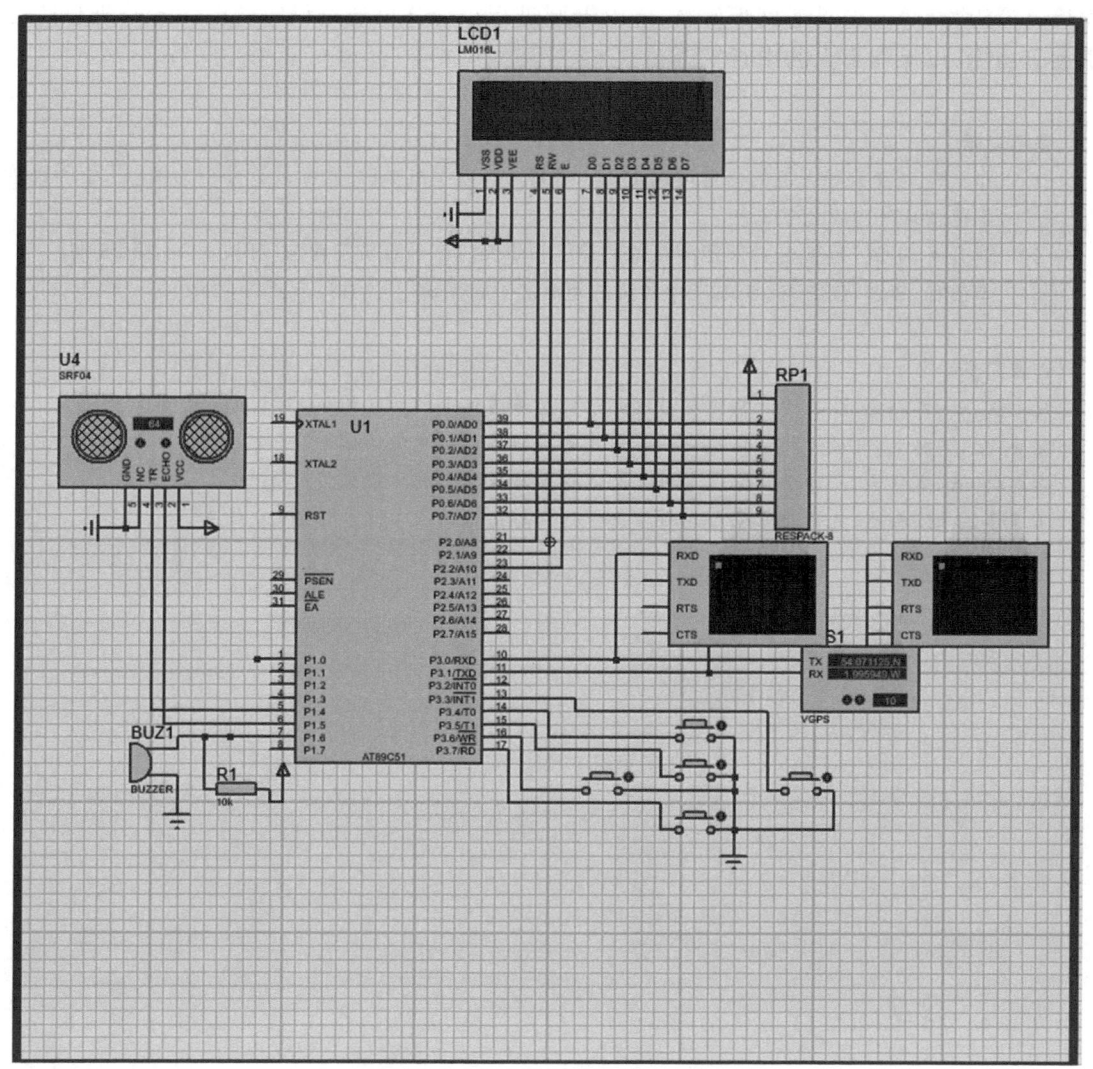

图 2　盲人定位系统模拟仿真图

四、总结和展望

盲人是社会的弱势群体,同时我国盲人在我国残障人群中占较大比例,受到社会的广泛关注,但既有市场上盲人产业还未得到足够发展,与盲人相关的生活一篇及服务尚不完备。正因如此,盲人群体更需要引起广泛的重视和关怀,是去享受更人性化、更便捷的生活服务。

当今社会科技的迅速发展,给人们的生活带来了许多便利,相应地盲人的生活出行问题仍需解决,中国目前是世界上盲人最多的国家,因此盲人的出行安全成了不可忽视的社会问题。本项目是针对盲人群体所提出的一种系统设计,具有实际的研究意义。该系统基于 stc12c5a60s2 核心板、gsm 模块、gps 芯片、超声波传感器、1602LED 显示屏、按键等元器件,通过 GPS 进行经纬度定位并将使用者所在经纬度信息显示于 LED 屏幕,利用超声波传感器检测障碍物距离,如果遇到障碍物,蜂鸣器则进行报警并可通过设定的电话号码进行按键求助等功能,以保障盲人的出行安全。

参考文献

[1] 邓玉婷.基于视障人群的信息可视化设计研究——以手机 APP 界面设计分析为例[J].中国民族博览,2017(1):231-232.

[2] 刘升平,王剑,葛红.超声波测距系统的开发和研究[J].计算机工程与应用,2009,第 25 期.

[3] 李筱雅,高寒,张璐璐,等.基于单片机的超声波导盲系统[J].2016(7):123-124.

作者简介

庞元淇,女,本科生,就读于北京信息科技大学信息与通信工程学院物联 2001 班。

迟萌,女,本科生,就读于北京信息科技大学信息与通信工程学院通信 2003 班。

李雨聪,女,本科生,就读于北京信息科技大学信息与通信工程学院电信 2001 班。

王霄峥,女,本科生,就读于北京信息科技大学信息与通信工程学院电信 2003 班。

基于 Arduino 模块的履带越障车设计与实现

李可　李国峰　刘伟暄　陈天伟　刘子清

(北京信息科技大学信息与通信工程学院,北京,100101)

摘　要:随着人们的工作越来越繁忙和新冠肺炎疫情的反复出现,人与人之间需要减少直接接触。本文针对目前防疫工作出现效率低下的问题,设计并实现一种能自主翻越障碍的履带越障车,通过红外线反射寻迹传感器让小车拥有自主翻越障碍的能力,不需要人为的干涉,随着原设定路线前进。

关键词:红外线循迹传感器;越障。

Crawler obstacle surmounting vehicle

Li Ke　Li Guo-feng　Liu Wei-xuan　Chen Tian-wei　Liu Zi-qing

Abstract: In an era of increasingly busy work, people need to reduce direct contact with each other due to the outbreak of COVID-19. In view of the low efficiency of the current epidemic prevention work, the team designed and implemented a track-type obstacle-crossing vehicle that can independently surmount obstacles. The vehicle obtains the ability to autonomously climb over obstacles through infrared reflection tracking sensor, and moves forward along the initial set route without human interference.

Key words: infrared tracking sensor; obstacle crossing.

一、引言

在 21 世纪的今天,随着科技的发展,人们在工作中传送文件的工作量越来越多,学校、公司的各种文件、资料,都需要人工搬运,既费时又费力。这样的背景使本文作者想到要做出一种功能丰富且实用的履带越障车,将资料传送到不同指定的地方,这样既节省了大量的人力,又大大提高了效率,不仅如此,减少了工作人员之间面对面的交流,更是减少疫情传播的可能性。本文设计赋予履带越障车两个模式,一是自主避障模式,二是循迹模式。自主避障模式适用于较为复杂的地理环境,通过自主分析环境并更改路线,从而到达目的地。循迹模式则是按照地上特定的"线"来运行,在出发之前完成路线的规划,适合在环境相对固定的实验室、办公室等场所中运行。

二、国内外研究现状和发展趋势

机器人是 20 世纪最伟大的科技成果,机器人的出现足以改变我们的日常生活。机器人是具有决策和执行等基本操作的自动化设备,其技术的发展,使传统的工业生产和科学研究发生根本性的变化,如今,机器人已经应用于自动化工厂,快递分拣厂,商场服务等多方面场景,相信在不久的将来,家庭机器人也会对普通民众的生活造成巨大的改观。机器人是目前应用最为广泛、发展迅速的高科技领域。21 世纪机器人已成为全球经济技术领域的重要竞争领域[1]。

随着社会和科技的飞速发展,机器人已经成为一种全新的生产手段,正在逐渐取代人类在日常生活中的重复与危险工作[2]。例如,目前世界上很多国家都有核电厂,法国的核能占据了超过 70% 的份额,为了保证员工不受核辐射的伤害,美国的公用电力和燃气公司从 20 世纪 80 年代中期就开始执行 PSE&G 机器人项目,机器人项目的如期执行使员工生命健康安全得到了有效保护。在我国,在 863 项目的支持下,经过 20 多年的艰苦奋斗,终于也在机器人领域取得了一系列令人瞩目的研究成果,其中就包含着这种越障机器人[3]。越障机器人的发展潜力很大,不仅是在救援任务等紧急情况下使用,也可以在日常生活中使用。例如,我国网购十分发达,如果都需要快递员来运送货物就会导致货运拥有着很高的成本,一旦将这些越障机器人广泛运用,利用它们来送货将减少人的工作量,并使货运的成本大大降低。

三、履带越障车系统方案设计

本文所提履带越障车以代替人力完成特定的物品配送为目的,通过红外传感器来判定路线,躲避障碍,从而完成任务。自主越障车通过物理按键切换自主避障模式和循迹模式两种行驶模式,具体运行算法如图 1 所示。

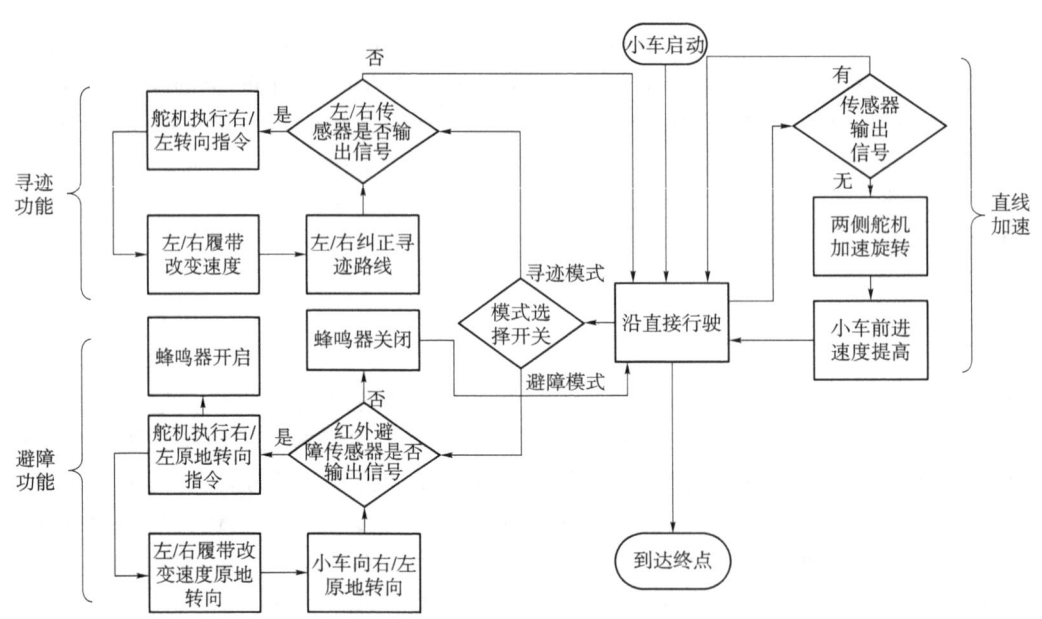

图 1 履带越障车操作任务流程图

1. 循迹模式

履带越障车的循迹系统采用的是红外线循迹传感器,其运行过程如下:

首先,在路线上预先设定好的黑线,利用不同材质与颜色对红外线不同的反射能力,使传感器能够从不同的角度接收到不同的反射光强度信号(电流信号),最终由电阻器把它们转化成单片机能够分辨的高、低电平。通过采集到的轨迹信息,由控制器进行识别和判定,从而使两边的电动机工作[4]。履带越障车通过改变两个电动机的转速,来根据道路的不同

情况进行转向,从而实现循迹功能。相关程序如下:

```
void Sensor_Read()//传感器巡线设置
{
    Sensor [0] = digitalRead(track1); //检测到黑线为高电平 (1), 白线为低电平 (0)
    Sensor [1] = digitalRead(track2);
    Sensor [2] = digitalRead(track3);
    Sensor [3] = digitalRead(track4);
}
void Motor_Speed(int Left1_Speed, int Right1_Speed)
{
    analogWrite(LeftMotor1, Left1_Speed); //控制电机的速度,不同的车模,代码执行效果不同!

    analogWrite(RightMotor1, Right1_Speed);

}
void xun_ji() //小车的速度可根据实际地图进行调节
{
    if (Sensor [0] == 0 && Sensor [1] == 1 && Sensor [2] == 0 && Sensor [3] == 0)   //0-1-0-0 小左转
        Motor_Speed(50, 150 ); //左轮速度 50 右轮直走 150
    else if (Sensor [0] == 0 && Sensor [1] == 0 && Sensor [2] == 1 && Sensor [3] == 0)   //0-0-1-0 小右转
        Motor_Speed(150,50); //左轮速度 150 右轮速度 50
}
void count()   //计黑十字的函数封装
{
    if(i > 2)   //i 的具体范围要根据地图的黑十字路口而定!
    {
        Motor_Speed(0, 0);   //如果到达终点,就停车
    }
    else if (Sensor [0] == 1 && Sensor [1] == 1 && Sensor [2] == 1 && Sensor [3] == 1) { //1-1-1-1 计数
        i++;
        delay(100); //延时可以防止 i 加的过快
    }
    else if (Sensor [0] == 0 && Sensor [1] == 1 && Sensor [2] == 1 && Sensor [3] == 0) { //0-1-1-0 计数
        i++;
        delay(100);
    }
    else if (Sensor [0] == 1 && Sensor [1] == 1 && Sensor [2] == 1 && Sensor [3] == 0) { //1-1-1-0 计数
        i++;
        delay(100);
    }
    else if (Sensor [0] == 0 && Sensor [1] == 1 && Sensor [2] == 1 && Sensor [3] == 1) { //0-1-1-1 计数
        i++;
        delay(100);
    }
}
void Print()   //在串口打印循迹的高低电平
{
    Serial.print(Sensor [0]);
    Serial.print("---");
    Serial.print(Sensor [1]);
    Serial.print("---");
    Serial.print(Sensor [2]);
    Serial.print("---");
    Serial.println(Sensor [3]);
}
```

2. 自主避障模式

为了越障车可以在遇到障碍时成功避开或是翻越它,本文作者在越障车上安装了红外避障传感器,安装红外避障传感器的原因是其对环境光线适应能力强,它在工作过程中首先发射管发射出红外线,红外线透过空气并在障碍物处反射回接收管得以接收信号[4]。履带越障车通过红外避障传感器其探测障碍物的距离可以达到 30 cm 左右,距离已经足够长,足以在碰撞障碍前更改当前路线。在传感器接收到信息后将其发送给控制器,由控制器进行判断控制电动机让避障车转向避开障碍或是加速翻越障碍。相关程序如下:

```
if (Serial.available() > 0 ) { //判断返回串口缓冲区中当前剩余的字符个数是否大于零//避障主函数
    // 读取传入的数据:
        incomingByte = Serial.parseInt();
        switch(incomingByte)
        {
            case 1://前进
            {
                forward();
                break;
            }
            case 2://后退
            {
                back();
                break;
            }
            case 3://停
            {
                Stop();
                break;
            }
            case 4://左转
            {
                turnLeftforward();
                delay(500);
                forward();
                break;
            }
            case 5://右转
            {
                turnRightforward();
                delay(500);
                forward();
                break;
            }
            case 6://加速
            {
                addSpeed();
                break;
            }
            case 7://减速
            {
                subSpeed();
```

```
            break;
          }
        case 8://停
          {
            Stop();
            break;
          }
      }
    }
    val = digitalRead(Hw);
    obstacleAvoidance();
}
```

四、总结与展望

本文所提履带越障车是基于 Arduino 并搭配红外线传感器来进行运作的，目的在于代替部分人力运送物品，在疫情特殊期间尽量减少人们的交集，节省人力提高效率。本文所提履带越障车有两种行驶模式：一是自主避障模式，二是循迹模式。两种模式有不同的使用环境。在室外复杂环境下使用自主避障模式，由红外传感器收集外界信息，再分析数据从而控制履带越障车行驶，从躲避障碍，从而完成递送指定物品的任务。在室内较为稳定的环境下使用循迹模式，小车会跟随指点好的"线"来行驶，红外传感器只会依据收集的特定"线"的数据来为履带越障车设计路线。履带越障车的两种模式通过合理搭配，可以解决并应对生活中大部分场景所出现的问题。

履带越障车还有很多可以优化的地方，优化分为两个方面，一是优化算法逻辑，可以让算法更加细致以面对更特殊的情况，以及加入 AI 学习后，加入路线记忆功能，更加方便使用者选择。二是优化履带越障车的结构，以及增强动力从而提高效率，由于目前的设计采用的是功率相对固定的舵机，所以在动力方面稍显逊色，未来计划换成功率可调节的电动机来增强动力，优化履带越障车的设计结构来搭配优化后的算法，从而调高履带越障车的避障效率和运送效率。

参考文献

[1] 史烨桦,汪地,万兵,等.基于 Arduino 多传感器的智能小车避障系统设计[J].计量与测试技术,2018,第 45 卷,第 9 期:1619.

[2] 陈震.壁面爬行机器人设计及路径规划研究[D].沈阳工业大学.2006.

[3] 道客巴巴.核环境下机器人机构设计研究及越障能力分析[EB/OL].https://www.doc88.com/p-575468989969.html,2012.

[4] 王森龙,王哲.一种基于 Arduino 平台的智能循迹避障小车的硬件设计[J].电子世界,2018(9):2.

作者简介

李可,男,本科生,就读于北京信息科技大学信息与通信工程学院电信 2003 班学生。

刘伟瞳,男,本科生,就读于北京信息科技大学信息与通信工程学院电信 2003 班学生。

李国峰,男,本科生,就读于北京信息科技大学信息与通信工程学院电信 2003 班学生。

陈天伟,男,本科生,就读于北京信息科技大学信息与通信工程学院电信 2003 班学生。

刘子清,男,本科生,就读于北京信息科技大学信息与通信工程学院电信 2003 班学生。

基于碳纳米管导电纸的激光直写法电路制备工艺

管亦淳　左雨鑫　杨馨雨　巩译

(北京信息科技大学信息与通信工程学院,北京,100101)

摘　要:随着时代的发展,电子产品越发趋于柔性可穿戴方向发展,柔性电子发展前景越来越广阔。但传统柔性电路工艺复杂,生产成本高,且长期使用会产生大量不可降解的塑料废弃物,使环境受到污染。相比之下,发展纸基柔性电路成本低廉,绿色环保。

本项目中,我们将金属导电涂料改为碳纳米管导电浆料,因为碳纳米管的管状石墨结构特殊,弹道电子传导效应独特,其复合材料有着优异的机械性能和电气性能。其粗糙和多孔的微结构可以增强目标材料和纸张之间的黏附,纸张的粗糙结构可以增强电极材料与纸张之间的粘附性,多孔结构和纤维素纤维可以通过毛细效应促进电极材料中电解质的扩散,从而增强离子传输。并且改用印刷法——将碳纳米管导电浆料直接涂覆在纸质基底表面制备导电纸,用激光直写法制备纸基柔性电路。

关键词:柔性电路;纸基基底;碳纳米涂覆;激光直写;延展性;导电性。

Advanced Circuits Production Technologies of Laser Direct Writing Method based on Carbon Nanotube Conductive Paper

Guan Yi-chun　Zuo Yu-xin　Yang Xin-yu　Gong Yi

Abstract:With the development of the times, electronic products tend to be more and more flexible and wearable direction, flexible electronics development prospects are increasingly broad. However, the traditional flexible circuit process is complex, the production cost is high, and long-term use will produce a large amount of non-degradable plastic waste, so that the environment is polluted. In contrast, the development of paper-based flexible circuits is inexpensive, green and environmentally friendly.

In this project, we change the metal conductive coating to carbon nanotube conductive paste, because the carbon nanotube has a special tubular graphite structure and unique ballistic electron conduction effect, and its composite material has excellent mechanical and electrical properties. Its rough and porous microstructure can enhance the adhesion between the target material and paper, the rough structure of paper can enhance the adhesion between electrode material and paper, and the porous structure and cellulose fiber can promote the diffusion of electrolyte in the electrode material through capillary effect, thus enhancing the ion transport. And instead of printing method - carbon nanotube conductive paste is directly coated on the surface of paper substrate to prepare conductive paper, and the paper-based flexible circuit is prepared by laser direct writing method.

---

① 项目来源类别:2022年北京市大学生科技创新计划项目。

Key words：flexible circuits；paper-based substrates；carbon nano-coating；laser direct writing；ductility；conductivity.

一、引言

随着时代的发展，电子产品越发趋于便携式、小型化、柔性可穿戴方向发展，发展前景越来越广阔，用途越来越多样。我们可以将柔性可穿戴电子分为四大领域：医学监测治疗、运动健身、通信娱乐和航空航天。目前纸基柔性电路主要应用在两个方面：储能器件以及传感器。由天然纤维素纤维制备的纸基导电材料在柔性电子器件中广泛应用，如用作超级电容器的基底、锂离子电池的电极材料以及柔性传感器的基底。柔性电子产品若能在这些方面得以充分应用，人类的生活将更加便利，科技发展将更加迅速。

二、研究过程

1. 研究设计流程图

项目流程图如图1所示。

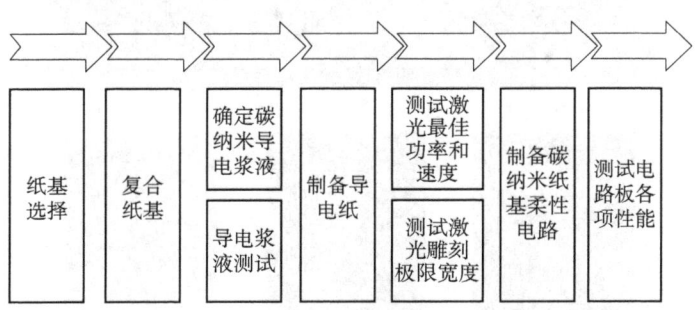

图1 项目流程图

2. 制备工艺分析

（1）碳纳米纸基基底材料对比分析

纸基基底材料对比测试表如表1所示。

表1 纸基基底材料对比测试表

序号	纸基基底	性能指标					
		附着性	耐久性	平滑性	强度	延展性	可激光制备程度
1	A4纸	渗透性好，吸附能力强	易受潮	表面光滑	有一定强度	柔韧性差	边缘易烧灼拉毛
2	牛皮纸	熔点太低，易损坏	抗湿性差	表面粗糙	硬度过高	可折叠性差	所需制备功率较大
3	胶版纸	质地紧密、抗水性强，易脱粉	抗温性差、抗湿性强	平滑度好	有一定强度	柔韧性好	所需制备功率较大

续表

序号	纸基基底	性能指标					
		附着性	耐久性	平滑性	强度	延展性	可激光制备程度
4	铜版纸	吸墨性较差、有一定抗水性	抗湿性强、有一定抗温性	表面光滑	硬度过高	弹性好、柔韧性好	所需制备功率较大
5	画报纸	渗透性好,吸附能力强,但易拉毛	保存时间过长,纸张会发黄变脆	表面粗糙	强度差	柔韧性差	边缘易烧灼拉毛
6	复合纸基	吸收均匀、喷涂材质不易脱落	抗湿性强、有一定抗温性	平滑度好	强度好硬度适中	柔韧性好、可折叠性好	边缘整齐、制备功率小

碳纳米纸基的制备,第一步即基底材料的性能定位,根据柔性电路的性能指标要求,从基底对碳纳米浆液的吸附能力,基底的耐久度、平滑性、强度、延展性、可激光制备程度等多个指标角度分析对比常见基底材料,选择综合性能指标最好的复合纸基作为纸基的基底材料。

(2) 碳纳米浆液调制

不同比例碳纳米浆液与水混合测试如图2所示。

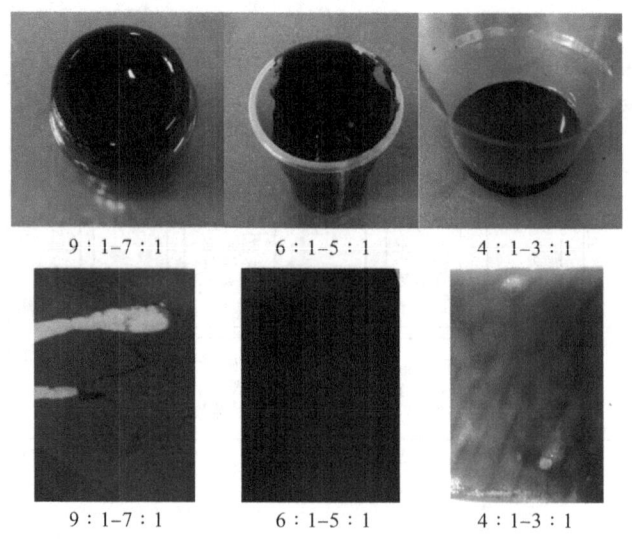

图 2　不同比例碳纳米浆液与水混合测试

不同比例碳纳米浆液与水混合性能测试汇总表如表2所示。

表 2　不同比例碳纳米浆液与水混合性能测试汇总表

序号	碳水混合比	测试内容				
		烘干耗时	纸基延展性	表面平滑性	附着程度	纸基形变
1	9∶1-7∶1	2′08″-3′15″	折压后,表层脱落	表面毛糙,颗粒感较强	附着均匀	无明显形变
2	7∶1-6∶1	3′15″-4′12″	折压后,表层断裂	表面粗糙	附着均匀	无明显形变
3	6∶1-5∶1	4′12″-5′21″	抗折压	表面光滑	附着均匀	无明显形变
4	5∶1-3∶1	5′20″-7′16″	抗折压	平滑度好	附着不均匀	纸基变形、发脆

将不同混合比例的碳纳米浆液水溶液在基底上进行手工涂抹,从烘干率、纸基延展性等多个性能指标进行测试分析,得出结论:碳纳米浆液与水的混合比在6∶1～5∶1时,烘干后的纸基综合性能最佳。

(3) 碳纳米纸基涂覆测试

1) 涂覆制备工艺测试(图3)。

(a) 手工涂覆制备碳纳米纸基效果图

(b) 气泵涂覆制备碳纳米纸基效果图

图3 涂覆制备工艺测试

手工涂覆制备与气泵涂覆碳制备性能对比表如表3所示。

表3 手工涂覆制备与气泵涂覆碳制备性能对比表

方式	喷枪	刷子
附着表面用时	2分04秒	4分21秒
烘干用时	1分21秒	1分45秒
总用时	3分25秒	6分06秒
外观	美观	不美观
用量	5.45 g	8.69 g
是否均与	均匀	不均匀
每次碳纳米管厚度是否一致	一致	不一致

得出结论,复合纸基的制备方式采用喷枪喷涂,喷涂比例为5∶1,利用热烘干工艺晾制,并烘干,温度控制60～75 ℃,每平方碳纳米纸基消耗碳纳米管浆液60.5 g,每平方耗时37分钟。

2) 纸基导电性能测试

图4(a)是CNT/纸的(a)横截面SEM照片,可见以碳纳米管导电浆料涂覆制成的导电纸基比较薄。

图4(b)是CNT的SEM照片,可以看到碳纳米管导电浆料的表面形貌。

我们进行了如下实验:

① 在电路上取宽度不同,长度相同的导电线路,用万用表测出相应电阻,并记录到实验表格中,算出每种宽度导电线路电阻平均值,绘制数据图像。改变碳纳米管浆料厚度再做两次实验。

② 在电路上取宽度相同,长度不同的导电线路,用万用表测出相应电阻,并记录到实验表格中,算出每种长度导电线路电阻平均值,绘制数据图。

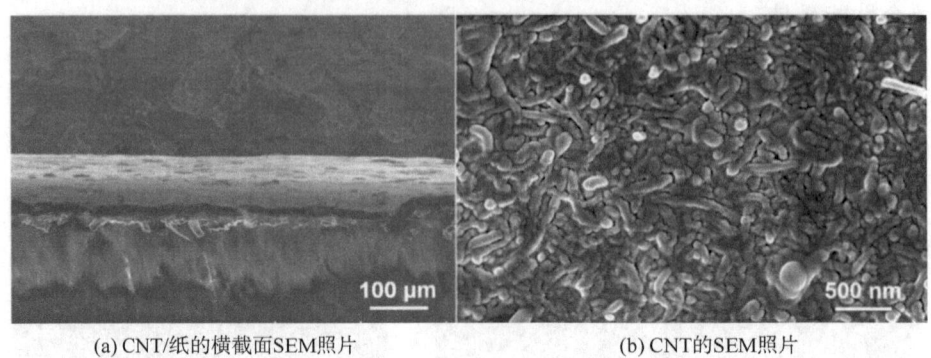

(a) CNT/纸的横截面SEM照片　　(b) CNT的SEM照片

图 4　纸基导电性能测试

我们将涂覆好碳纳米管导电浆料的导电纸用激光直写法制备好了长度相等宽度分别为 0.5 cm、1 cm、1.5 cm、2 cm、2.5 cm、3 cm、3.5 cm、4 cm、4.5 cm、5 cm、5.5 cm、6 mm 的导电线路,和宽度相同,长度分别为 1 cm、2 cm、3 cm、4 cm、5 cm、6 cm、7 cm、8 cm、9 cm、10 cm 的导电线路,用万用表进行电阻测量,并记录数据,绘制实验表格和实验图像。通过实验可以看出碳纳米管导电浆料符合欧姆定律,图像变化规律,有效证明了碳纳米纸基导电性能的稳定性。

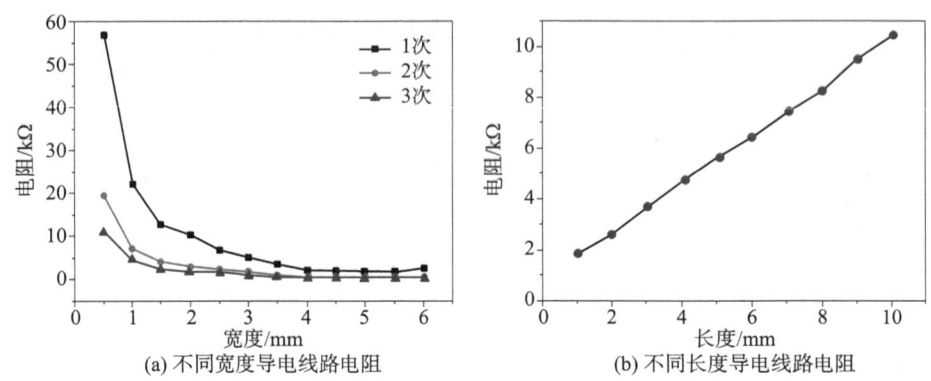

(a) 不同宽度导电线路电阻　　(b) 不同长度导电线路电阻

图 5　导电线路电阻性能

(4) 激光直写制备工艺测试

激光实验数据表如表 4 所示。

表 4　激光实验数据表

测试项目	一	二	三	四
功率	70%～80%	60%～70%	50%～60%	40%～50%
速度 v/mm·s^{-1}	10	20	30	40
是否旁边焦灼	是	是	是	是
边缘是否光滑	否	否	否	否

通过对相同条件下的碳纳米纸基进行激光实验,为确保激光直写的碳纳米导电线路边缘清晰,线条美观,不断调试机器,最后得出激光雕刻机适合的功率区间为45%～47%,速度38～42 mm/s。在此状态下,利用激光直写法对碳纳米纸基进行1～6 mm的碳纳米导电直线制备,制备的碳纳米导电直线线宽清晰明了,在雕刻机雕刻1 mm的状态下,雕出线宽表面无焦灼痕迹,边缘清晰,无附着物。

三、项目实际应用

1. 碳纳米纸基柔性LED串并联组

制作方案:利用激光直写法制备导线宽度为3 mm的碳纳米纸基柔性电路平铺在亚克力板上,用银浆将LED灯粘在纸基柔性电路上。

图6(a)是LED灯柔性电路电路图,其中每排的5个灯为并联,每列的三个灯为串联。

图6(b)是用银浆将LED灯粘在使用激光直写法制备的柔性电路中的成品光学照片。

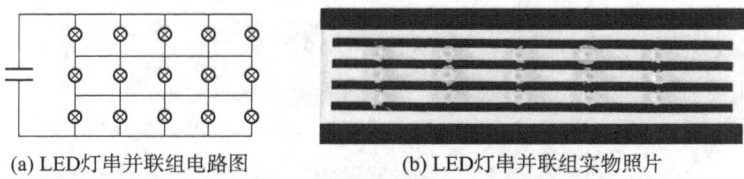

(a) LED灯串并联组电路图　　(b) LED灯串并联组实物照片

图6　LED串并联组电路和实物

图7为LED灯串并联组在不同弯曲状态下的实物演示照片,说明纸基柔性电路可以任意弯曲且不影响其正常通电。

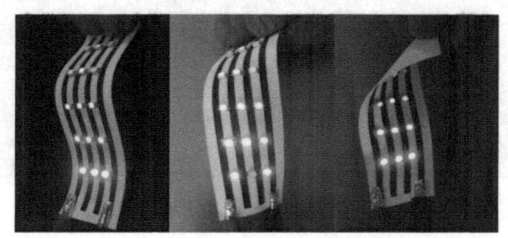

图7　LED碳纳米纸基柔性电路通电和延展性展示

2. 关于激光直写电路任意制定图案的实际应用

为了进一步展现本项目的优势,我们希望纸基柔性电路可以显示任意制定的内容,于是我们设计了显示"北京信息科技大学"字样的方案。电路元件采用LED灯,电路制备方案采用激光直写法,设计原理便是用一根线将导电纸分为正负两极,LED灯以"北京信息科技大学"字样排列在分割线上连接正负两极,通电后LED灯亮起显示设计的内容。

图8为大灯珠设计方案,适用于LED灯珠方片边长大于3.5 mm的情况。该方案在粘接LED灯时有更明显的参照,综合来说对制作工艺要求更低。

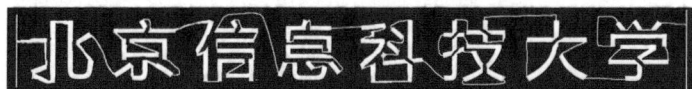

图8　校名灯组大灯珠方案

图 9 为小灯珠设计方案,适用于 LED 灯珠方片边长小于 3.5 mm 的情况。该方案的分割线宽更小,可以制作集成度更高的电路。

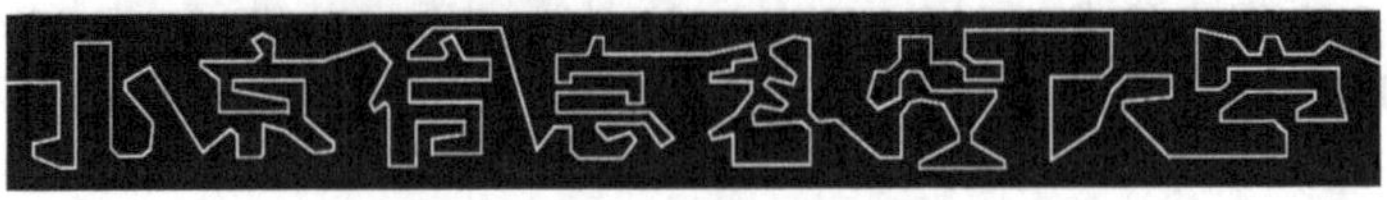

图 9　校名灯组小灯珠方案

由于目前缺少符合要求的制作工具和设备,操作环境限制较多,结合实际情况,我们选择了大灯珠方案,并根据设计方案成功制作出成品。

受碳管材料电阻等因素影响,部分灯珠无法正常亮起,以我们目前工艺水平来看,这是正常现象。按照目前中科院纳米研究所的工艺水准,尚不能使其中所有灯珠均匀亮起。在我们的本次实验中,成功利用激光直写法制定电路图案,成功点亮 LED 灯,且保证电路在任意弯曲时仍可正常通电,已是较大突破。LED 碳纳米纸基柔性电路应用展示如图 10 所示。

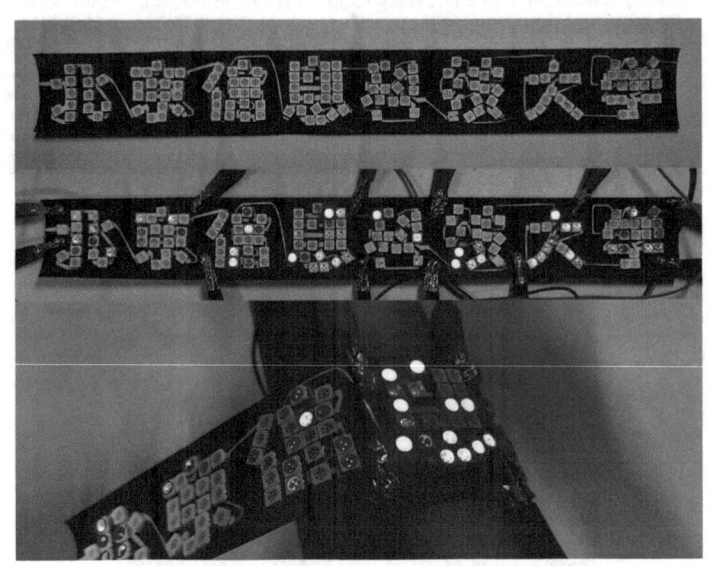

图 10　LED 碳纳米纸基柔性电路应用展示

四、展望与总结

柔性电子在未来有极良好的应用前景。我们认为纸基柔性电路可以在以下领域展现重要价值。首先是在电路元件上的应用。例如超级电容器,其功率密度和能量密度高、充放电快、循环寿命长,机械性能优异等优点广受青睐,在未来有极大的发展空间。还有柔性传感器,其为可穿戴设备的发展提供了巨大帮助。其次是在工业生产上的应用,有柔性电池,柔性屏,智能包装等。再者就是直接应用于可穿戴设备,可穿戴设备可广泛应用于航空航天、医疗、娱乐等领域,它可以进行实时监控,而且佩戴舒适,不会影响使用者的日常活动。

本项目通过研究分析得出,以碳纳米管导电浆料作导电涂料的导电纸,再用激光直写法制备成的纸基柔性电路有诸多优良特性,它可以制定任意电路,激光直写可大大提高纸基的制备精度。而且碳纳米管导电涂料与纸基匹配,电路轻薄,大大降低了柔性电路的制备材料成本,其便捷的加工工艺缩短了柔性电路的制备周期。其制备工艺对加工设备要求低,只需要喷涂设备和激光雕刻设备,改变了当前柔性电路制备需要高要求工作环境、高投入设备、高科技制备技术的现状,推动了柔性电路的普及和推广,具有巨大的商业价值和社会效益。

同时,在该项目的研究过程中还发现了以下问题:

(1)理论上单壁碳纳米管的载流量为铜导线的1 000倍,但目前本项目中纸基柔性电路相较于当前的柔性电路电阻略大;

(2)碳纳米管导电涂层较薄且较脆,电路结构稳定性未达到预期;

(3)碳纳米管导电涂层不易刻蚀,切割边缘有毛边,影响了电路精度。理论激光直写刻蚀精度能达到0.1 mm,但实际实验测出最大精度仅1 mm。

首先是关于涂层电阻与柔性的问题:采用碳管浆料直接喷涂的方法制备导电薄膜,碳管的搭接和密度都较低,所以导致了导电性和柔性差的问题。我们发现,受范德华力的影响,单壁碳纳米管容易聚集成束或缠绕在一起,而且成品碳纳米管中各种直径、各种手性、金属性和半导体性的碳纳米管混杂在一起,严重影响了碳纳米管的性能。因此,在应用碳纳米管浆料时,我们先要对其进行分散和分离处理。同时,导电纸的制备方法也是影响其各项性能的重要因素。目前我们正在探索两种导电纸的制备方案——一是抽滤法制备柔性导电碳管膜,通常结合环氧树脂等制成复合材料,可有效控制厚度、导电率、柔性等,但制备方法较为复杂。二是迈耶棒涂布法,工艺十分简便,需搭配如烘箱等烘干工具。探究过程中,我们发现了复合材料的优异之处,比如将CNT与杜仲胶(EUG)进行质量7∶10的混合,可以有效分散CNT,提高导电材料导电性能和韧性。

其次是关于电路稳定性的问题:电路稳定性与导电涂层与电路基底的匹配度和涂层柔性有关,同时,元器件在电路中的牢固程度也严重影响着电路稳定性。在旧制备方案中,我们采用导电银浆固定电路元器件,但在固定较重,较大的元器件或受外力影响时,容易出现元器件脱落的情况。我们发现导电胶是替代导电银浆的良好选择,且其拉伸剪切强度可达20 MPa。

最后是关于电路刻蚀的问题:碳管等材料由于径向和横向的性能差异,导致激光对于碳管径向剪切能力不佳。经过探究与讨论,我们认为电路刻蚀主要受材料和激光功率的影响。我们观察发现,使用15 W的小型激光雕刻机刻蚀电路,难以调整合适的激光功率,激光直写难度大,且在雕刻后会出现大量残留物。我们认为这主要是碳管材料未作处理导致的。同时,大功率脉冲激光可以有效清除碳管涂料,且切割边缘干净整齐无残留物,由此可以有效提高电路刻蚀精度。

参考文献

[1] 张凯丽.纸基柔性导电材料及器件[D].华南理工大学,2018.

[2] 周伟平.激光直写制备柔性微纳结构与器件研究[D].北京工业大学,2017.

[3] 卢忠花,王卿璞,鲁海瑞,等.柔性可穿戴电子的新进展[J].微纳电子技术,2014,51(11):685-691+701.

[4] 胡志勇.满足应用要求的柔性电路材料[J].世界产品与技术,2003(2):70-73.

[5] 秦琴.基于室温液态金属薄膜的纸基柔性导线研究[D].宁波大学,2017.

[6] 刘玲玲,张红梅.石墨烯在锂离子电池中的应用[J].当代化工研究,2018(6):65-66.

[7] Shin S R,Farzad R,Tamayol A,et al. A Bioactive Carbon Nanotube-Based Ink for Printing 2D and 3D Flexible Electronics[J]. Advanced Materials,2016,28(17):3280-3289.

[8] 赵鑫.表面改性CNTS对NBR胶料热力学性能影响的研究[C].青岛科技大学,2019.

[9] 申超,翁沛希,王子杰,等.激光直写柔性电路的研究进展[J].中国科学:物理学 力学 天文学,2021,(8):36-51.

[10] 甘鑫鹏,王金志,费国霞,等.选择性激光烧结3D打印粉体材料研究进展[J].化工新型材料,2020,48(8):27-31+41.

[11] 尹海亮.飞秒激光加工碳纳米管薄膜理论与试验研究[C].哈尔滨理工大学,2020.

[12] 范凌怡.基于片上网络的柔性电子系统研究[C].西安电子科技大学,2020.

[13] 张文亮.基于织构化碳布及PET基底的柔性超级电容器器件[C].陕西师范大学,2017.

[14] 史运华.单壁碳纳米管的分散与分离方法研究[D].北京化工大学,2013.

[15] 李健,官亦标,傅凯,等.碳纳米管与石墨烯在储能电池中的应用[J].化学进展,2014,26(7):1233-1243.

[16] 张严,康海澜,方庆红.用杜仲胶/碳纳米管改性环氧树脂制备导电防腐涂料及其性能[J].合成橡胶工业,2022,(1):54-59.

[17] 梅铭,黄金,向黔新,等.碳纳米管导电剂在锂离子电池中的应用研究[J].广东化工,2022,49(6):52-54+25.

[18] 张铎,晋琦,李维鸽,等.球磨分散和超声分散碳纳米管强化天然橡胶性能对比[J].应用化工.

[19] 王萍.导电银胶的研究与制备[C].机械科学研究总院,2012.

作者简介

管亦淳,男,本科生,就读于北京信息科技大学信息与通信工程学院通信2101班。

左雨鑫,男,本科生,就读于北京信息科技大学信息与通信工程学院通信2101班。

杨馨雨,女,本科生,就读于北京信息科技大学信息与通信工程学院物联2101班。

巩译,女,北京信息科技大学信息与通信工程学院副教授,硕士生导师。任 Frontiers in Communications and Networks 编委,IEEE OTFS 专委会秘书。主要研究方向为低功耗MIMO、正交时频空、无线通信与区块链等,在知名期刊和国际会议上发表学术论文20余篇,以第一或通讯作者发表论文15篇,第一作者一篇为 Web of Science 高被引论文。申请发明专利七项,其中三项已授权,专著一部。荣获北京市科协青年人才托举工程,2022年首都前沿科技成果奖及2021年第七届IEEE网络智能与数字国际会议最佳论文奖。

基于 Arduino 的内嵌式节水报警水龙头设计与实现

曹若璠 李想 李承臻 窦佩雯

(北京信息科技大学信息与通信工程学院,北京,100101)

摘 要:本文基于 Arduino 平台设计开发,应用于公共用水场所的智能节水水龙头。该节水水龙头硬件系统包含雾化式喷嘴、内嵌式浮球触发测流传感和齿轮式重力发电模组等部分,分别实现雾化节水、测量微小水流以及回收利用电能等功能;软件系统包含计时系统一、计时系统二、显示屏控制和稳压控制等部分,分别实现对频闪提醒灯、蜂鸣报警器、OLED 显示屏以及发电模组对主板的供电的控制。通过节水设备,可在保证满足正常用水需求的前提下,节约大约百分之八十的用水量;减少"滴水漏水"等行为对水的浪费。目的在于在不影响正常使用的前提下,尽可能节约用水。

关键词:节水;节能;内嵌式浮球触发测流传感;重力储能。

Design and implementation of embedded water-saving alarm faucet based on Arduino

Abstact:Based on Arduino platform, this paper designs and develops intelligent water-saving faucets for public water use places. The hardware system of the water-saving faucet includes atomizing nozzle, embedded floating ball trigger flow sensing and gear-type gravity power generation module, which realize the functions of atomizing water saving, measuring tiny water flow and recycling electric energy respectively. The software system includes timing system 1, timing system 2, display screen control and voltage stabilization control, which respectively control the power supply of stroboscopic reminder lamp, buzzer alarm, OLED display screen and power generation module to the motherboard. Through water-saving equipment, about 80% water consumption can be saved on the premise of meeting the normal water demand; Reduce the waste of water caused by behaviors such as "dripping and leaking". The purpose is to save water as much as possible without affecting normal use.

Keywords:water saving; Energy saving; The embedded floating ball triggers the flow sensing; Gravity energy storage.

一、引言

21 世纪是一个资源越发匮乏的时代,特别是水资源。根据研究组的切身体会,以及在平时生活中的观察发现:多数人直接在水龙头下洗手,而且把水龙头开得很大,无论是校园还是餐厅尤其是公共场合,常有忘关或关不紧水龙头的现象,如果没有被发现,就会导致大量的水短时间内不经意地从我们手指间流失,造成了宝贵水资源的浪费[10]。目前国内第八届郑航"挑战杯"课外学术作品中对于该现象提出了智能节水龙头的创意,而国外对于智能水龙头的研究资料寥寥可数,主要就是节水灌溉技术,我们参考此技术采用自动控制技术,结合作物需水规律与外界环境等按需实行、适时灌溉,最大限度提高水资源的利用率,从而提出来"雾化"的想法[11]。

如果能够在水资源流失的时候收到警报、在日常清洗中使用与空气接触面积大的经过雾化的水来提高水的利用率、将用水时产生的其他能量收集起来转化为电能,就可以很好地减少水资源的浪费,减少能量的浪费。本文基于 Arduino 开发平台,设计环保、节约、实用的节水警报器,通过内部电路感应微小水源并报警,利用水的导电性,配合相应逻辑电路实现用水时间计时功能,最后收集人在踏板上产生的重力势能,通过齿轮将能量转化为电能,达到在日常生活中节约水资源,为环保事业助力的目的。

本文所提"节水警报器"首先能够在水资源流失的时候收到警报,可以很好地减少水资源的铺张浪费;其次为了在保证节约水资源的前提下不增加其他的额外资源,除了所提到的"雾化"功能还有"踏板充电"功能,即通过传感器和编程等应用实现它的功能,也是现在市场上急需的一款水龙头。

二、系统设计方案

1. Arduino

Arduino 是一种基于单片机的人机互动产品开发平台,它能够使得软件设备等模块化,进而让用户通过搭积木的方式对系统进行集成,并将软件和硬件等方面的内容都融入进去。并且 Arduino 具有很强的开放性,能够让用户在网络中进行相关内容设计,从而提高系统的优化内容。通常 Arduino 的硬件系统一般分为不同构件,其中核心构件是 AVR 单片机作为控制器的电路板,并且在使用期间采用的是精简指令集,进一步有效地缩短了取指令的时间。同时在使用期间还能够进行预取指令,使得相关设备在执行指令期间速度更快。Arduino 软件开发平台在使用期间利用的是 C 语言,用户在利用 C 语言时能够在网络中找到大量的语言源代码,进一步减少用户的开发周期[12]。

2. 基本结构

(1) Arduino 控制板

通常 Arduino 的主控板类型有很多,扩展版的型号也非常多,在本次系统的设计中采用的是 Arduino Uno,此版本与其他版本比较,优势在于没有使用 FTDI USB 串行驱动芯片。通过此版本的使用能够让控制板与计算机连接时显示相应的 USB 设备,进而减少了研究设计的内容和程序,在一定程度上能够减轻成本费用。Arduino Uno 版本的控制板在使用期间与其他版本原理相同,但由于其得到了开源软件的推广,因此市面上大多数利用的都是此版本的控制板。

(2) 输入模块

Arduino 的输入模块主要就是和外部设备进行信号传递的一种设备,可以把最原始的信息进行处理,使其快速的传送到系统中。并且传送的信号可以是数值型的数据,也可以是非数值型的数据,比如温度、湿度、烟雾等。此外,输入模块也包括不同的传感器。而本次系统在研究设计期间利用的是内嵌式浮球触发测流传感,使得信号在系统中能够得到快速的传递。

(3)输出模块

输出模块就是指模块和外部的执行器之间能够进行交互,从而将控制板的相关信号转换成相应的执行动作,进而使得系统更好的进行工作,一般执行器就属于输出模块。执行器是应用系统作为输出的一部分,它一般是用来接受控制器传来的信号,并控制相应的介质大小,将其大小范围掌控在一定的规定值内。执行器一般可以分为电动、气动和液动三种类型。电动的执行器在能源获取方面非常方便,但是结构复杂;气动执行器则较为稳定;而液动执行器输出推力较大。本次系统在设计期间能够通过半导体场效应晶体管对开关进行控制,从而对水流进行有效管控。

三、硬件系统

硬件系统主要包括:雾化式喷嘴、内嵌式浮球触发测流传感和齿轮式重力发电模组,使用 SolidWorks 软件进行设计,其中部分结构如图 1 和图 2 所示。

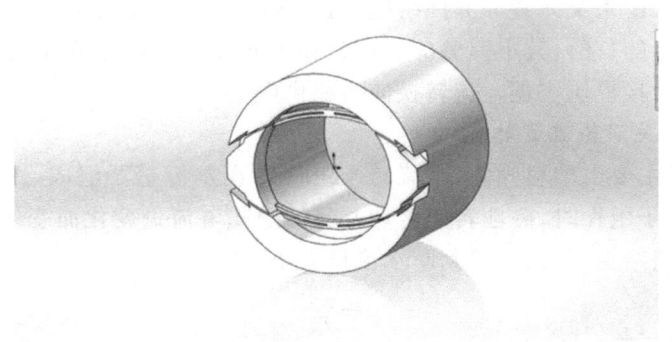

图 1　内嵌式浮球触发测流传感

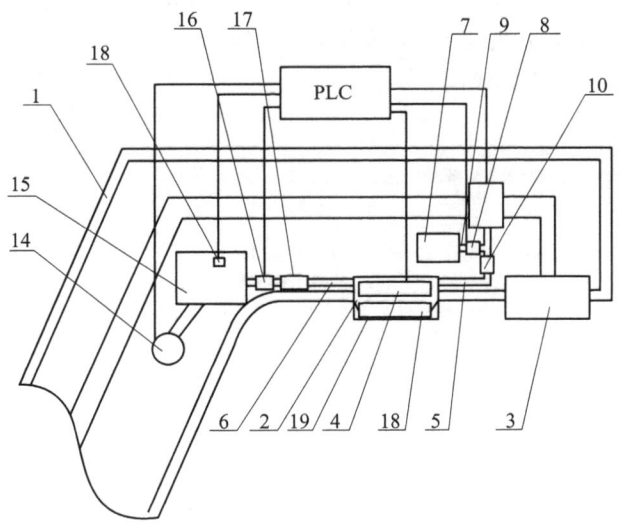

图 2　雾化式喷嘴

1. 雾化式喷嘴

如图 1 所示的水龙头主体上设有雾化喷嘴和普通喷嘴,所述雾化喷嘴内设有雾化模块,所述雾化喷嘴分别连接有雾化水管和雾化气管,通过雾化液体代替水流洗手,同时减少洗手所需时间,降低水资源的浪费,做到节水效果[13]。

2. 内嵌式浮球触发测流传感

（1）功能概述

如图 2 所示,雾化式喷嘴利用水的浮力、金属的导电性来测量液面高度,进而确定水流大小。

（2）设计概述

此装置上下两端预置卡槽插入银质电极,在预留孔位处焊接导线,将银质空心小球(可浮于水面)置于中央,两端封上滤网。银球位置随水位变化而变化,当银球接触上下两端任意电极时,形成通路,向主板发出高电平信号。

3. 齿轮式重力发电模组

此装置由齿轮、齿条及弹簧等部件组成,通过齿轮组实现重力转化为动能,转动发电机转子转动,实现发电的目的,其中弹簧的作用是使踏板复位。由于输出为交流电,使用了多电路 DC-DC 电压转换模块实现电流转换向主板供电。

4. 霍尔流量开关涡轮流量计

水流量传感器主要由塑料阀体,水流转子组件和霍尔传感器组成,用以监测进水流量,当水流通过水流转子组件时,磁性转子转动并且转速随着流量变化而变化,霍尔传感器输出相应脉冲信号,反馈给主板,由主板判断水流量大小[14]。

四、软件设计

本研究的软件部分基于 Arduino Mega2560 和 Arduino Uno 开发,使用 Visual Studio Code 和 Arduino IDE 作为开发平台,开发语言为 C++。

下图为系统流程图及部分代码。

```
#define buzzer_pin 6   //定义蜂鸣器驱动引脚
#define buzzer_fre 600 //定义蜂鸣器输出频率

// constants won't change. They're used here to set pin numbers:
const int buttonPin1 = 2;    // the number of the pushbutton pin
const int buttonPin2 = 3;    // the number of the pushbutton pin
const int buttonPin3 = 4;    // the number of the pushbutton pin
const int ledPin = 8;        // the number of the LED pin

// variables will change:
int buttonState1 = 0;        // variable for reading the pushbutton status
int buttonState2 = 0;
int buttonState3 = 0;
  int u=0;
  int h=0;
```

```
unsigned long r=0;
void setup() {
  // initialize the LED pin as an output:
  pinMode(ledPin, OUTPUT);
  // initialize the pushbutton pin as an input:
  pinMode(buttonPin1, INPUT);
  pinMode(buttonPin2, INPUT);
  pinMode(buttonPin3, INPUT);
  pinMode(buzzer_pin, OUTPUT);//定义蜂鸣器为输出
  Serial.begin(9600);
}

void loop() {
  k=millis();
  // read the state of the pushbutton value:

  if (buttonState1 == HIGH && buttonState2 == LOW ) {
    // turn LED on:
    p=k;
    if(f<=390){
      f=f+10;
      digitalWrite(ledPin, HIGH);
      delay(400-f);
      digitalWrite(ledPin, LOW);
      delay(400-f);
    }
    else if(f>390){
      digitalWrite(ledPin, HIGH);
    }
  }
}

  if (buttonState1 == LOW && buttonState2 == HIGH ){
    // turn LED off:
    digitalWrite(ledPin, LOW);
    f=0;
    u=0;
  }

  if (buttonState2 == HIGH && buttonState3 == HIGH){
    h=h+1;
    delay(1000);
    if (h > 10) {//10s时报警
      digitalWrite(buzzer_pin,LOW);
    }
```

如图3所示,当水龙头阀门打开,水流增大,液面增高,银球随之上浮,与上端电极相

连形成通路,向主板输入高电平;与之同时的,水龙头最末端霍尔涡流计流器开始工作,向主板输入高电平,计时器开始工作,计时一分钟。随着时间的推移,红灯闪烁频率会慢慢提高,并在一分钟时常亮,提醒使用者用水时间过长。当水龙头阀门关闭,水位下降,银球下降,与下端电极接触,形成通路,向主板发出高电平,计时 1 停止计时 2 开始;同时霍尔涡流计因水流停止而关闭。此时若有水流流出,霍尔流量传感器开始工作,向主板发出高电平。当计时满一分钟而霍尔高电平未停止输出时,蜂鸣器工作开始报警,以达到节水预警的效果。

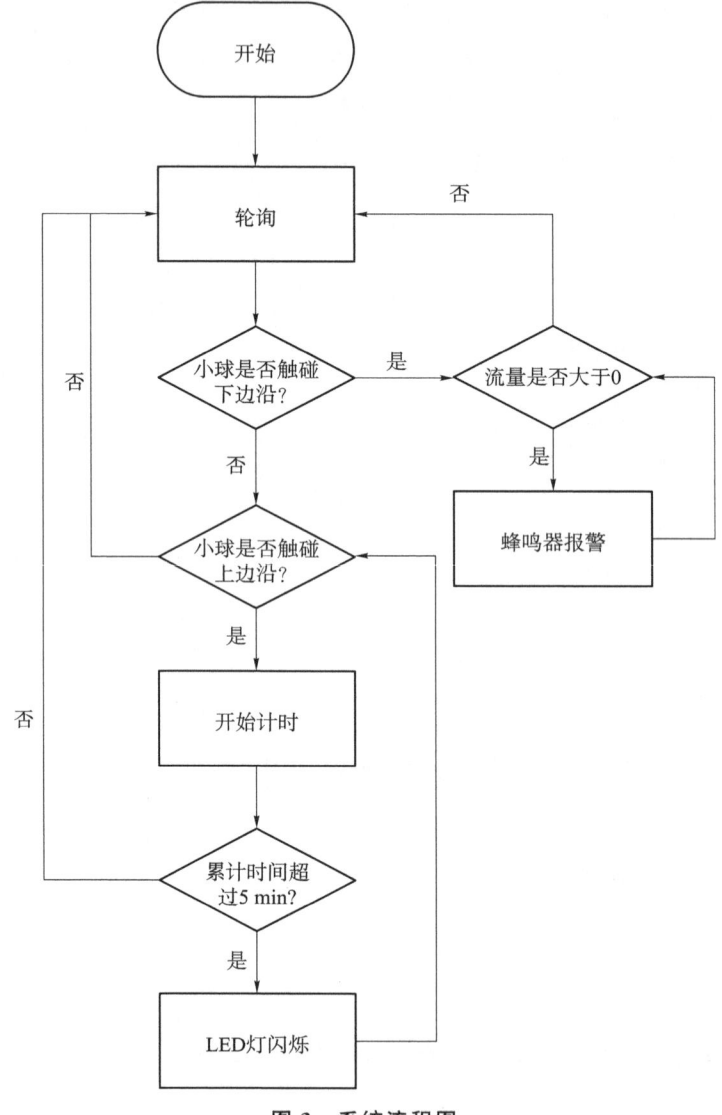

图 3　系统流程图

五、总结与展望

本文所提节水警报水龙头通过对用水时长的提醒控制、滴水漏水的报警来实现节水的目的;通过发电装置实现节能的目的,具有良好的发展前景以及提升空间。通过对Arduino内嵌式节水报警水龙头进行设计,能够使得水龙头更加智能化发展,并且通过报警器的设置可以增强报警器研发的意义。此外,其他研究者也可以借助本次研究的数据和结论,进而开发出更多有意义的报警器系统,使得生活中的设备更加的智能化、便捷化。

参考文献

[1] 李雨欣,薛东前,宋永永.中国水资源承载力时空变化与趋势预警[J].长江流域资源与环境,2021,30(7):1574-1584.
[2] 智能龙头带你开启洗澡节水大作战[J].信息技术与信息化,2017(7):11.
[3] 黄利红.基于Arduino的智能家居远程控制系统设计[J].数字技术与应用,2019,37(12):161-163.
[4] 陈波.气液双流体喷嘴多场耦合雾化特性及参数优化研究[D].燕山大学,2018.
[5] 刘华兴.基于霍尔效应的电磁流量传感器设计[D].黑龙江大学,2014.
[6] 贾福森,于士博,赵佳玮,等.一种基于Arduino的智能节水水龙头.CN208587568U[P].2019.

作者简介

曹若璠,女,本科生,就读于北京信息科技大学信息与通信工程学院电信2001班。
李想,女,本科生,就读于北京信息科技大学信息与通信工程学院通信2003班。
李承臻,男,本科生,就读于北京信息科技大学信息与通信工程学院电信2003班。
窦佩雯,女,本科生,就读于北京信息科技大学信息与通信工程学院电信2002班。

基于物联网技术的智慧博物馆设计与实现

刘星岑　王国正　吴韶波

(北京信息科技大学信息与通信工程学院,北京,100101)

摘　要:近几年,物联网技术获得了突飞猛进的发展,由于其独特的技术优势,在安防、电力、交通、物流、医疗、环保等领域得到了广泛应用,形成了一些新的产业链条,带来了巨大的经济价值。博物馆是文物收藏、保护、展示和利用的主要场所,是馆藏文物管理的主要机构。本项目将物联网技术应用博物馆,实现博物馆的智能化处理,主要包括网站导览功能,环境监测功能,服务机器人功能,应用 IoT 技术、ROS 系统、A * 算法以及 k-means 聚类算法等主流技术,完成博物馆智能化处理,方便用户和管理者更好地利用博物馆资源。

关键词:物联网;智慧博物馆;导览机器人;网站设计。

Design and Implementation of a Smart Museum Based on IoT Technology

Liu Xing-cen　Wang Guo-zheng　Wu Shao-bo

Abstract:In recent years, the Internet of Things technology has achieved rapid development. Due to its unique technical advantages, it has been widely used in security, electricity, transportation, logistics, medical treatment, environmental protection and other fields, forming some new industrial chains and bringing huge economic value. The museum is the main place for the collection, protection, display and utilization of cultural relics, and the main organization for the management of cultural relics in the collection. This project applies the Internet of Things technology to museums to realize the intelligent processing of museums, mainly including the website navigation function, environmental monitoring function, service robot function, the application of IoT technology, ROS system, A * algorithm and k-means clustering algorithm and other mainstream technologies to complete the intelligent processing of museums, so as to facilitate users and managers to make better use of museum resources.

Key words:Internet of Things, A * algorithm, website design.

一、引言

随着物联网技术的普及,智慧博物馆也成了现代博物馆的一种新形态。利用物联网技术,可以让博物馆实现更加智能化、高效化、安全化的运营管理,提供更好的用户体验。

相较于传统的博物馆,智慧博物馆提供"物、人、数据"三者之间的双向多元信息交互通

---

① 项目来源类别:2023年国家级大学生科技创新计划项目"智慧博物馆导览机器人"。

道。博物馆中的人与物的信息可动态感知,并通过网络汇集,借助物联网和云计算等技术,建立"物—人""物—数据""人—数据"之间的信息交互和远程控制,从而实现对博物馆服务、保护和管理的智能化自适应控制和优化。如今的智慧博物馆坚持以"人为中心"的信息传递模式,使藏品与展品、管理者与策展者、受众与展品等元素之间的联系真正达到智慧化融合。随着物联网技术的不断发展和普及,智慧博物馆将成为未来博物馆发展的重要趋势之一。它将会以数字化、智能化、互动化为特点,打破传统博物馆单向信息传递模式,真正实现文化遗产保护与传承与公众参与相结合的目标[1]。

智慧博物馆系统包括软件和硬件两个部分。其中,软件部分包括方便用户以及管理员的网站、应用于藏品管理的 Windows 桌面应用、应用于服务机器人桌面 QT 应用,实现博物馆预约,查看相关馆内信息,管理者可编辑相关内容以及查看传感器相关信息等功能。硬件部分则由 STM32 单片机、Arduino 核心板以及温湿度传感器等等组成,通过传感器以及读卡器等控件获取数据;同时,采用服务机器人,进行馆内导览以及信息服务等工作。通过硬件部分与软件部分的配合让用户参观博物馆以及管理者在管理博物馆资源的过程中达到效率最高,节省的时间最多。

二、方案设计

1. 总体功能概览

(1)用户角度

① 通过智慧博物馆网站浏览,初步了解智慧博物馆的相关信息。

② 通过网站预约,预约成功后可以获得相关验证码用于门禁处验证。

③ 门禁管理,用户预约成功后进入博物馆进行信息验证,验证成功后方可进入博物馆。

④ 用户进入博物馆后可以使用导览机器人进行辅助参观,导览机器人将会根据相关指令进行响应操作,比如制定最优路径浏览全馆,藏品识别,其他服务等。

(2)管理员角度

① 运用基于传感器网络的环境控制系统。这可以帮助监测展厅内的温度、湿度、照明等条件,以便有效地保护文物并节约能源开销。同时,在展品某些区域有大量人流时,通过传感器网络可以快速响应人流变化,并适当调整环境参数,以避免过多人员造成空气污染等问题。

② 管理员可以通过后台管理网站相关内容以及实时监测传感器的相关数据,通过一站化处理,提高管理员的管理效率。

2. 物联网三层架构设计

系统硬件包括三大模块:环境监测系统,安防系统以及服务机器人系统。软件部分通过 UI 界面的设计,初步设计为用户和管理者两大层面若干界面,主要包括:网站 UI,藏品管理系统 UI,服务机器人系统 UI。整体之间所示既有联系,又可以单独成为一个整体。应用物联网设计,通过温湿度传感器等信息传感设备,按约定的协议,把传感器,机器人等物品与互联网相连接,进行信息交换和通信,以实现对其的智能化监控和管理。

物联网技术体系结构如图 1 所示,主要分为三大层面:感知层,传输层和应用层。其功能分别为感知层获取去用户数据以及环境参数;传输层进行数据传输,并对模拟量进行调制与解调；应用层包括云服务器以及 MySQL 数据库，对传输的数据进行处理以及存储，同时对响应的参数进行反馈，控制设备的运行。

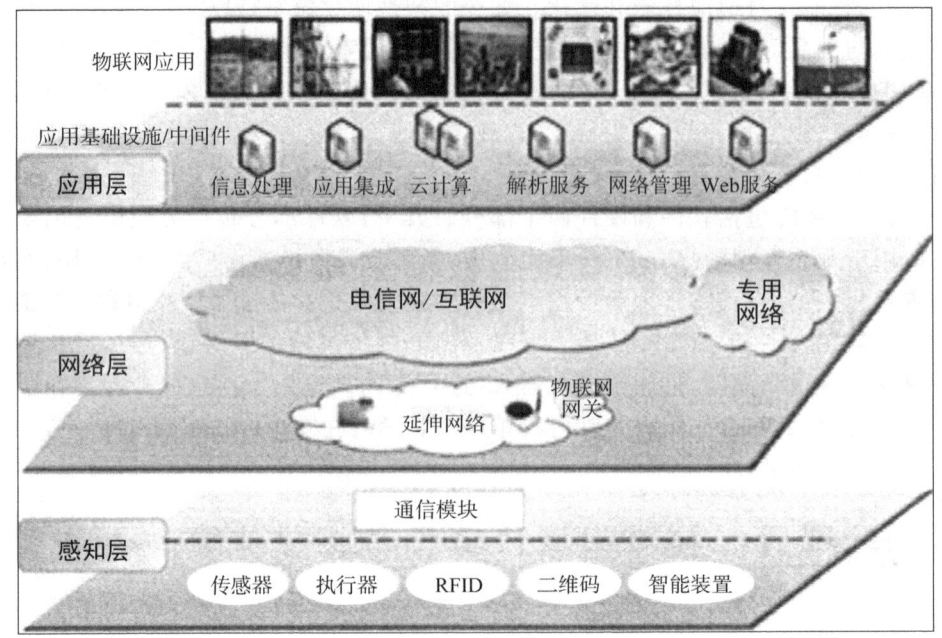

图 1　物联网三层架构模式图

3. 功能模块化设计

（1）网站导览模块

打破传统的 C/S 模式，通过 B/S 模式方便用户提前观看博物馆的信息，解决用户信息闭塞问题，更好地服务于用户。同时，通过获取云端数据库相关数据，工作人员可以更好地掌握博物馆的环境状况和各馆的人员分布，同时控制相关执行器进行合理的执行。

（2）环境检测模块

根据科学的数据证实，大多数蛀虫和霉菌的生存温度在 10 ℃ 以上，低于这个温度，害虫即丧失活动能力并停止繁殖，而相对湿度在 65% 以下，多数霉菌就无法正常发育。倘若相对湿度降至 45% 以下，并持续较长的时间，文物又会因干燥而脆裂，造成物理性朽坏。所以，保持相对湿度 50%～65% 以及 10～18 ℃ 的温湿度环境，是对文物物品保藏的一个严格要求。

（3）导览机器人模块

采用导览机器人可以客观增加人流量：展览馆的趣味性、互动性大大提升，人流量随之增加。提升参观体验：参观更有趣，更新颖，普遍希望能体验机器人的服务。快捷解决游客需求：机器人移动提供导览服务，随时回答游客问题，引领游客。提升讲解效率和质量：机器人无差别服务，提升了讲解效率，保证了讲解标准化、统一化。节约人力成本：重复工作劳动被机器人替代，形成人机协作新型工作模式，充分解放讲解员人力。提升观众满意度：提升观众互动率和体验感，对儿童与青少年更具亲和力。

三、方案实现

1. 博物馆模型设计

为方便进行演示,首先对博物馆场景进行设计,简化相关设计,采用最简方式进行模型设计,如图 2 所示。

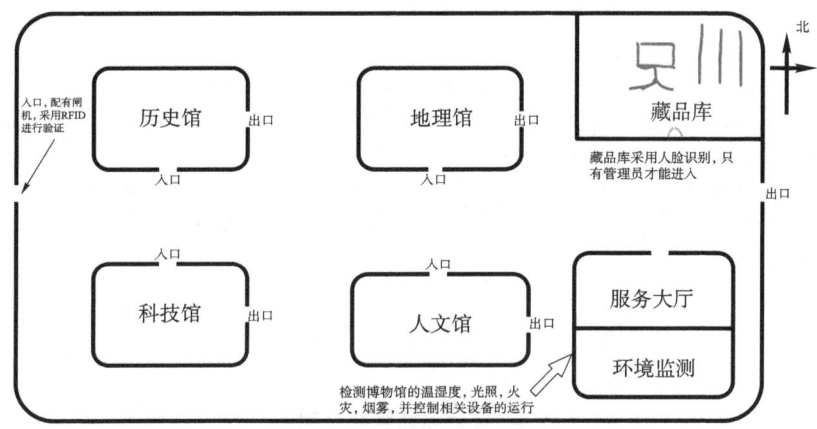

图 2　博物馆平面设计图

2. 功能模块化实现

（1）网站导览模块

① 用户界面:查看藏品介绍,预约线下参观,查看新闻通知,查看博物馆介绍等。

② 工作人员界面:查看环境监测数值,各个展馆人数统计,网页端控制相关执行器运行,发布通知,为防止人员密集引起安全问题,工作人员可设置预约上限等。

具体流程如图 3 所示。

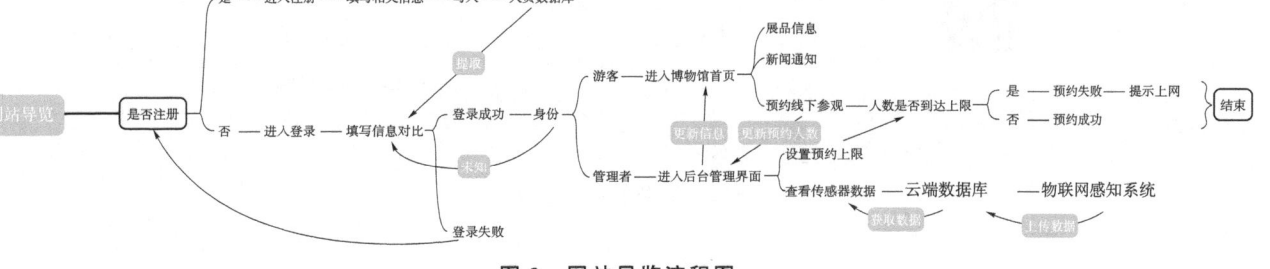

图 3　网站导览流程图

（2）环境检测模块

① 温湿度监测:如果温度过高,打开风扇;温度过低,打开加热板（继电器连接）。

② 光照监测:如果光照过高,打开窗帘;光照过低,打开电灯。

③ 烟雾监测:如果监测到烟雾,打开抽风机。

④ 火焰检测:如果监测到火焰,进行报警。

⑤ 数据上传:传感器数据通过 ESP8266 模块上传至云端,网页和服务机器人可以从云

端获取数据。ESP8266 是一个完整且自成体系的 WIFI 网络解决方案，能够独立运行，也可以作为 SLAVE 搭载于其他 HOST 运行。

具体流程如图 4 所示。

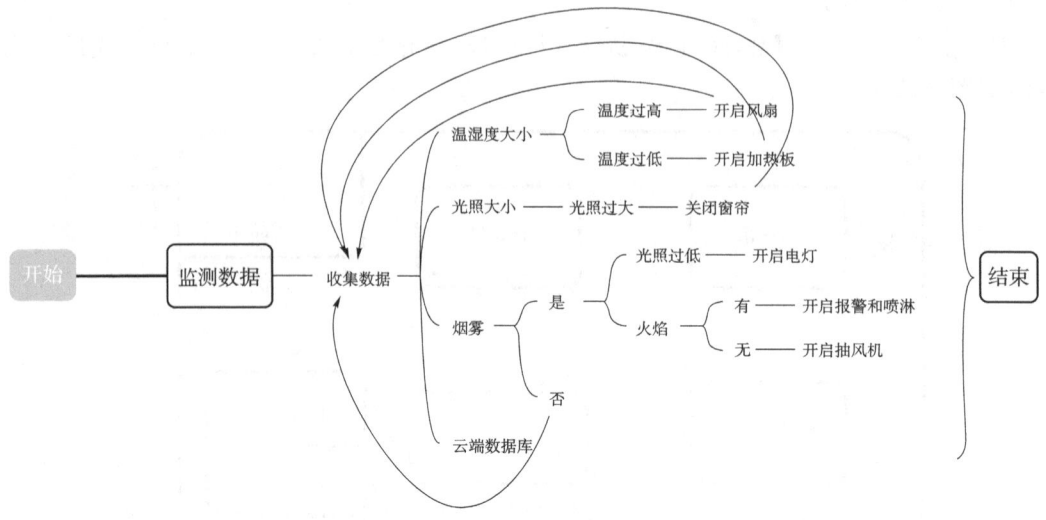

图 4　环境监测模块流程图

（3）导览机器人模块

① 导览系统：提前进行地图建模，用户启动后，开始导航，通过获取云端数据进行智能处理自动避开人数多的场馆。

② 人机交互：设立可视化屏幕，查看博物馆信息（地图、光照、温湿度、博物馆介绍），藏品展示（今日展品推荐、展馆展品信息）；通过语音识别进行全馆导览，展品信息讲述。

具体流程如图 5 所示。

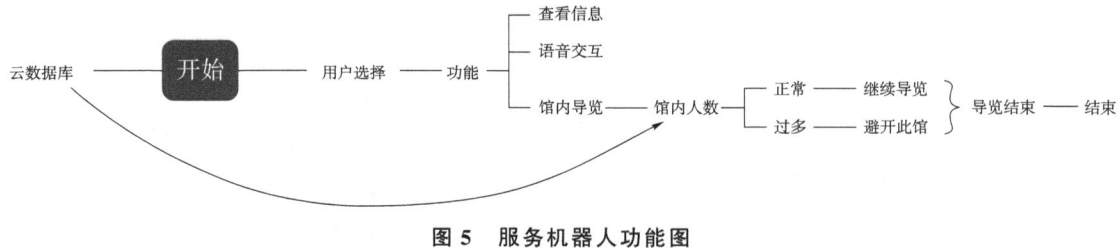

图 5　服务机器人功能图

四、结果展示

1. 网站设计

应用 HTML5 和 css3 进行页面的样式和美化设计，目前主要设计用户界面，如图 6～图 9 所示。

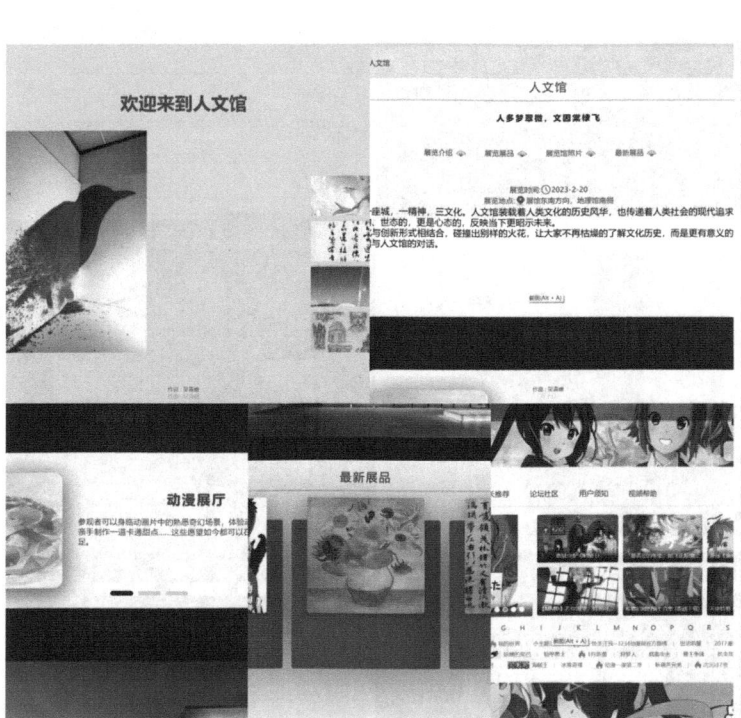

图6 人文馆界面

图7 地理馆界面

图 8 科技馆界面

图 9 历史馆界面

2. 桌面应用 UI 设计

桌面应用主要应用在 Linux 系统中，即机器人桌面服务软件，如图 10～图 14 所示。

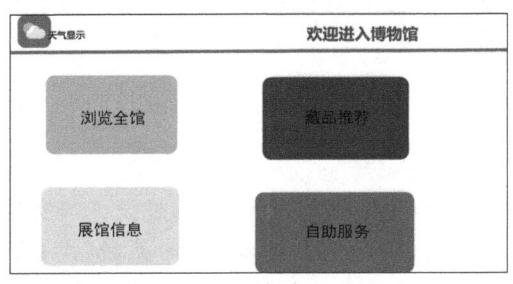

图 10　服务机器人桌面 UI 设计

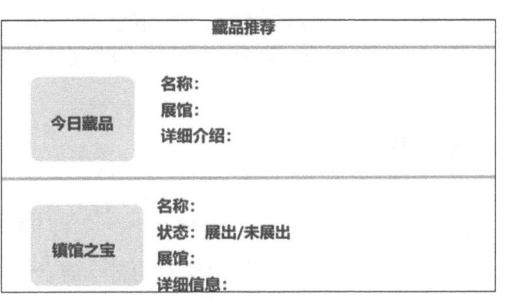

图 11　藏品推荐界面

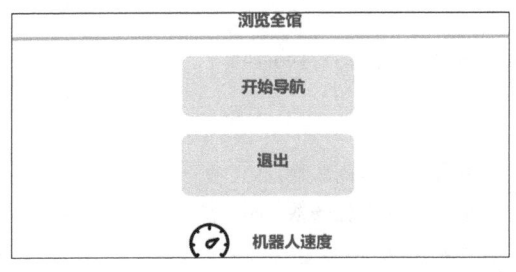

图 12　浏览全馆界面

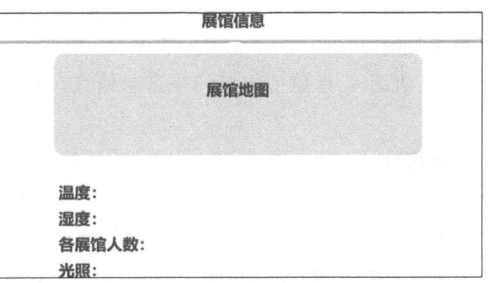

图 13　展馆信息界面

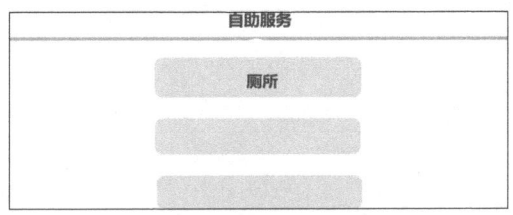

图 14　自助服务界面

五、未来展望

未来的智慧博物馆可以充分利用虚拟现实技术（VR）系统，在 VR/AR 云平台下，就算是跨越时间和空间，作为文化遗产守护者也可随时随地参与到讲解活动中。若要是因故错过现场参观，则可通过二维码或直接搜索相关视频资料进行线上体验。未来，智慧博物馆还可以进一步发展，通过人工智能等技术将参观体验提升到一个新的高度。例如，通过图像识别等技术，让游客在感知展品外观的同时还能了解它的制作工艺和历史背景；或者利用语音识别和自然语言处理技术，实现一种更加自然和智能的交互方式，让游客可以通过对话与机器人或虚拟助手进行互动。

因此，通过结合现代科学技术手段对传统文化遗产进行保护、传承和再造会成为未来博物馆发展最大的潜力所在。在数字时代催生下——形式各异、颠覆传统、具备新能力特征的智慧博物馆必将持续创新并取得更好发展。

总之，基于物联网技术创建智慧博物馆，则会将丰富的数字化资源与真实展示空间完美结合，变革着我们对传统博物馆认知模式。它能够拓宽百姓们对历史文化遗产以及艺术品审美视野。进而达到"记录历史 连接未来"的社会效果。

六、总结

本文将物联网技术应用博物馆，实现博物馆的智能化处理与设计，目的是设计与实现其网站导览功能，环境监测功能等功能，结合导览机器人，应用 IoT 技术，ROS 系统，A＊算法以及 k-means 聚类算法等主流技术，将较好地实现博物馆智能化处理，方便用户和管理者更好地利用博物馆资源。

参考文献

[1] 谢绍军.智慧博物馆的探索与研究[J].中国民族博览,2022(18):190-193.

作者简介

刘星岑,女,本科生,就读于北京信息科技大学信息与通信工程学院物联2101班。
王国正,男,本科生,就读于北京信息科技大学信息与通信工程学院物联1901班。
吴韶波,女,副教授,北京信息科技大学信息与通信工程学院教师。

毕业设计类

基于深度学习的多模态遥感影像融合算法设计与实现

李嘉源　陈硕

(北京信息科技大学信息与通信工程学院,北京,100101)

摘　要:本文研究了一种基于深度学习的多模态遥感影像融合算法,并采用 WHU-OPT-SAR 数据集进行实验验证。算法采用多模态交叉注意力网络(Multimodal-Cross Attention Network,MCANet)进行多模态遥感影像融合,将数据集中每张影像按照 256×256 大小进行裁切。在模型训练中,采用了批次大小为 16 的方式,共训练 40 轮,算法使用 Adam 优化器,将动量设置为 0.9,将初始学习率设置为 0.001,使用交叉熵作为损失函数。在实验评估中,采用总体准确率(Overall Accuracy,OA)和 Kappa 系数等指标对模型精度进行评估。实验结果表明:本文提出的多模态遥感影像融合算法具有较好的准确性和鲁棒性,算法达到了 81.8% 的 OA 和 0.735 的 Kappa 系数。因此验证了本文提出的基于深度学习的多模态遥感影像融合算法具有显著的应用价值,为多模态遥感影像处理和分析领域提供了新的思路和解决方案,且在遥感影像处理和分析领域具有广泛的应用前景。

关键词:深度学习;多模态;遥感;影像融合。

Design and implementation of multi-modal remote sensing image fusion algorithm based on deep learning

Li Jia-yuan　Chen Shuo

Abstract: In this paper, a deep learning-based multimodal remote sensing image fusion algorithm is proposed and validated on the WHU-OPT-SAR dataset. The algorithm uses a Multimodal-Cross Attention Network (MCANet) for multimodal remote sensing image fusion and crops each image in the dataset to a size of 256x256. In the model training, a batch size of 16 is used, and the algorithm is trained for a total of 40 rounds. The Adam optimizer is used with a momentum of 0.9 and an initial learning rate of 0.001, and cross-entropy is used as the loss function. In the experimental evaluation, overall accuracy (OA) and Kappa coefficient are used to evaluate the accuracy of the model. The experimental results show that the proposed multimodal remote sensing image fusion algorithm has good accuracy and robustness, achieving an OA of 81.8% and a Kappa coefficient of 0.735. Therefore, the proposed deep learning-based multimodal remote sensing image fusion algorithm has significant application value, providing new ideas and solutions for the field of multimodal remote sensing image processing and analysis, and has a wide range of application prospects in the field of remote sensing image processing and analysis. Future research can further explore deep learning model optimization techniques for remote sensing image fusion algorithms to improve the efficiency and accuracy of remote sensing image processing and analysis.

Keywords: deep learning; multi-modal; remote sensing; image fusion.

一、引言

1. 研究背景与意义

多模态遥感影像是根据不同光谱波段和分辨率获取遥感图像数据,如果能有效地将多模态遥感影像融合起来,就可以为遥感应用提供更加精细的地物分类、监测和识别。因此,研究多模态遥感影像融合技术已经成为遥感领域的一个研究热点[1]。同时,随着深度学习技术的迅速发展,基于深度学习的遥感影像融合算法逐渐成了研究的热点和趋势。深度学习是一种机器学习方法,能够自动学习输入数据的复杂特征和表示[2]。此外,深度学习算法还可以使用 GPU 等硬件进行并行计算,提高算法的处理速度和效率[3]。

传统遥感算法是通过传感器获取遥感影像数据,并运用图像处理技术提取影像信息,以实现地物识别、定位、分割、分类、变化检测等应用目标。传统的遥感影像融合算法通常是基于图像的代数变换[4]。

基于深度学习的多模态遥感影像融合算法研究是指通过深度学习技术,将多个不同传感器采集的遥感影像数据融合起来,得到一幅综合信息更加丰富、空间分辨率更高的遥感影像。深度学习算法是一种人工智能算法,通过对大量数据进行学习和训练,可以自动提取影像的特征信息,从而实现影像的分类、分割、检测、融合等应用[5]。

多模态遥感影像融合算法将不同波段、不同分辨率或不同传感器所获取的遥感影像数据进行融合,以提高遥感影像的信息量和空间分辨率[6]。因此,研究深度学习的多模态遥感影像融合算法可以提高遥感影像的信息量和分辨率,拓展遥感影像在资源环境监测、城市规划、农业等领域的应用,具有重要的实用价值和应用前景。

2. 相关技术综述

多模态遥感技术是指利用多种不同的遥感数据源所得到的多种观测与测量结果进行分析和融合的遥感信息处理方法。这种方法将多种遥感数据结合起来,从不同的角度和层次上更加全面地描绘地球和环境现状,提供数据的多视角和多信息源,提高观测精度以及提升遥感数据的应用效能[7]。

在实际的应用中,多模态遥感技术主要运用在遥感影像分类、地貌测量、环境监测、水体监测、地质勘查、地表物颜色分类、农业资源监测等领域,广泛应用于自然与资源保护、城市规划、土地利用规划、灾害评估等方面,为人类社会发展提供大量的有用信息[8]。

深度学习算法是一种类似于人类神经系统的模型,由多个神经网络层组成,它可以自动地从数据中学习并提取出对于分类、预测、识别等任务应该最为重要的特征。广泛应用于计算机视觉、自然语言处理、语音识别等领域,能够实现高精度的图像识别、语音识别等任务,成为人工智能时代的重要技术之一[9]。

数据融合算法是指将来自不同来源或不同传感器的数据进行集成和处理的方法。在遥感领域的数据处理中,由于遥感数据种类多样,数据质量存在差异,因而需要利用数据融合技术来整合数据,提高数据的准确性和可靠性。综合利用多源数据融合可以更加准确的描述地表特征及信息[10]。

二、基于深度学习的多模态遥感影像融合算法

1. 数据集准备和预处理

（1）数据集准备

在本文研究中，采用了 WHU-OPT-SAR 数据集作为算法研究的数据源。WHU-OPT-SAR 数据集对基于深度学习的多模态遥感影像融合算法研究具有重要意义。WHU-OPT-SAR 数据集包含 100 张光学遥感影像和同一区域的 100 张合成孔径雷达遥感影像，图像分辨率为 5536×3704，光学影像和雷达影像例图如图 1 所示。

图 1　光学影像和雷达影像

影像覆盖区域在中国的湖北省，覆盖了不同地形和不同植被的遥感影像，如图 2 所示。WHU-OPT-SAR 数据集该数据集具有像素级的标注，可以为基于深度学习的影像融合提供数据源。综上所述，WHU-OPT-SAR 数据集对基于深度学习的多模态遥感影像融合算法研究是非常有价值的数据资源，也为相关领域的研究提供了更加充实和实用的数据基础。

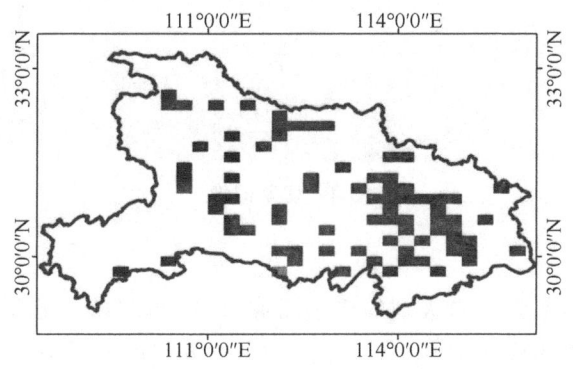

图 2　数据集覆盖地理位置

（2）数据预处理

为了充分利用 WHU-OPT-SAR 数据集进行遥感影像融合研究，需要对数据集进行预处理，包括图像切割、标签转化、标签切割、训练集和测试集划分等操作，以提高数据质量，排除干扰因素，并使数据更适合深度学习模型的训练和测试。通过数据预处理，可以在一定程度上减小样本间差异，消除亮度等基础特征的多余信息。最终得到的预处理图像，既简化了后续算法的复杂度，又可以提高算法的准确性和泛化能力。

1)图像切割

将原始光学图像和雷达图像切割为小的图像块,以便进行深度学习模型的训练和评估。通过遍历整个光学图像和雷达图像文件夹,将其划分为多个相同尺寸的子图像。原始图像如图3所示。

图3 原始图像

将原始图像切割出 256×256 的小图像可以更好地适应深度学习模型的处理需求。将原始图像进行切割的原因是因为深度学习模型通常需要大量的训练数据以获得更高的分类精度。然而,处理大型遥感图像非常耗时,会导致运算速度变慢,而且会占用大量的内存。通过对原始图像进行切割,可以将原始图像分成小的部分,使得每个部分可以独立进行处理,同时减少了计算负担。这种方法在遥感图像处理中被广泛应用,可以提高计算效率和分类精度。切割后的图像如图4所示。

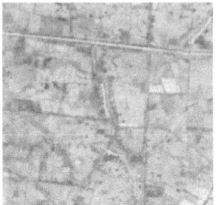

图4 切割图像

2)标签转化

将地面真实标签转换为像素级别的遥感图像,以便与图像一起用于深度学习模型的训练和评估。将旧标签中的像素值0、10、20、30、40、50、60和70分别映射到类别编号0、1、2、3、4、5、6和7。通过此操作,所有像素都被赋予了其所属类别的标签(如:农田、水体、城市、森林等),这样,标签数据就能够输入到深度学习模型来进行训练和分类。标签转换后的图像如图5所示。

3)标签切割

将已经转换成像素级别的遥感图像标签切割成小的图像块,与光学图像和雷达图像的尺度一致,以便于后续的深度学习模型训练和评估。需要对标签图像进行切割的原因,主要是为了保证训练过程中的计算效率以及提高分类精度。

图 5　标签图像

4）数据集划分

将切割好的图像划分为训练集、验证集和测试集，以便用于深度学习模型的训练和评估。具体来说，将一个包含原始数据和对应标签的文件夹按照 80∶10∶10 的比例划分为训练集、验证集和测试集。划分数据的目的，是为了避免训练数据与验证数据和测试数据之间的重叠，确保模型对新数据的泛化能力，划分后的数据将存储在三个不同的文件夹中。

2. 网络结构设计

多模态交叉注意力网络（Multimodal-Cross Attention Network，MCANet）是一种针对多通道图像特征提取问题的新型卷积神经网络模型，MCANet 网络结构提取每个通道的特征，并将它们融合在一起，从而得到更具有鲁棒性和区分度的特征表示。此外，MCANet 网络结构采用多层卷积神经网络对多通道遥感影像进行特征提取和融合，能够有效地提高遥感影像的分类和识别性能。MCANet 网络结构有效地实现了多通道遥感影像的特征提取和融合，为遥感影像处理和分析应用提供了一种高效、准确且具有较强鲁棒性的方案。

3. 损失函数选择

交叉熵损失函数是深度学习中常用的损失函数，一般用于解决分类问题。交叉熵损失函数的作用是帮助优化算法在多类分割问题中的分类能力。在深度学习中，输入的数据通常以向量的形式表示，输出层的神经元数量等于分类数目，每个神经元对应一个分类结果。交叉熵损失函数衡量输出的概率分布与真实标签的差距，并用于优化网络的参数，从而提高网络在分类问题上的正确率。

三、实验设计与结果分析

1. 实验设计

本文采用多模态交叉注意力网络（Multimodal-Cross Attention Network，MCANet）进行多模态遥感影像融合，为此选取了 WHU-OPT-SAR 数据集进行实验验证。具体实验设计如下：

① 该数据集包括光学影像和雷达影像两个模态，由于原始影像的分辨率为 5536×3704，单张影像数据量较大，所以将数据集中每张影像按照 256×256 大小进行裁切，切块间无重叠。

② 裁切后的数据集被划分为训练集、验证集和测试集,数量分别为:23520、2940、2940。数据集的划分比例是为了充分利用数据,同时保证模型训练和验证的效果。

③ 在模型训练方面,采用了批次大小为 16 的方式,共训练 40 轮。

④ 使用 Adam 优化器,将动量设置为 0.9,优化器的动量是在梯度下降过程中,上一次梯度更新的方向对本次梯度更新的方向的影响程度,动量越大,上一次梯度更新的方向对本次梯度更新的方向的影响就越大,这样可以加速梯度下降的过程,特别是在梯度方向变化比较大的情况下。在训练神经网络时,优化器的动量可以帮助模型更快地收敛到最优解。

⑤ 将初始学习率设置为 0.001,如果学习率设置得太小,模型将需要更多的迭代次数才能收敛;如果学习率设置得太大,模型可能会在训练过程中发生不稳定的情况。当模型错误率停止降低时,对学习率除以 10,以便更好地优化网络参数。

⑥ 使用交叉熵作为损失函数,以便更好地评估模型的训练效果。

⑦ 在实验评估方面,采用总体准确率(Overall Accuracy,OA)、Kappa 系数等指标对模型精度进行评估。这些指标可以全面评估模型在不同场景下的分类和识别性能。

综上所述,本文的实验设计强调了数据集的划分、模型训练和实验评估等方面,以便更好地探究 MCANet 网络结构在遥感影像处理中的应用,以为遥感影像处理和分析提供了一种高效、准确且具有较强鲁棒性的方案。

2. 算法实现

(1)命令行解析

本算法采用命令行的方式进行模型训练主要是为了更加灵活和高效地控制训练过程。

本文在命令行解析的实现中,通过 argparse 库创建 ArgumentParser 对象,向对象中添加需要接收的参数及其默认值,然后通过解析命令行参数来获取指定的参数值。这些参数主要包括训练数据集、验证集和测试集数据所在目录、模型保存目录、正则化程度、批次大小、训练轮数、学习率等。此外,还设置了图像的基础大小、裁剪大小、水平翻转比例和缩放范围等参数,这些参数可以根据算法实际训练需要进行修改,方便了模型训练过程的管理。

(2)指标记录

在算法实现过程中,需要监控模型性能和调试代码,了解指标的变化情况,同时对模型的结果也需要进行评估。PyTorch 提供的 SummaryWriter 工具是实现这些需求的关键工具之一,它可以记录训练过程中的指标和结果。

SummaryWriter(args.directory)的作用是创建一个 SummaryWriter 对象,用于记录训练过程中的指标和结果。该对象会将训练过程中的数据保存在指定目录下的 events 文件夹中,并生成结果,方便查看。

(3)模型训练

本文算法的模型训练采用 PyTorch 脚本,用于计算训练损失。其中,该脚本会对输入数据进行处理,计算损失并更新模型参数。为了查看训练过程中的进展情况,该脚本还在其代码中添加了 TensorBoard 记录。在训练时,该脚本还会计算训练集的总体准确率(OA)和 Kappa 系数。

主要训练过程如下:

① 定义 AverageMeter 对象,计算训练损失的平均值。

② 计算当前迭代次数。

③ 定义一个二维数组,用于存储混淆矩阵。

④ 训练模型的循环,它的作用是对输入的数据进行遍历处理,计算损失并更新模。首先将模型参数的梯度清零,这是为了避免梯度累加导致的错误。然后将输入数据传入模型中进行计算,得到模型,计算模型输出和标签之间的损失,将训练损失的值进行更新,并将其写入 TensorBoard 中。此后需要计算了损失函数的梯度,并使用 self.optimizer.step() 函数更新了模型参数。最后计算预测结果和标签之间的混淆矩阵,对模型进行评估。

(4) 数据预测

数据预测的主要作用是使用经过训练的深度神经网络模型,在输入一张待分析的图像后,自动将其分割成相应的目标类别,并输出分类信息。数据预测包括超参数的设置、模型的加载和测试数据集的迭代等过程。

3. 实验结果

本文实验旨在验证基于深度学习的多模态遥感影像融合算法的有效性。在实验设计中,使用了 WHU-OPT-SAR 数据集,该数据集包括光学影像和雷达影像两个模态。

实验结果表明,本文所提出的多模态遥感影像融合算法在遥感影像处理中具有较高的精度和鲁棒性。在采用总体准确率(Overall Accuracy,OA)和 Kappa 指标上,本文算法分别达到了 81.8% 和 0.735 的精度。此外,本文算法在各类别的精确率上也表现出较好的性能,验证了其在遥感影像分类和识别中具有较高的应用价值。影像融合效果如下图所示,其中左侧第一列为光学图像,第二列为雷达图像,第三列为标签图像,第四列为本算法预测的融合图像。具体效果如图 6 所示。

综上所述,实验结果表明,本文提出的基于深度学习的多模态遥感影像融合算法具有较高的精度和鲁棒性,在遥感影像分类和识别中具有广泛的应用前景。同时,本文的实验设计和分析也为遥感影像处理和分析应用提供了有益的参考。

四、总结和展望

本文提出了一种基于深度学习的多模态遥感影像融合算法,旨在提高遥感影像分类和融合的精度和鲁棒性。本文使用了 WHU-OPT-SAR 数据集进行实验,得到了较好的精度和鲁棒性。

针对实验结果,在采用总体准确率(Overall Accuracy,OA)和 Kappa 指标上,本文算法分别达到了 81.8% 和 0.735 的精度,且在各类别的精确率上也表现出较好的性能。这表明本文算法在处理多模态遥感影像时具有较高的精度和鲁棒性,能够有效提高遥感影像分类和融合的效果。本文算法的优势在于能够通过深度学习的方法,将多模态遥感影像进行融合,从而获得较好的分类和识别的效果。深度学习在处理大型数据集时具有优势,能够通过学习数据的特征,自动提取有用的信息。本文算法使用了多模态交叉注意力网络(Multimodal-Cross Attention Network,MCANet)进行特征提取和分类,能够有效地处理多模态遥感影像。

从实验结果来看,本文算法在处理纹理和形状等特征方面效果较好,遥感影像中的纹理和形状等特征对于分类和识别具有重要作用,本文算法能够通过深度学习的方法提取出这些特征,并利用这些特征进行分类和融合。此外,本文算法还能够处理遥感影像中的光谱和空间信息,综合利用多模态遥感影像,提高分类和融合的效果。

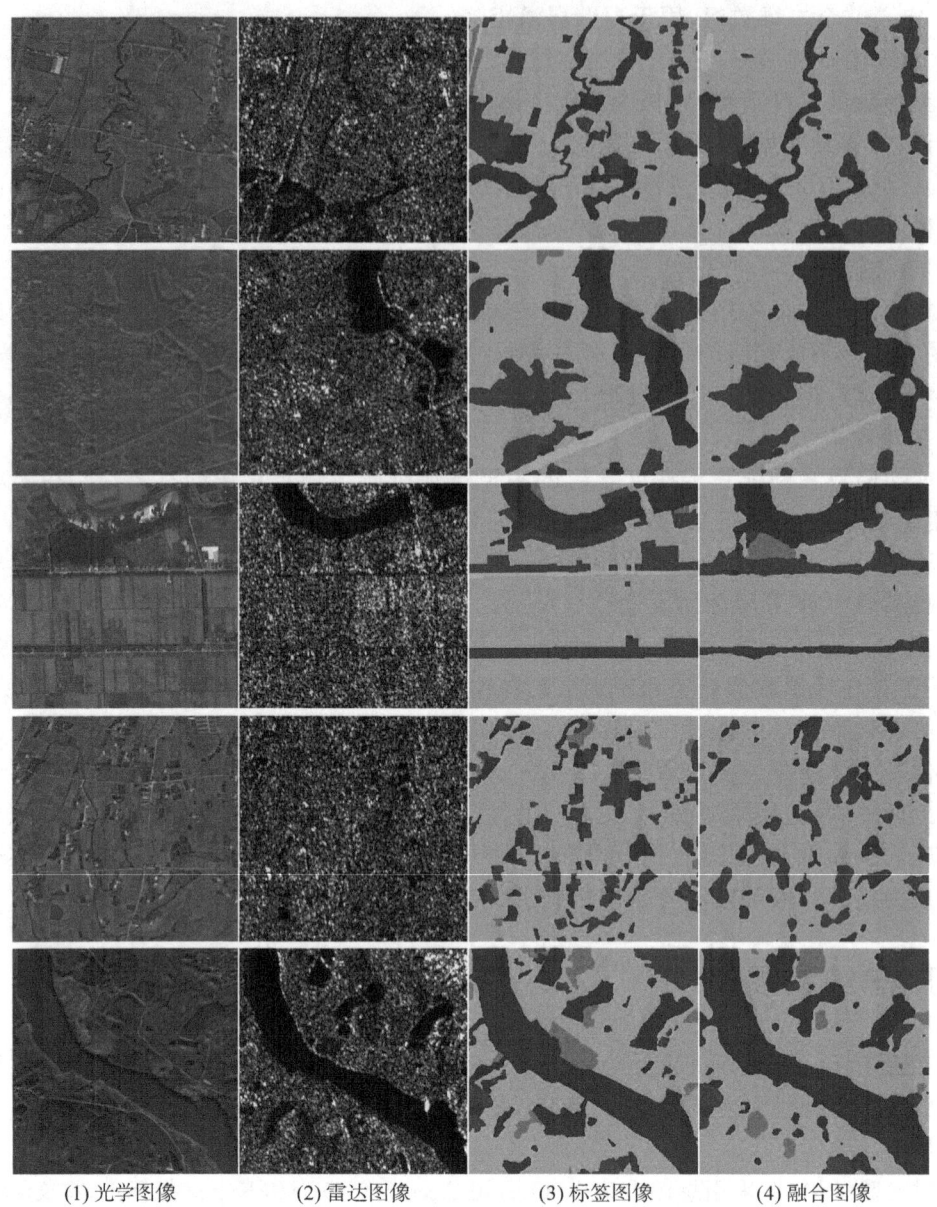

(1) 光学图像　　　　(2) 雷达图像　　　　(3) 标签图像　　　　(4) 融合图像

图 6　图像融合效果

但是,本文算法在处理一些细节特征方面还有待提高。遥感影像中存在一些复杂的细节特征,例如小尺度的目标和细小的纹理,这些特征对于分类和融合的准确性同样具有重要作用。本文算法在处理这些细节特征时,可能会出现一些误差,需要进一步优化,提高其对细节特征的处理能力。

综上所述,本文提出的基于深度学习的多模态遥感影像融合算法具有较好的精度和鲁棒性,在遥感影像分类和识别中具有广泛的应用前景。算法能够通过深度学习的方法提取出遥感影像中的有用特征,并利用这些特征进行分类和融合,但在处理一些细节特征方面还有待提高,需要进一步优化算法,提高其对细节特征的处理能力。

参考文献

[1] He W, Hong D, Scarpa G, et al. Multisource Remote Sensing Image Fusion[M]. 2021.

[2] 张永梅,滑瑞敏,马健喆,等.基于深度学习与超分辨率重建的遥感高时空融合方法[J].计算机工程与科学,2020,42(9):9.

[3] Zhu X X, Tuia D, Mou L, et al. Deep Learning in Remote Sensing: A Comprehensive Review and List of Resources[J]. IEEE Geoscience & Remote Sensing Magazine, 2018, 5(4):8-36.

[4] 何俊,张彩庆,李小珍,等.面向深度学习的多模态融合技术研究综述[J].计算机工程,2020,46(5):11.

[5] 眭海刚,刘畅,干哲,等.多模态遥感图像匹配方法综述[J].测绘学报,2022(9):051.

[6] 陈颖,张祺,李文举,等.参数合成空间变换网络的遥感图像一致性配准[J].中国图像图形学报,2021,26(12):17.

[7] 赖积保,康旭东,鲁续坤,等.新一代人工智能驱动的陆地观测卫星遥感应用技术综述[J].遥感学报,2022,26(8):17.

[8] Shao Z, Cai J. Remote Sensing Image Fusion With Deep Convolutional Neural Network[J]. IEEE Journal of Selected Topics in Applied Earth Observations and Remote Sensing, 2018:1656-1669.

[9] 陈广胜,陈守玉,景维鹏,等.基于遗传算法与全卷积网络的遥感影像像素级分类方法[J].小型微型计算机系统,2018,39(7):6.

[10] 南轲,齐华,叶沅鑫.深度卷积特征表达的多模态遥感影像模板匹配方法[J].测绘学报,2019,48(6):10.

作者简介

李嘉源,男,本科生,就读于北京信息科技大学信息与通信工程学院电信1901班。

空天地一体化网络容量与性能分析

董伯炎

(北京信息科技大学信息与通信工程学院,北京,100101)

摘 要:空天地一体化网络是指利用卫星、飞机、地面设备等多种载体和多种技术手段,实现信息的快速、准确、全面的获取、传输和应用,其具有广泛的应用前景,正在迎来新一轮发展热潮。国内外目前对于整体空天地一体化网络进行建模来分析相关网络容量以及其他性能指标的理论分析较少。基于此,本文进一步对空天地一体化网络进行建模分析,分析在网络传输过程中的干扰对于网络容量及网络性能的影响程度。基于该模型通过仿真分析数据得出,该网络的网络容量约为 46.9 kbit/s。在优化干扰因素后,该模型网络容量可以达到 140 Mbit/s,从而保障在强干扰情况下空天地一体化网络中传输的稳定性。首先,本文介绍了空天地一体化网络的研究背景以及研究现状,阐述本文主要的内容以及章节结构,其次介绍了本文所需要的相关背景知识阐述,接着设计了一种空天地一体化网络整体的应用模型,提出了相关的设计方案,然后对于该模型进行相关网络容量的分析,并且引入相关干扰,最后通过仿真验证其正确性,并分析该模型的网络容量。

关键词:空天地一体化网络;网络容量;无人机平台;低轨卫星网络。

Capacity and Performance Analysis of SAGIN

Boyan Dong

Abstract:Space-Air-Ground Integrated Network (SAGIN) refers to the use of satellites, aircrafts, ground equipment and other carriers and a variety of technical means to achieve rapid, accurate and comprehensive acquisition, transmission, and application of information. SAGIN has a wide range of application prospects and has the extremely broad prospect for development. Most domestic and foreign studies have modeled and analyzed the network capacity or performance of Space-Ground Network, Air-Ground Networks and LEO system, but there are fewer theoretical analyses on modeling of the overall SAGIN to analyze the relevant network capacity and other performance indicators. Based on the above questions, this paper further models and analyzes SAGIN. Analyze the degree of impact of interference during network transmission on the network capacity and the network performance. Based on SAGIN model proposed in this paper, the network capacity is about 46.9 Kbps. After optimizing the interference factors, the network capacity of this model can reach 140 Mbps, thus guaranteeing the stability of transmission in SAGIN under strong interference. Firstly, this paper introduces the research background of SAGIN and the current research status and explains the main content of this paper and the chapter structure. Secondly, introduces the relevant background knowledge required for this paper. Then, an overall application model of SAGIN is designed and propose related design schemes. Afterwards, analyze the relevant network capacity of the model and introduce the relevant interference. Finally, the correctness of the model is verified by simulation and the network capacity of the model is analyzed.

Key words:SAGIN; Network Capacity; UAV platform; LEO.

一、概述

1. 研究背景和意义

空天地一体化网络是指将天基、空基、地基这三层通信网络融合为一个统一的网络体系,从而实现全球无缝覆盖、高速传输、自由互联,为用户提供更加良好体验的通信服务。该网络是未来6G网络架构研究的核心方向之一,也是国家战略需求和国际竞争的重要领域[1]。空天地一体化网络将使用天基、空基和地基网络进行互联互通,以满足全球无缝通信、高速、可靠、灵活的网络目标。

2. 国内外研究现状

空天地一体化网络的容量的研究有以下几个方向:网络架构设计、网络容量分析、网络接入技术、网络路由技术、网络切片技术等方向进行研究。目前国内外使用智能反射面、调整调制方式、利用机器学习优化网络资源以提升网络容量[4-9],[16-20]。天基网络中,从网络切片技术、网络接入技术等多个角度进行网络架构设计,达到提升网络稳定性以及网络容量的目标[10-12],[21-23]。空基网络中通过优化无人飞行设备的分布,提升链路传输性能,使用效率更高的编码方式,提升网络性能[13-15],[24-29]。但是,国内外对空天地一体化网络容量的分析较少,这也是本文研究该课题的主要动机。

3. 复杂工程问题

本文关于空天地一体化网络的设计以及模型设计过程中展示了如何解决复杂工程问题。该模型的设计过程中运用了多学科,其中主要运用到了通信工程、数学与应用数学、计算机科学与技术、航空航天工程等学科,全方位的思考、分析、解决问题。设计了网络模型以及相关信道参数,使用MATLAB和STK 11软件进行仿真验证与方案的对比分析。在进行建模之前需要查阅大量的资料,深入了解相关原理,对网络的合理性、实施难度等多个方面进行了分析。

二、空天地一体化网络介绍

空天一体化网络由天基网络、空基网络、地基网络三层网络构成,如图1所示。其中天基网络由多种轨道高度和不同性能的卫星构成;空基网络由高空平台、无人机平台组成,其中高空平台飞艇、气球等飞行器构成,无人机平台由固定翼无人机以及旋翼无人机构成;地基网络则是由卫星地面站、移动通信用户、物联网设备以及其他传统地面通信网络构成[11]。三层网络互联互通,实现全球网络覆盖,网络按需动态调整网络资源,通过空地链路、空天链路、星间链路以及星地链路,来为三层网络进行数据传输,以建设高速、稳定、灵活可全域通信覆盖的通信网络。

空天地一体化网络的用户包括了地面移动网络用户、海事业务用户、物联网用户等。可以为处于偏远地区,或者需要临时紧急通信支持的地区提供通信以及网络服务。尤其对于偏远地区用户,空天地一体化网络可为各类终端设备提供网络接入、数据回传、通信等服务。

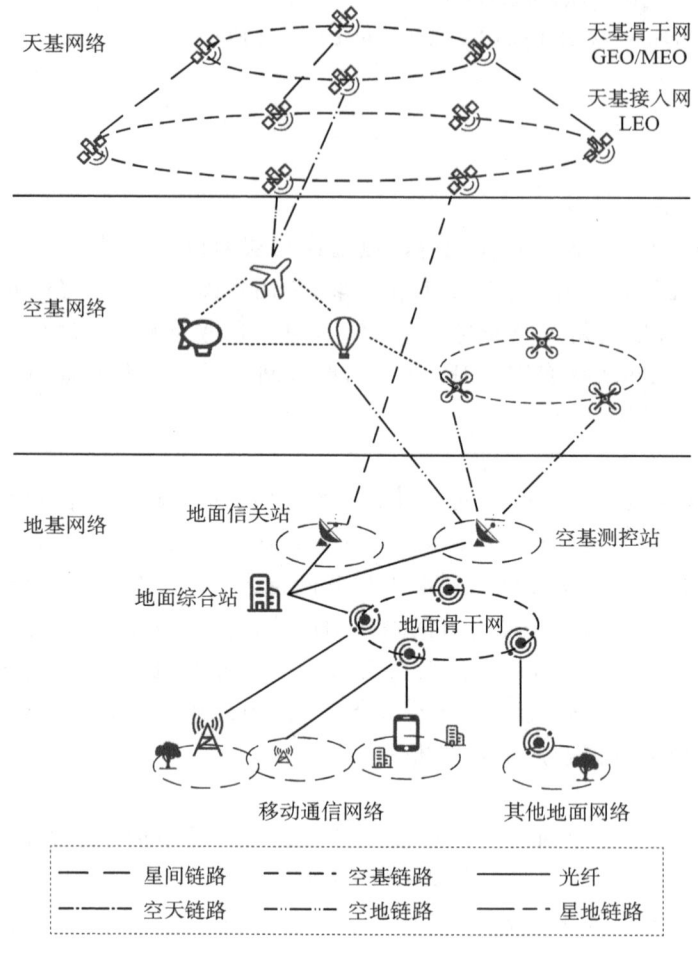

图 1　空天地一体化网络架构模型

三、空天地体化容量分析

1. 网络容量

网络容量的定义方法众多,信道容量作为系统容量时一般只在点对点链路通信中;吞吐量容量一般是指网络中源节点单位时间内能够向目的节点传输的数据量;传输容量是指满足给定的中断条件下网络的最大成功传输密度;传送容量则包含一个距离的概念,可以衡量数据传送的空间距离。本文所涉及的模型为点对点链路,所以多使用信道容量进行容量的计算。

设信道的输入为 X,输出为 Y,信道转移概率为 $P(X\mid Y)$。

信道输入输出的互信息是

$$I(X;Y)=H(X)-H(X\mid Y)=H(Y)-H(Y\mid X) \tag{1}$$

给定联合分布 $P(X,Y)$ 将给定互信息 $I(X;Y)$。由于 $P(X,Y)=P(Y\mid X)P(X)$,故

给定信道转移概率 $P(Y|X)$ 时,互信息还与 X 的分布有关。不同的 $P(X)$ 会有不同的互信息,其中最大者成为信道容量:

$$C = \max_{P(X)} I(X,Y) = B\log_2(1+\text{SNR}) \qquad (2)$$

信道容量的单位是 bit/symbol。

互信息 $I(X;Y)$ 表示通过观察 Y,可以获得多少关于 X 的信息。信道容量表示借助 $X \to Y$ 的传输信道可以传输多少信息。根据香农信道编码原理,对于任意给定的信道,设其容量为 C,则一定存在一种信道编码,当其传输速率低于 C 时,收端译码后的差错率可以做到无穷小;反之,若传输速率大于 C,任何编码都不可能做到差错很小。

2. 系统建模及网络容量分析

本文网络模型如图 2 所示,卫星网络仅使用低轨卫星网络,假定 LEO 卫星系统使用 Ka 频段,上行链路为 20 GHz,下行链路为 30 GHz。空基网络与天基网络平台间传输是视距传输,进行通信时假定无雨衰的影响,干扰主要与两者之间的距离有关。在偏远地区很少有障碍物,所以从传感器侧到天基平台的传输是视距传输。卫星-地面站在该模型中仅考虑自由空间损耗和雨衰的影响。其中假定地面站为北京地区,上行链路约 40 dB,下行链路约为 22 dB,地面站的发射功率约为 700 W。

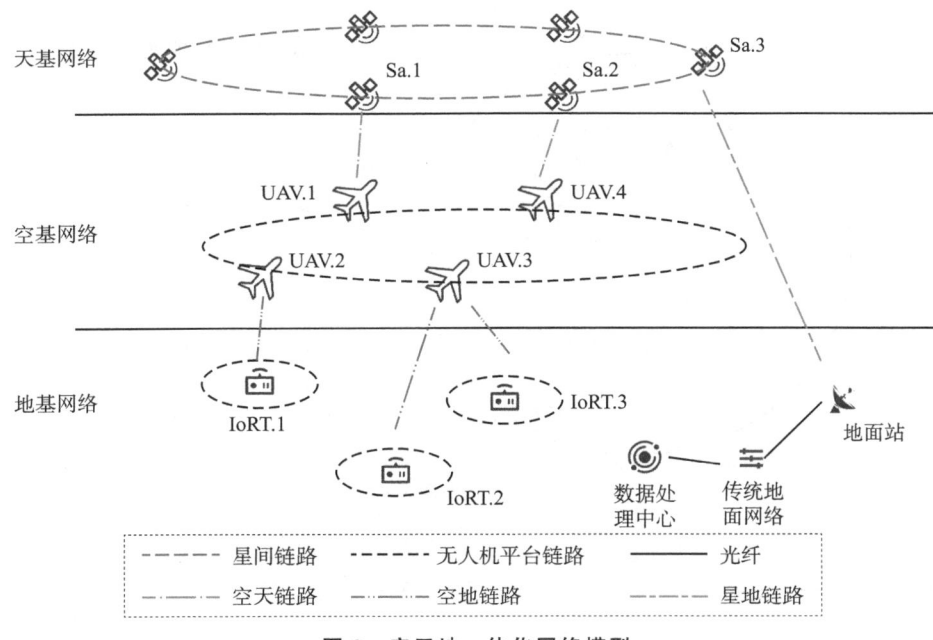

图 2 空天地一体化网络模型

(1) 空地链路

空中无人机平台接收功率

$$P_r^{G2A} = \frac{P_t^{G2A} G_t^{G2A} G_r^{G2A} c^2}{(4\pi f^{G2A} d^{G2A})^2} \qquad (3)$$

式中,c 为光速,f 为工作频率。

信道所产生的噪声功率为

$$P_n^{G2A} = kT^{G2A}B^{G2A} \qquad (4)$$

式中,k 为玻尔兹曼常数,$k = 1.38 \times 10^{23} J/K$,$T^{G2A}(K)$ 为系统噪声。

空地链路容量为

$$C_1 = B^{G2A} \times \log_2\left(1 + \frac{P_r^{G2A}}{P_n^{G2A}}\right) = B \times \log_2\left(1 + \frac{P_t^{G2A} G_t^{G2A} G_r^{G2A} \lambda^2}{(4\pi d^{G2A})^2 k T^{G2A} B^{G2A}}\right) \tag{5}$$

(2) 空天链路

如图 3 所示,以地心为坐标原点建立笛卡儿坐标系,其中卫星星座仰角为 θ,Re 为地球半径,hu 为无人机飞行高度,hs 为低轨卫星轨高度,利用几何关系来计算无人机和卫星之间距离[32]。

$$d = -(\text{Re} + \text{hu})\sin\theta + \sqrt{(\text{Re} + \text{hs})^2 - (\text{Re} + \text{hu})^2 \cos^2\theta} \tag{6}$$

低轨卫星接收功率为

$$P_r^{A2L} = \frac{P_t^{A2L} G_t^{A2L} G_r^{A2L} c^2}{(4\pi f^{A2L} d^{A2L})^2} \tag{7}$$

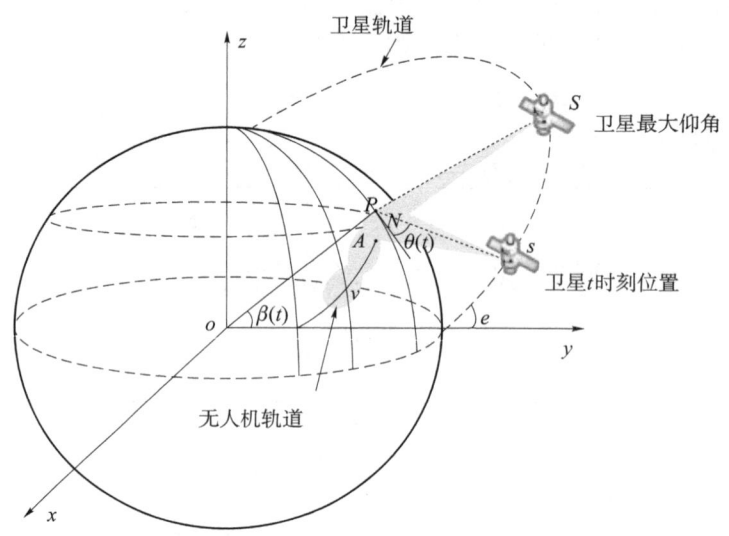

(a) 三维视图

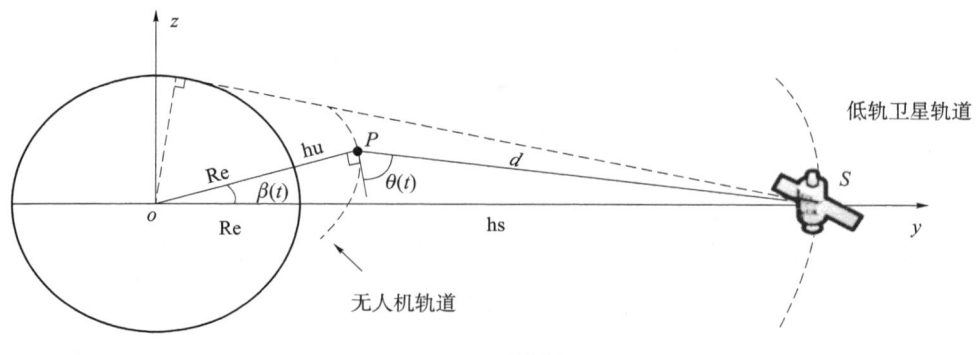

(b) 二维视图

图 3 无人机与卫星距离坐标关系

空天链路容量：

$$C_2 = B \times \log_2\left(1 + \frac{P_r^{A2L}}{P_n^{A2L}}\right) = B \times \log_2\left(1 + \frac{P_t^{A2L} G_t^{A2L} G_r^{A2L} c^2}{(4\pi f^{A2L} d^{A2L})^2 kT^{A2L} B^{A2L}}\right) \tag{8}$$

(3) 星间链路

对于具有 N 个轨道,每条轨道上有 M 颗卫星的低轨卫星网络,假设网络中每一条链路的最大带宽为 B^L,则网络容量可用公式(9)计算[21]。

$$C_3 = \begin{cases} \dfrac{8(NM-1)B^L}{M}, & N \leqslant M, M \text{ 为偶数} \\ \dfrac{8(NM-1)B^L}{M^2-1}, & N \leqslant M, M \text{ 为奇数} \\ \dfrac{8(NM-1)B^L}{N}, & N > M, N \text{ 为偶数} \\ \dfrac{8(NM-1)B^L}{N^2-1}, & N > M, N \text{ 为奇数} \end{cases} \tag{9}$$

(4) 星地链路

卫星地面站接收功率为

$$P_r^{L2G} = \frac{P_t^{L2G} G_t^{L2G} G_r^{L2G} c^{2 L2G}}{(4\pi f^{L2G} d^{L2G})^2} \tag{10}$$

星地链路容量为

$$C_4 = B \times \log_2(1+\text{SNR}) = B \times \log_2\left(1 + \frac{P_t^{L2G} G_t^{L2G} G_r^{L2G} c^2 L_r}{(4\pi f^{L2G} d^{L2G})^2 kT^{L2G} B^{L2G}}\right) \tag{11}$$

式中,SNR 为地面站接收信噪比,L_r 为雨衰[36]。

(5) 空天地一体化网络容量

如公式(12)所示,该网络模型的网络容量定义为上述四条链路中链路容量最小的一条链路,该链路的容量则为该网络模型的网络容量。

$$C_{\text{net}} = \min\{C_1, C_2, C_3, C_4\} \tag{12}$$

3. 仿真分析

(1) 仿真参数

空地链路仿真参数如表 1 所示。空地链路中,无人机飞行距离相对较高,所以假设该距离为垂直距离。其中,IoT 设备的发射功率为 0.5 W,分别使用 2.4 GHz、NB-IoT 以及 LoRa 三种传输协议,带宽选择 1 kHz~10 MHz。

表 1 空地链路仿真参数

参数	数值	参数	数值
无人机飞行高度	5 000 m	T^{A2L}	1 000 K
2.4 GHz 物联网频点	2.4 GHz	B^{A2L}	[1 MHz,10 MHz]
NB-IoT 频点	900 MHz	P_t^{A2L}	10 W
LoRa 频点	430 MHz	玻尔兹曼常数 k	1.38×10^{23} J/K
$G_t^{G2A} G_r^{G2A}$	15 dB	光速 c	3×10^8 m/s

空天链路仿真参数如表2所示。模型中，无人机飞行在沙漠无人地区，所以雨衰的影响可以不做考虑，链路带宽使用 1 MHz～300 MHz。

表 2　空天链路仿真参数

参数	数值	参数	数值
无人机飞行高度 hu	5 km	f^{A2L}	20 GHz
低轨卫星高度 hs	550 km	B^{A2L}	[1 MHz, 300 MHz]
卫星仰角 θ	53°	P_t^{A2L}	10 W
地球半径 Re	6 378 km	$G_t^{A2L} G_r^{A2L}$	15 dB
T^{A2L}	1 000 K		

本模型设计使用两种卫星星座，其卫星星座设计参数如表3所示，星间链路仿真参数如表4所示。

表 3　卫星星座设计参数

参数	数值	参数	数值
低轨卫星高度	550 km	卫星星座 A 轨道数	10
卫星仰角 θ	53°	卫星星座 B 轨道数	24
运行周期	5 731 s	卫星星座 A 单轨卫星数目	18
相移	1°	卫星星座 B 单轨卫星数目	66

表 4　星间链路仿真参数

参数	数值	参数	数值
低轨卫星高度	550 km	B^L	[300 MHz, 1 GHz]
f^L	22.55 GHz		

星地链路仿真参数如表5所示。星地链路中将信息传输至北京的地面站，使用 Ka 频段的下行链路，这个频段对于容量最大的影响为雨雪衰落，北京地区的雨衰情况、降雨量以及卫星发射功率关系如表6所示，可以看到在降雨量大的情况下影响十分的巨大，所以卫星使用动态功率补偿，提升卫星发射功率来保证其链路容量，带宽使用 1 MHz～1 GHz。

表 5　星地链路仿真参数

参数	数值	参数	数值
低轨卫星高 hs	550 km	P_t^{A2L}	[30 W, 70 W]
T^{L2G}	1 000 K	$G_t^{A2L} G_r^{A2L}$	40 dB
f^{L2G}	30 GHz	雨衰 L_r	[3.4 dB, 32 dB]
B^{L2G}	[1 MHz, 1 GHz]		

（2）空地链路仿真

空地链路容量仿真情况如图4所示，图中横坐标为链路带宽，纵坐标为空地链路容量。在其他参数统一的情况下，同带宽下使用的物联网传输频点越高其链路容量越小，所以在链路容量的情况下使用 LoRa 协议是最有优势的。当带宽为 1 kHz 时,三种协议在容量上的差距并不大,为 22 kbit/s～27 kbit/s;当带宽变大至 10 MHz 时,三种协议带宽差距明显加大,其中 LoRa 协议效果最好可达到 137.8 Mbit/s,而 2.4 GHz 传输效果较差,约有 88.3 Mbit/s,NB-IoT 协议介于两者之间约为 116.6 Mbit/s。

表 6 北京地区 Ka 下行链路降雨量、雨衰与卫星发射功率对应关系

降雨量/(mm/h)	雨衰/dB	卫星发射功率/W	降雨量/(mm/h)	雨衰/dB	卫星发射功率/W
0	0	30	10	12.4	40
1	3.4	30	15	18.8	40
2	4.8	30	20	23.2	50
4	6.2	30	25	27.6	50
7	10.4	40	30	32	70

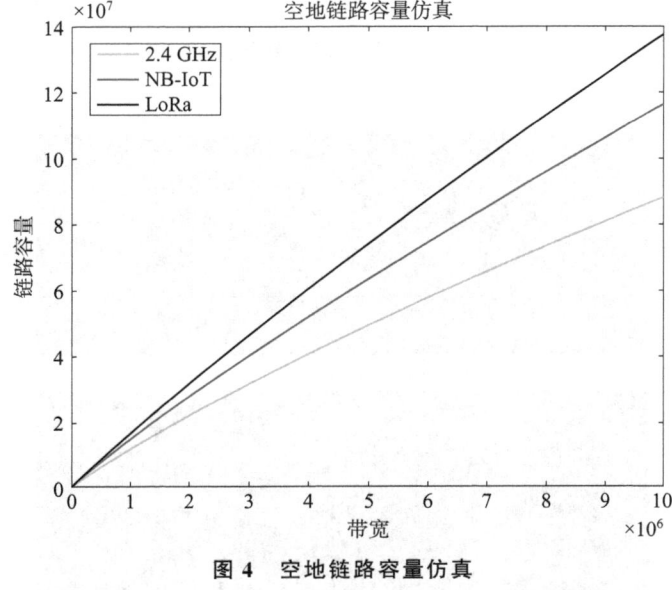

图 4 空地链路容量仿真

(3) 空天链路仿真

空天链路容量仿真情况如图 5 所示,图中横坐标代表链路带宽,纵坐标为空天链路容量。观察仿真结果,在链路带宽为 15 MHz 附近时该链路容量出现明显拐点,但是在这之后随着带宽的增大链路容量并没有明显的变化,稳定在 46.9 kbit/s 附近。当带宽达到一定量级之后,带宽对于链路容量的影响并不是很大。

(4) 星间链路仿真

本模型使用到的两种卫星星座对全球的覆盖情况使用 STK 11 软件进行仿真,于"1 Apr 2023 00:00:00.000"对全球覆盖的情况如图 6 所示。卫星星座 A 已经可以对全球绝大部分地区以及主要城市之间实现覆盖,对于海洋地区的存在部分覆盖不完全的情况以及对极地无法实现覆盖,但已经基本可以进行使用。卫星星座 B 是目前正在运行的 StarLink 卫星星座的覆盖情况,可以看出除极地地区外实现了更为完整的覆盖。

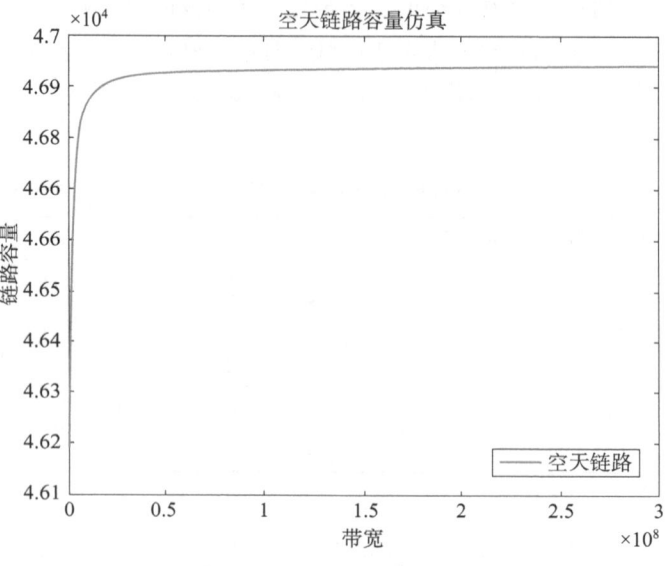

图 5　空天链路容量仿真

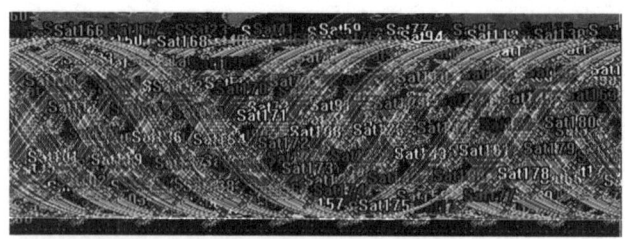

(a) 卫星星座A覆盖情况2D视图

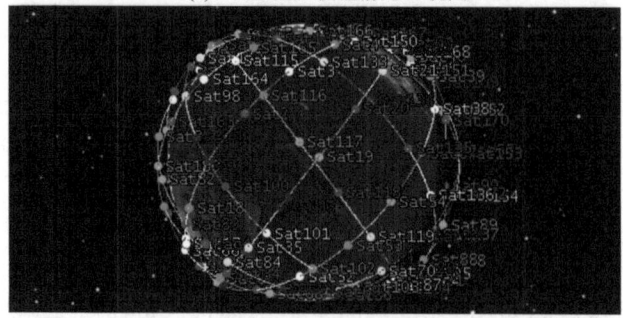

(b) 卫星星座A覆盖情况3D视图

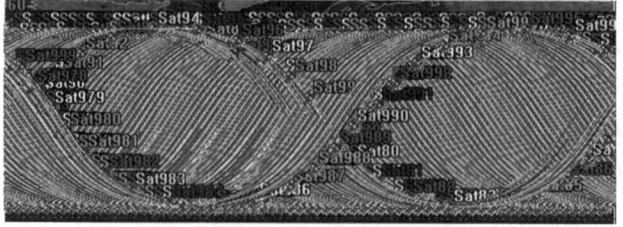

(c) 卫星星座B覆盖情况2D视图

图 6　卫星星座覆盖情况仿真

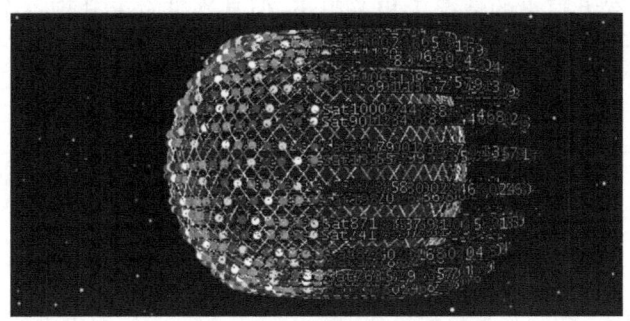

(d) 卫星星座B覆盖情况3D视图

图 6　卫星星座覆盖情况仿真(续)

星间链路容量仿真情况如图 7 所示,图中横坐标代表链路带宽,纵坐标为星间链路容量。通过两个卫星星座的比较,可以看出星间链路容量与卫星数目强相关,卫星星座越庞大在轨道参数一致的情况下,链路容量越大。在 300 MHz 带宽的情况下,星座 A 和星座 B 也已经达到了 23.9 Gbit/s 和 57.6 Gbit/s;在 1 GHz 的带宽下,星座 B 已经达到了 191.9 Gbit/s,而星座未完全建成时的星座 A 也可以做到 79.6 Gbit/s。

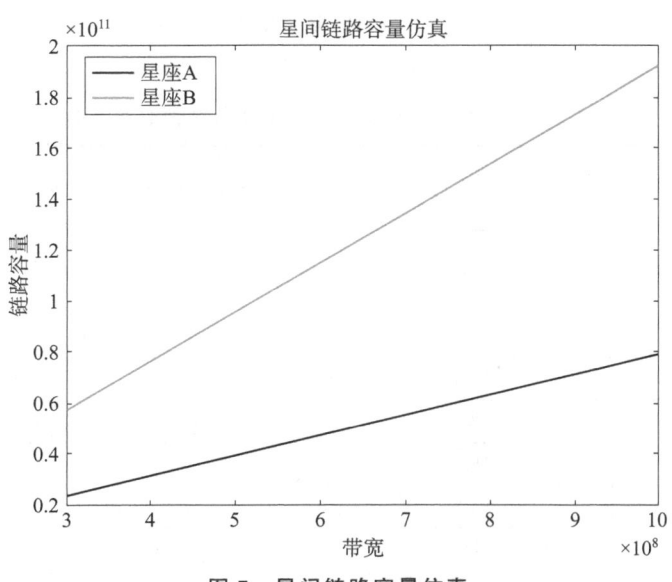

图 7　星间链路容量仿真

(5) 星地链路仿真

星地链路容量仿真情况如图 8 所示,图中横坐标代表链路带宽,纵坐标为星间链路容量,图示中按照雨衰大小来表示链路容量。链路容量最大的曲线为晴天情况 0 雨衰的链路容量,依次向下雨衰越来越大。在低带宽情况下会出现拐点,后续随着带宽的增加链路容量并没有明显的改变。

如表 7 所示,当带宽为 1 GHz 时,该模型中链路容量的数据,在晴天(0 dB)时可以有相对较好的网络容量,但在雨衰的影响下虽然进行了部分发射功率补偿,在高雨衰(32 dB)情况下,链路带宽仅为 0.2 Mbit/s。在带宽较小的时候,雨衰并不是影响网络容量的主要因素,此时网络容量在有无雨衰的情况下相差很小,但是当带宽上升到一定程度后会出现明显的拐点,此时雨衰将成为影响链路容量的主要因素。

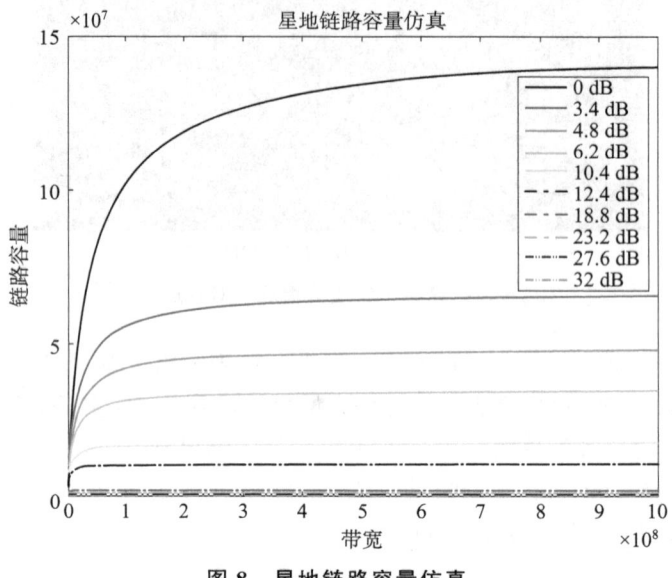

图 8　星地链路容量仿真

表 7　1 GHz 带宽下星地链路容量及各参数对应关系

降雨量/(mm/h)	雨衰/dB	卫星发射功率/W	链路容量/Mbit/s
0	0	30	140.6
1	3.4	30	65.9
2	4.8	30	48.1
4	6.2	30	35.0
7	10.4	40	17.9
10	12.4	40	11.3
15	18.8	40	2.6
20	23.2	50	1.2
25	27.6	50	0.4
30	32	70	0.2

(6) 模型网络容量

在使用上述模型进行链路容量仿真后,在带宽均使用网段设定最大值且不考虑雨衰的影响,该网络的网络容量约为 46.9 kbit/s。对整体网络模型影响最大的为空天链路,该链路网络容量的数量级最小,只能满足 kbit/s 级数据的传输。其次是空地链路强雨衰的情况下,链路容量仅为 0.2 Mbit/s。上述两条链路无法承载空地链路的数据传输。

4. 网络优化策略

(1) 空天链路优化

对网络参数进行优化调整,调整后的仿真结果如图 9 所示,图中横坐标代表链路带宽,纵坐标为空天链路容量。通过设定相应的发射功率,按照链路容量需求,计算在链路传输中所需的天线增益参数,按照表8对于模型进行优化后可以满足传输空地链路数据的需求,调整后网络容量在300 MHz带宽下稳定在了140 Mbit/s。在固定了频段的情况下,为了满足网络容量需求就需要对天线的性能提出更高的要求,天线的性能越好,发送机的发送功率就能控制的越低,无人机的飞行时间就能越长,网络稳定度就能越高。

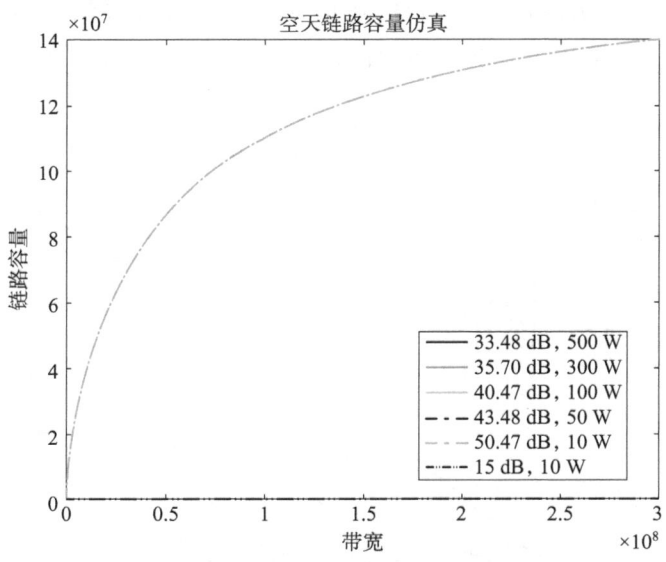

图9 空天链路优化后容量仿真

表8 300 MHz带宽下空天链路容量参数

无人机发射功率/W	天线增益/dB	链路容量/Mbit/s	是否满足需求
10	15.00	0.05	否
10	50.47	140.0	是
50	43.48	140.0	是
100	40.47	140.0	是
300	35.70	140.0	是
500	33.48	140.0	是

(2)星地链路优化

关于星地链路重点在于如何设置相关的网络在有雨衰的情况下保证链路容量的情况下保证链路的网络容量稳定性,并且引入网络动态调整技术,保证链路容量不会突然的变化,导致网络在实际传输信息时出现由于速率突然变化导致的网络不稳定。考虑到天气具有不确定性,所以在设计链路容量目标参数时就要设置一定的冗余,空地链路中的网络容量峰值为137.87 Mbit/s,所以在星地链路容量中避免天气突然发生的变化导致发射功率无法及时进行调整,所以将链路容量目标指定为150 Mbit/s。

图9所示为星地链路容量,图中横坐标代表链路带宽,纵坐标为星地链路容量。

图10(a)在未调整卫星发射信号功率,在晴天(0 dB)情况下此时的链路容量已经达到7.448 Gbit/s,此时链路容量已经产生了浪费。通过控制天线增益,并按照网络所需的网络容量,对发射功率进行反向计算,结果如图10(b)所示,对于模型按照此参数进行优化后可以满足星地链路对容量的需求,此时网络在1 GHz带宽下稳定在了150 Mbit/s。在32 dB强雨衰时,通过调整卫星发射功率,保证数据传输的稳定性。但是这种动态调整的方法比较依赖于对于当前降雨量的测量,所以需要保证天气数据传输的实时性,这样在无雨衰或者弱雨衰时,节省卫星的能源,保证卫星的在轨寿命;在强雨衰时,提高卫星发射功率,保证网络的可用性。

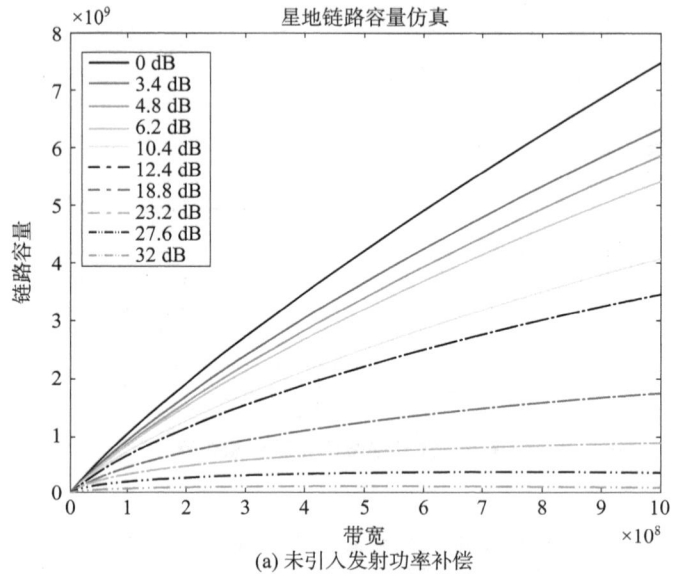

(a) 未引入发射功率补偿

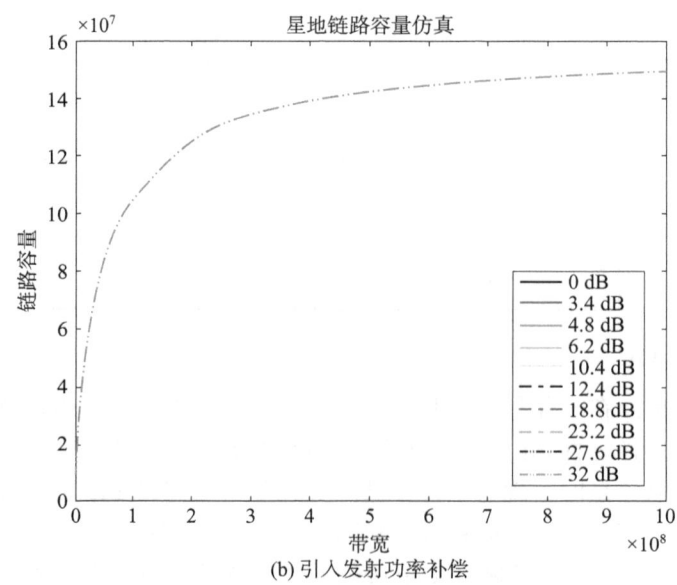

(b) 引入发射功率补偿

图10 星地链路优化后容量仿真

表 9　星地链路雨衰及优化后 1 GHz 带宽下链路相关参数

雨雪衰落/dB	卫星发射功率/W	天线增益/dB	链路容量/Mbit/s
0	0.3 155	60.08	150.0
3.4	0.6 902	60.08	150.0
4.8	0.9 527	60.08	150.0
6.2	1.3 151	60.08	150.0
10.4	3.4 592	60.08	150.0
12.4	5.4 824	60.08	150.0
18.8	23.9 315	60.08	150.0
23.2	65.9 128	60.08	150.0
27.6	181.5 390	60.08	150.0
32	500.000 0	60.08	150.0

四、结论

本文重点讨论了空天地一体化网络模型,基于香农公式计算网络容量,并考虑到自由空间损耗和雨衰对容量的影响。利用计算机进行仿真分析,现有网络容量在使用该模型进行计算后约为 46.9 kbit/s,网络容量较小。在经过了网络容量的优化之后已经可以在 137.8 Mbit/s,此时已经足以满足该模型的传输需求。本文通过计算网络容量来评估网络性能,为建设空天地一体化网络在前期规划网络需求提供了思路。

参考文献

[1] CHENG N, HE J, YIN Z, et al. 6G service-oriented space-air-ground integrated network: A survey[J]. Chinese Journal of Aeronautics, 2022, 35(9):1-18.

[2] Huang Q, Lin M, Zhu W P, et al. Performance Analysis of Integrated Satellite-Terrestrial Multiantenna Relay Networks With Multiuser Scheduling[J]. IEEE Transactions on Aerospace and Electronic Systems, 2020, 56(4):2718-2731.

[3] Xiao Y, Zhang T, Shi D, et al. A LEO Satellite Network Capacity Model for Topology and Routing Algorithm Analysis[J]. 2018 14th International Wireless Communications & Mobile Computing Conference (IWMCC)[C], Limassol: Cyprus, 2018, 1431-1436.

[4] Ye J, Dang S, Shihada B, et al. Space-air-ground integrated networks: Outage performance analysis[J]. IEEE Transactions on Wireless Communications, 2020, 19(12):7897-7912.

[5] Xu C, Xiang L, An J, et al. OTFS-Aided RIS-Assisted SAGIN Systems Outperform Their OFDM Counterparts in Doubly Selective High-Doppler Scenarios[J]. IEEE Internet of Things Journal, 2022, 10(1):682-703.

[6] Tang F, Hofner H, Kato N, et al. A deep reinforcement learning-based dynamic traffic offloading in space-air-ground integrated networks (SAGIN)[J]. IEEE Journal on Selected Areas in Communications, 2021, 40(1):276-289.

[7] Li J, Shi W, Wu H, et al. Cost-aware dynamicsfc mapping and scheduling in sdn/nfv-enabled space-air-ground-integrated networks for internet of vehicles[J]. IEEE Internet of Things Journal, 2021, 9(8):5824-5838.

[8] Mao B, Tang F, Kawamoto Y, et al. Optimizing computation offloading in satellite-UAV-served 6G IoT: A deep learning approach[J]. IEEE Network, 2021, 35(4): 102-108.

[9] Zhou C, Wu W, He H, et al. Deep reinforcement learning for delay-oriented IoT task scheduling in SAGIN[J]. IEEE Transactions on Wireless Communications, 2020, 20(2): 911-925.

[10] Xu S, Wang X W, Huang M. Software-defined next-generation satellite networks: Architecture, challenges, and solutions[J]. IEEE Access, 2018, 6: 4027-4041.

[11] Giambene G, Kota S, Pillai P. Satellite-5G integration: A network perspective[J]. IEEE Network, 2018, 32(5): 25-31.

[12] Zhang P, Wang C, Kumar N, et al. Space-air-ground integrated multi-domain network resource orchestration based on virtual network architecture: A DRL method[J]. IEEE Transactions on Intelligent Transportation Systems, 2021, 23(3): 2798-2808.

[13] Ma Z, Ai B, He R, et al. A non-stationary geometry-based MIMO channel model for millimeter-wave UAV networks[J]. IEEE Journal on Selected Areas in Communications, 2021, 39(10): 2960-2974.

[14] Yu J, Liu X, Gao Y, et al. 3D channel tracking for UAV-satellite communications in space-air-ground integrated networks[J]. IEEE journal on selected areas in communications, 2020, 38(12): 2810-2823.

[15] Li M, Cheng N, Gao J, et al. Energy-efficient UAV-assisted mobile edge computing: Resource allocation and trajectory optimization[J]. IEEE Transactions on Vehicular Technology, 2020, 69(3): 3424-3438.

[16] Qu H, Xu X, Zhao J, et al. An SDN-based space-air-ground integrated network architecture and controller deployment strategy[C]//2020 IEEE 3rd International Conference on Computer and Communication Engineering Technology (CCET). IEEE, 2020: 138-142.

[17] Wang G, Zhou S, Zhang S, et al. SFC-based service provisioning for reconfigurable space-air-ground integrated networks[J]. IEEE Journal on Selected Areas in Communications, 2020, 38(7): 1478-1489.

[18] Cao B, Zhang J, Liu X, et al. Edge-cloud resource scheduling in space-air-ground-integrated networks for internet of vehicles[J]. IEEE Internet of Things Journal, 2021, 9(8): 5765-5772.

[19] Pang Y, Wang D, Wang D, et al. A space-air-ground integrated network assisted maritime communication network based on mobile edge computing[C]//2020 IEEE World Congress on Services (SERVICES). IEEE, 2020: 269-274.

[20] Wang Y, Su Z, Ni J, et al. Blockchain-empowered space-air-ground integrated networks: Opportunities, challenges, and solutions[J]. IEEE Communications Surveys & Tutorials, 2021, 24(1): 160-209.

[21] 毕媛媛. 低轨卫星网络的容量分析[D]. 西安: 西安电子科技大学, 2021.

[22] 王键. 面向软件定义的天地一体化网络性能分析与仿真实现[D]. 四川: 电子科技大学, 2021.

[23] 李鑫. 空天地一体化通信网络的性能分析与优化技术[D]. 北京: 北京邮电大学, 2021.

[24] Gao N, Jin S, Li X. 3D deployment of UAV swarm for massive MIMO communications[C]//Proceedings of the ACM MobiArch 2020 The 15th Workshop on Mobility in the Evolving Internet Architecture. 2020: 24-29.

[25] Zhang L, Ma X, Zhuang Z, et al. Q-Learning Aided Intelligent Routing With Maximum Utility in Cognitive UAV Swarm for Emergency Communications[J]. IEEE Transactions on Vehicular Technology, 2022.

[26] Wang D, He Y, Yu K, et al. Delay-sensitive secure NOMA transmission for hierarchical HAP-LAP medical-care IoT networks[J]. IEEE Transactions on Industrial Informatics, 2021, 18(8): 5561-5572.

[27] Jia Z, Sheng M, Li J, et al. Joint HAP access and LEO satellite backhaul in6G: Matching game-based approaches[J]. IEEE Journal on Selected Areas in Communications, 2020, 39(4): 1147-1159.

[28] Yang L, Meng F, Zhang J, et al. On the performance of RIS-assisted dual-hop UAV communication systems[J]. IEEE Transactions on Vehicular Technology, 2020, 69(9): 10385-10390.

[29] Ma Z, Ai B, He R, et al. A non-stationary geometry-based MIMO channel model for millimeter-wave UAV networks[J]. IEEE Journal on Selected Areas in Communications, 2021, 39(10): 2960-2974.

[30] 张乃通,赵康健,刘功亮.对建设我国"天地一体化信息网络"的思考[J].中国电子科学研究院学报,2015,10(3):223-230.

[31] Sheng M, Zhou D, Liu R, et al. Resource mobility in space information networks: Opportunities, challenges, and approaches[J]. IEEE Network, 2018, 33(1): 128-135.

[32] 贾志成.无人机低空平台通信系统优化部署研究[D].成都:西南交通大学,2021.

[33] 康健,王宇飞.中国Ka波段卫星通信线路的雨衰分布特性[J].通信学报,2006(8):78-81.

[34] 贾子晔.空天一体化网络资源管理方法研究[D].西安:西安电子科技大学,2021.

[35] Mrema D D, Shimamoto S. Performance of quadrifilar helix antenna on EAD channel model for UAV to LEO satellite link[C]//2012 International Conference on Collaboration Technologies and Systems (CTS). IEEE, 2012: 170-175.

[36] Gratsia S, Ernawan M E. LTE uplink cellular capacity analysis in a high altitude platforms (HAPS) communication[C]//2017 11th International Conference on Telecommunication Systems Services and Applications (TSSA). IEEE, 2017: 1-5.

作者简介

董伯炎,男,本科生,就读于北京信息科技大学信息与通信工程学院通信1904-1班。

张月霞,女,汉族,河南省安阳市,博士,副教授,主要研究方向为移动通信、卫星通信和移动互联网。

图像数据 FTU 的识别分割算法设计

曹蕾

（北京信息科技大学信息与通信工程学院，北京，100101）

摘 要：医学病理全视野切片成像（WSI）图像的检查，是临床医生确诊病理的金标准。随着计算机视觉的发展，WSI 医学图像分割已经成为广泛的研究热点。

本文设计了一种针对医学 WSI 图像中的功能组织单位（FTU）识别分割算法。该算法基于深度学习方法中的 U-Net 网络架构模型，并且基于该模型框架加入 ASPP 和 FPN 层多尺度融合图像特征和形态学后处理方法，最终实现了图像数据 FTU 的识别分割。该算法先将大尺度的 WSI 图像进行裁剪，接着输入到基于 EffientNet 和 ResNet 特征提取网络的 U-Net 架构模型，得到粗分割的二值图像，最后经过图像后处理方法，去除图像中的孤立噪声点，得到精分割的图像分割结果，最终实现对 FTU 的准确分割。

算法在医学公开数据集 HUBMAP-HPA 上进行了仿真。仿真结果表明：从 DSC 评价指标来看，EfficientNet-Unet 模型在肾小球的分割上表现优越，分数达到了 0.9208，其次是大肠腺管的分割上，分数达到 0.8934。从 Accuracy 评价指标来看，ResNet-Unet 模型的分数表现较好，但 EfficientNet-Unet 模型优于 ResNet-Unet 模型分数表现。其次，EfficientNet-Unet 模型的 PRE 和 Boundary IOU 分数也明显高于 ResNet-Unet 模型，表明 EfficientNet-Unet 模型学习到了感兴趣区域的边缘信息。从而验证了深度学习结合传统图像分割算法在 WSI 医学图像分割领域的算法有效性。

最后本文对图像采集环境因素对模型分割结果的影响进行了分析，由于使用数据增强手段并加入噪声数据训练模型，最后得到了算法几乎不受高斯白噪声和图像形变影响的结论。本文设计了一种结合形态学处理和基于 U-Net 模型的深度学习方法的 WSI 医学图像分割算法，在处理 HUBMAP-HPA 医学图像公开数据集的分割上有较好的适用性，较传统方法具有更好的有效性和鲁棒性。

关键词：医学 WSI 图像；FTU 分割算法；U-Net 系列网络模型；ResNet-Unet；EfficientNet-Unet。

ImageData FTU Recognition Segmentation Algorithm Design

Cao Lei

Abstract: The examination of medical pathological full-field biopsy (WSI) images is the gold standard for clinician to confirm pathology. With the development of computer vision, WSI medical image segmentation has become a research hotspot.

In this paper, a functional organization unit (FTU) recognition and segmentation algorithm for medical WSI images is designed. This algorithm is based on the U-Net network architecture model in the deep learning method. Moreover, based on this model framework, ASPP and FPN layer multi-scale fusion image features are added, and morphological image segmentation post-processing method is added to realize FTU recognition and segmentation of image data. The algorithm firstly trims the large scale input image appropriately, and then injects it into the Unet architecture model based on EffientNet and ResNet feature extraction network to obtain the coarse segmentation binary image. Finally, through the image post-processing method, the isolated noise points in the image are removed, and the precise segmentation results are obtained. Finally, the accurate segmentation of FTU is realized.

The algorithm was simulated on the medical open data set HUBMAP-HPA. The simulation results show that, according to the evaluation indexes of DSC, the modelEfficientNet-Unet performs best in the segmentation of glomeruli, scoring 0.9208, followed by the segmentation of glandular ducts of the colon, scoring 0.8934. In terms of Accuracy evaluation index, the ResNet-Unet model achieves good performance, but the ResNet-Unet model is better than the Resnet-Unet model. Secondly, the PRE and Boundary IOU scores of the EfficientNet-Unet models are also significantly higher than those of the ResNet-Unet models, indicating that the models learn the edge information of the areas of interest. Thus, the effectiveness of deep learning combined with traditional image segmentation algorithm in WSI medical image segmentation is verified.

Finally, the influence of environmental factors of image acquisition on model segmentation is analyzed. In this paper, a WSI medical image segmentation algorithm combining morphological processing and deep learning method is designed, which has good applicability in processing the segmentation of HUBMAP-HPA medical image open data set, and has better effectiveness and robustness than traditional methods.

Key words: WSI image of medical pathology; FTU segmentation algorithm; U-Net series network model; ResNet-Unet; EfficientNet-Unet.

一、引言

WSI 医学图像,是一种高分辨率大型数字显微切片组织医学图像,通常由医疗显微镜的数字图像采集设备得到,用于医学中的病理组织观察。

全视野切片成像(WSI)的功能性组织单元(FTU)自动实例分割对于病理学的临床研究至关重要。在医疗行业中,WSI 医学图像的精准分割能大大提高医疗效率。对 WSI 医学图像中 FTU 的精准分割和识别定位有助于临床医生更快找到病因确诊,有助于病理学专家对病灶区域的定位,有助于放射科医生通过器官和组织的大小形态变化,从而更好地提供有效的治疗方案[1]。

二、WSI 医学图像分割的算法原理

1. U-Net 网络模型

U-Net 网络模型是用于医学图像分割的经典网络模型。

U-Net 是全卷积神经网络的拓展结构。如图 1 所示,收缩路径是左右两侧上下采样的部分,扩张路径是左侧编码器和右侧解码器的中间连接部分。值得注意的是,U-Net 模型采用 Skip Connection 的操作,从而可以融合不同尺度提取医学图像的特征。

2. 模型测试与性能分析

医学图像分割常用的客观评价指标包括以下 8 种:DSC(Dice 相似系数),AP(平均精确率),Recall(召回率),Acurracy(精确度),PRE(精确率),F1 值(F1 Score),JD(Jaccard 距离),Boundary IOU(边缘 IOU 指标)[16]。

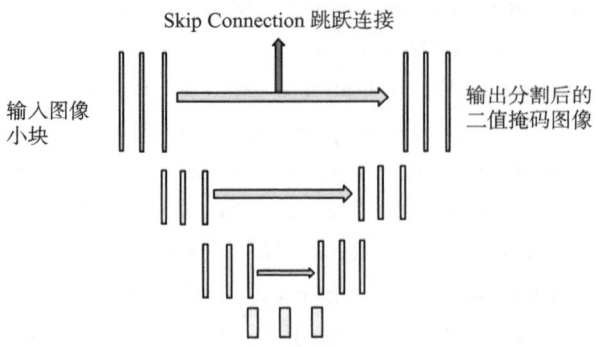

图 1　U-Net 网络结构原理图

（1）DSC 评价指标

DSC(Dice Similariy Coefficient)是一种用于评估分割算法性能的指标,通常用于衡量预测分割图与真实分割图之间的相似度。其计算公式为

$$\mathrm{DSC} = \frac{2\mathrm{TP}}{2\mathrm{TP} + \mathrm{FP} + \mathrm{FN}} \tag{1}$$

式中,TP 表示 True Positive（真正例）,FP 表示 False Positive（假正例）,FN 表示 False Negative（假负例）。

（2）AP 评价指标

AP(Average Precision)是在每个阈值处实现的精度加权平均值,其计算公式为

$$\mathrm{AP} = \sum_n (R_n - R_{n-1}) P_n \tag{2}$$

式中,P_n 和 R_n 是第 n 个阈值的精度和召回率。

（3）Accuracy 评价指标

Accuracy 即准确率,准确率通常使用以下公式进行计算：

$$\mathrm{Accuracy} = \frac{\mathrm{TP} + \mathrm{TN}}{\mathrm{TP} + \mathrm{TN} + \mathrm{FP} + \mathrm{FN}} \tag{3}$$

式中,TP 指 True Positives；TN 指 True Negatives。

（4）Recall 评价指标

Recall（召回率）是分类模型评价指标之一,其公式为

$$\mathrm{Recall} = \frac{\mathrm{TP}}{\mathrm{TP} + \mathrm{FN}} \tag{4}$$

式中,TP 表示 True Positive（真正例）,FN 表示 False Negative（假负例）。

（5）PRE 评价指标

PRE（精确率）PRE 常常和召回率（Recall）一起使用,其公式为

$$\mathrm{PRE} = \frac{\mathrm{TP}}{\mathrm{TP} + \mathrm{FP}} \tag{5}$$

式中,TP 为 True Positive（真正例）,FP 为 False Positive（假正例）。

（6）F1 评价指标

F1 值(F1 Score)是一个综合考虑模型的精确率和召回率的平衡指标,其计算公式为

$$F1 = 2\frac{\text{Precision Recall}}{\text{Precision} + \text{Recall}} \tag{6}$$

式中，Precision 即精确率，Recall 即召回率。

（7）JD 评价指标

JD（Jaccard 距离）是一种图像分割评估指标，用于比较预测图和真实图的相似性。其计算公式为

$$JD = 1 - \frac{TP}{TP + FP + FN} \tag{7}$$

式中，TP 为真正例，FP 为假正例，FN 为假负例。

（8）Boundary IOU 评价指标

Boundary IOU 是一种用于衡量图像边界分割任务性能的评价指标。其计算公式为

$$\text{BoundaryIOU} = \frac{\text{Boundary} \cap \text{GT}}{\text{Boundary} \cup \text{GT}} \tag{8}$$

式中，Boundary 表示算法预测的边界，GT 表示真实的边界。

综上所述，以上评价指标在医学图像分割中具有较好的应用，并可以从不同的角度衡量算法的性能。

三、WSI 医学图像分割算法设计与实现

WSI 医学图像分割算法流程

对 WSI 医学图像数据的分割处理大体可分为以下 7 个步骤：图像裁剪、图像预处理、像素归一化、数据增强、U-Net 模型推理、图像拼接和图像后处理，最终得到分割后的图像。其中，在使用 U-Net 模型推理之前，需要对 U-Net 模型进行参数调节，即模型训练。

本毕业设计的 WSI 医学图像算法流程图如图 2 所示。

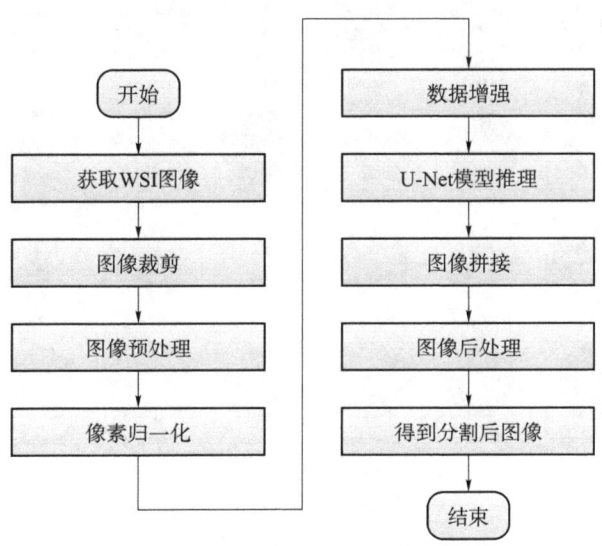

图 2　WSI 医学图像算法流程图

整体图像分割处理流程如图3所示。

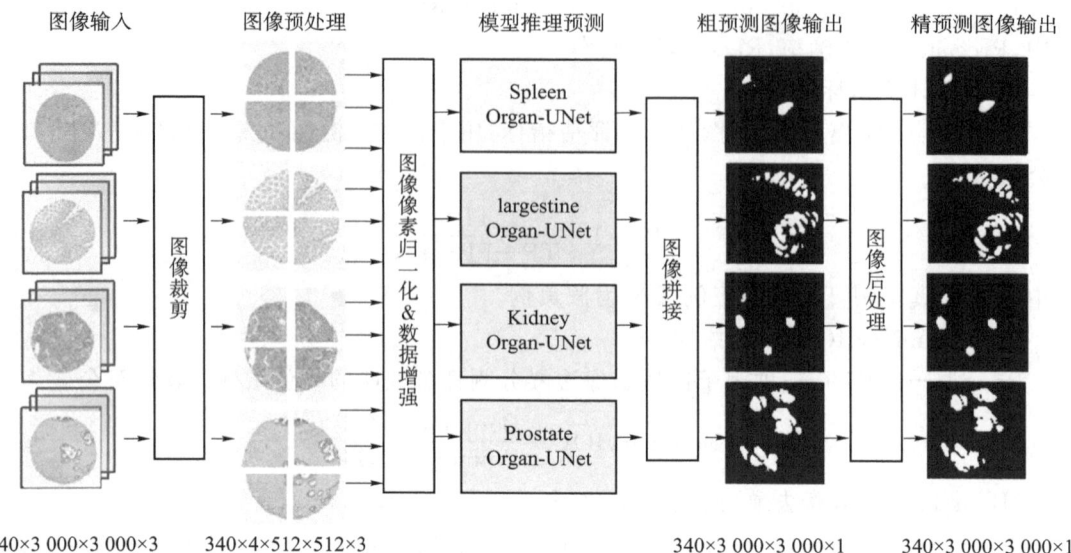

图 3　WSI 医学整体图像处理流程图

四、WSI 医学图像分割结果仿真与分析

本文使用的测试集里有共有 51 张辨率大小约为 3 000×3 000 样本图片。部分测试集样本如图 4 所示,图 4(a)是测试集中的部分原图像,图 4(b)是测试集中的部分标注图像。

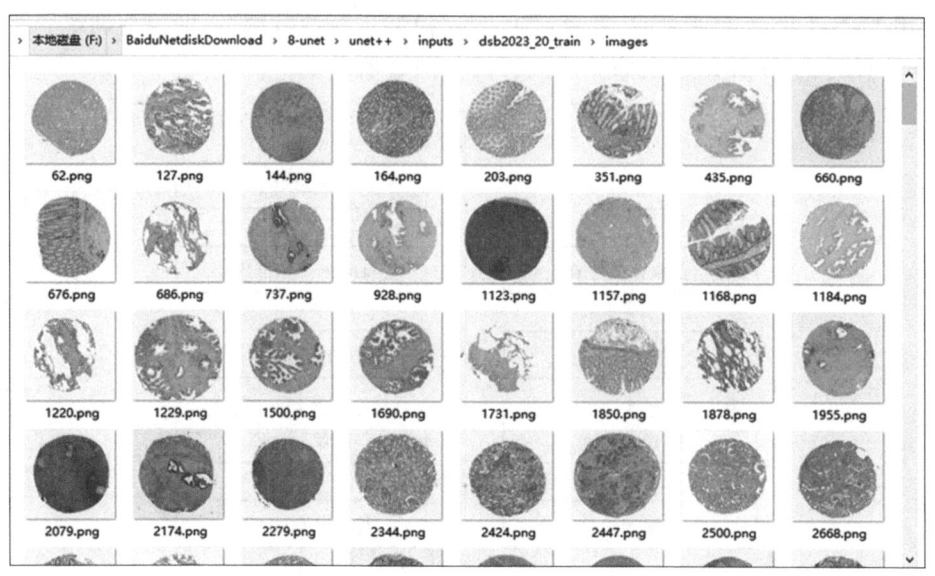

(a) 测试集中的部分原图像

图 4　部分测试集样本

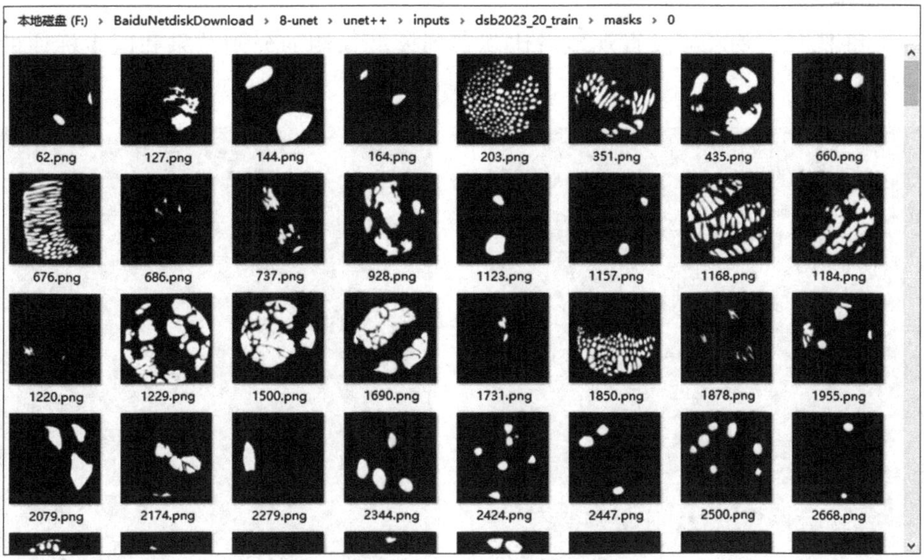

(b) 测试集中的部分标注图像

图 4　部分测试集样本(续)

1. 图像增强结果分析

(1) 高斯模糊

如图 5 和图 6 所示,可以直观地对比观察到模型预测的分割结果和医生标注的结果几乎完全一致。

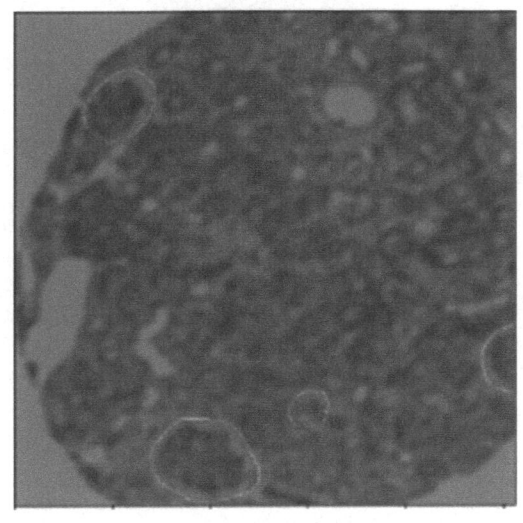

图 5　医生标注图像

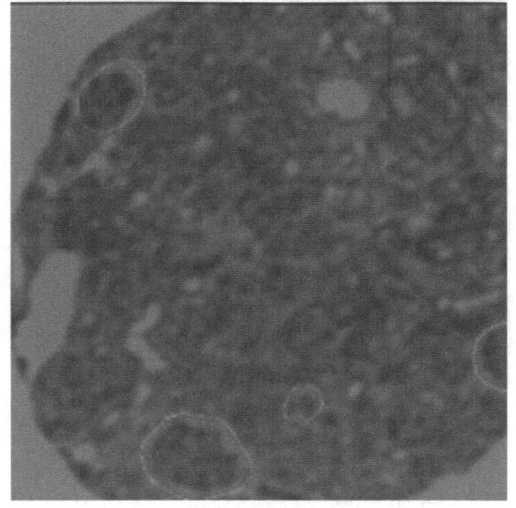

图 6　模型预测图像

(2) 随机对比度增强

如图 7 和图 8 所示,可以直观地对比观察到模型预测的分割结果和医生标注的结果几乎完全一致。

（3）随机旋转

如图9和图10所示，可以直观地对比观察到模型预测的分割结果和医生标注的结果几乎完全一致。

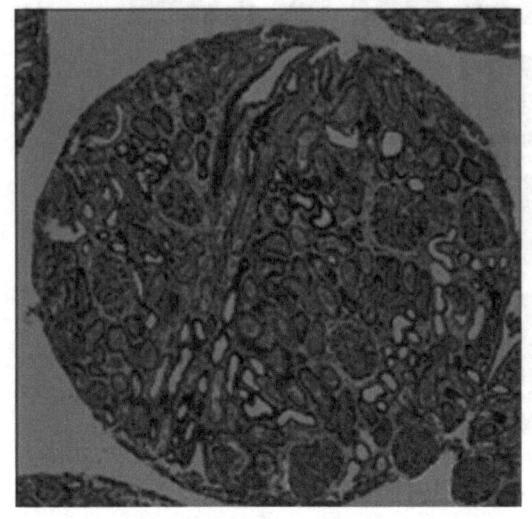

图7　医生标注图像

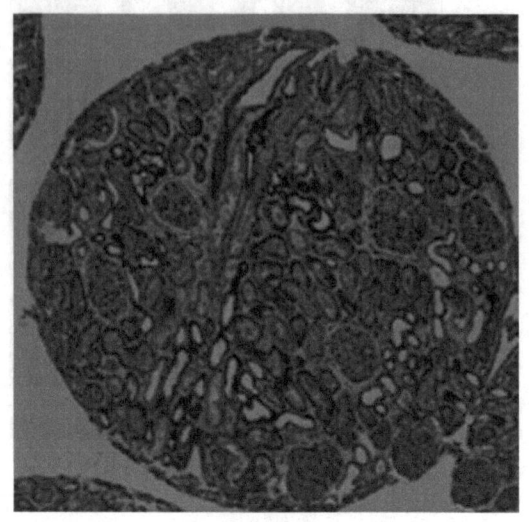

图8　模型预测图像

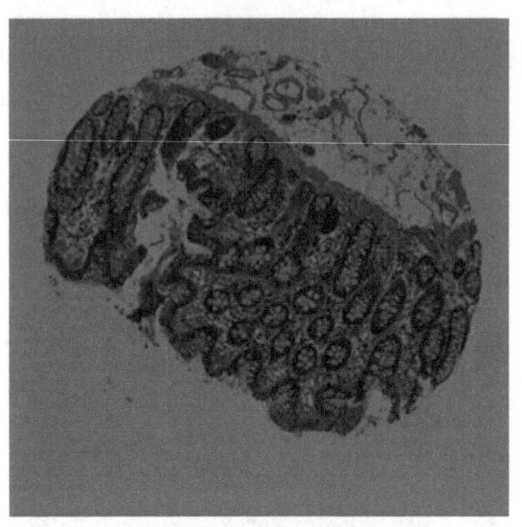

图9　医生标注图像

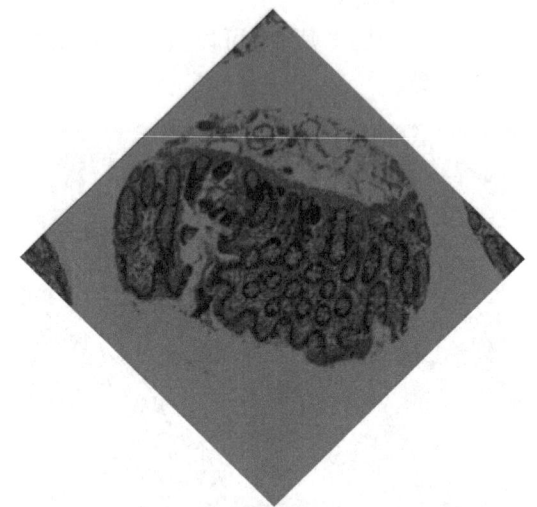

图10　模型预测图像

2．图像分割结果分析

（1）模型评价指标对比分析

通过对表1对比分析，可以观察到EfficientNet-Unet模型的总体的分割性能高于ResNet-Unet模型。从DSC评价指标来看，EfficientNet-Unet模型在肾小球的分割上表现优越，分数达到了0.9208，其次是大肠腺管的分割上，分数达到0.8934。此外，EfficientNet-Unet模型的Boundary IOU平均分数比ResNet-Unet模型高6％，这表明EfficientNet-Unet模型学习到了感兴趣区域的边缘信息。

表1 4种器官的FTU模型分割效果对比分析表

评价指标	数据集	模态	器官	FTU	ResNet-Unet 模型	EfficientNet-Unet 模型
DSC	HUBMAP-2022 HPA-2022	WSI	肾脏	肾小球	0.8304	0.9208
			前列腺	前列腺管	0.8510	0.8763
			脾脏	脾小体	0.7801	0.8832
			大肠	大肠腺管	0.7910	0.8934
AP	HUBMAP-2022 HPA-2022	WSI	肾脏	肾小球	0.7954	0.4862
			前列腺	前列腺管	0.7095	0.7498
			脾脏	脾小体	0.4252	0.4816
			大肠	大肠腺管	0.7954	0.7759
Accuracy	HUBMAP-2022 HPA-2022	WSI	肾脏	肾小球	0.8565	0.9363
			前列腺	前列腺管	0.9416	0.7430
			脾脏	脾小体	0.9370	0.9433
			大肠	大肠腺管	0.8565	0.9507
Recall	HUBMAP-2022 HPA-2022	WSI	肾脏	肾小球	0.6953	0.7406
			前列腺	前列腺管	0.8083	0.8588
			脾脏	脾小体	0.7622	0.7249
			大肠	大肠腺管	0.6953	0.8631
PRE	HUBMAP-2022 HPA-2022	WSI	肾脏	肾小球	0.8271	0.8928
			前列腺	前列腺管	0.8441	0.9084
			脾脏	脾小体	0.5730	0.5948
			大肠	大肠腺管	0.8271	0.8642
F1	HUBMAP-2022 HPA-2022	WSI	肾脏	肾小球	0.8873	0.8385
			前列腺	前列腺管	0.7746	0.8493
			脾脏	脾小体	0.6531	0.7340
			大肠	大肠腺管	0.8873	0.8582
JD	HUBMAP-2022 HPA-2022	WSI	肾脏	肾小球	0.7973	0.5014
			前列腺	前列腺管	0.6740	0.5325
			脾脏	脾小体	0.4916	0.4979
			大肠	大肠腺管	0.7973	0.7622
Boundary IOU	HUBMAP-2022 HPA-2022	WSI	肾脏	肾小球	0.7638	0.7854
			前列腺	前列腺管	0.7074	0.8735
			脾脏	脾小体	0.7449	0.7573
			大肠	大肠腺管	0.7116	0.7643

（2）图像分割结果可视化分析

① 使用 ResNet-Unet 模型对图像进行分割。

模型推理4种不同器官FTU分割结果和医生标注对比如图11所示。

其中,通过对比图 11(b)和图 11(c),我们可以直观地感受到 ResNet-Unet 模型的分割效果。

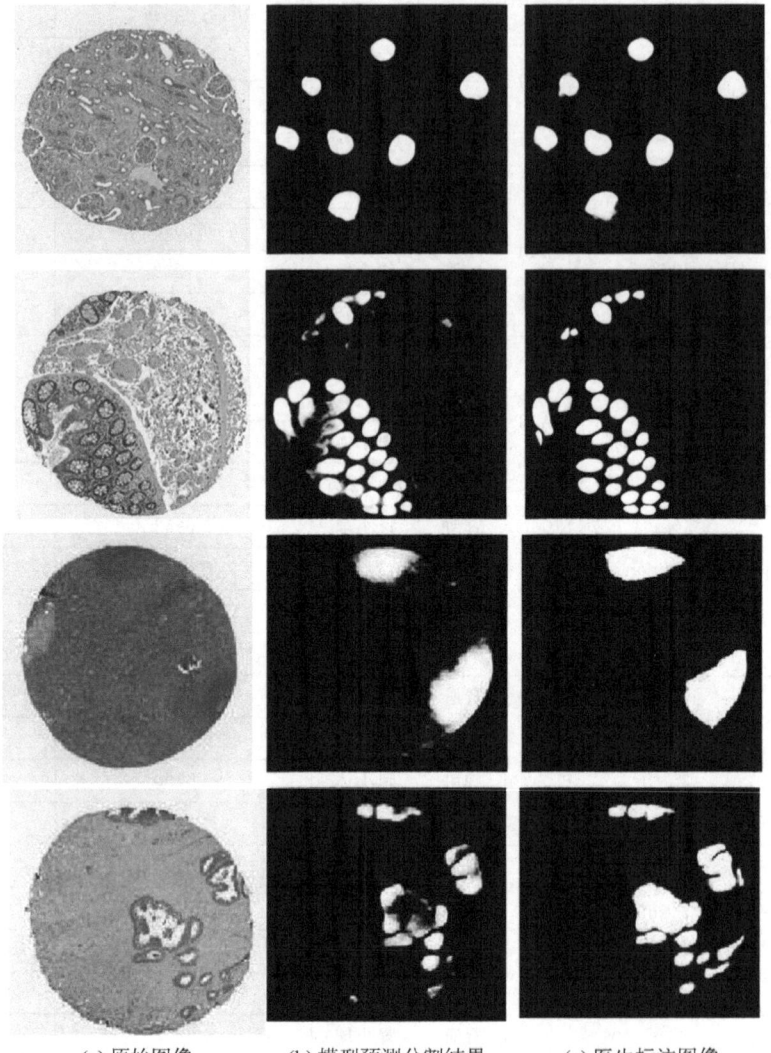

(a) 原始图像　　　(b) 模型预测分割结果　　　(c) 医生标注图像

图 11　模型推理 4 种不同器官 FTU 分割结果和医生标注对比图

下面本文分别对已经分割得到的 4 种不同器官的几组数据进行讨论分析。

如图 12(a)是原始脾脏组织切片图片,图 12(b)是分割出的脾脏组织的白髓。

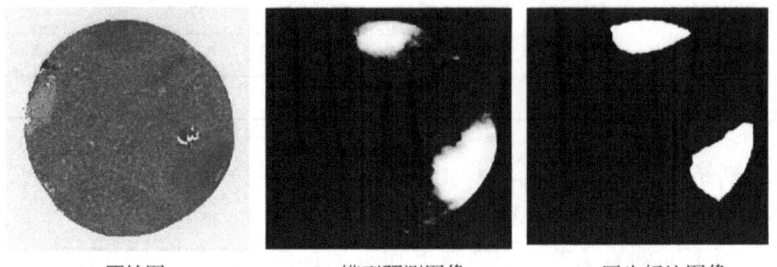

(a) 原始图　　　(b) 模型预测图像　　　(c) 医生标注图像

图 12　脾脏器官的 FTU 分割结果和医生标注对比图

如图13所示,前列腺组织切片中腺体的分割中,由于模型难以理解腺体中间的像素和腺体边界像素的位置关系的信息,再加上受到腺体内部的浅色像素干扰,导致分割结果不准确。

ResNet-Unet模型预测的前列腺管分割效果如图13(b)所示。可以直观地对比得到:腺体分割时没有很好地完整覆盖腺体的中心区域。

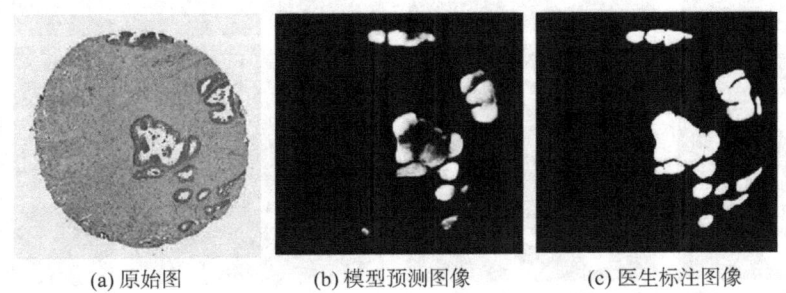

(a) 原始图　　　　(b) 模型预测图像　　　　(c) 医生标注图像

图13　前列腺器官的FTU分割结果和医生标注对比图

如图14所示,可以直观地看到肾小球器官的功能组织单元肾小球分割情况,大肠器官的分割模型似乎能够识别并排除明显不同的空腔体作为背景,但是不能准确识别出边界稍微不明显的真阳性。

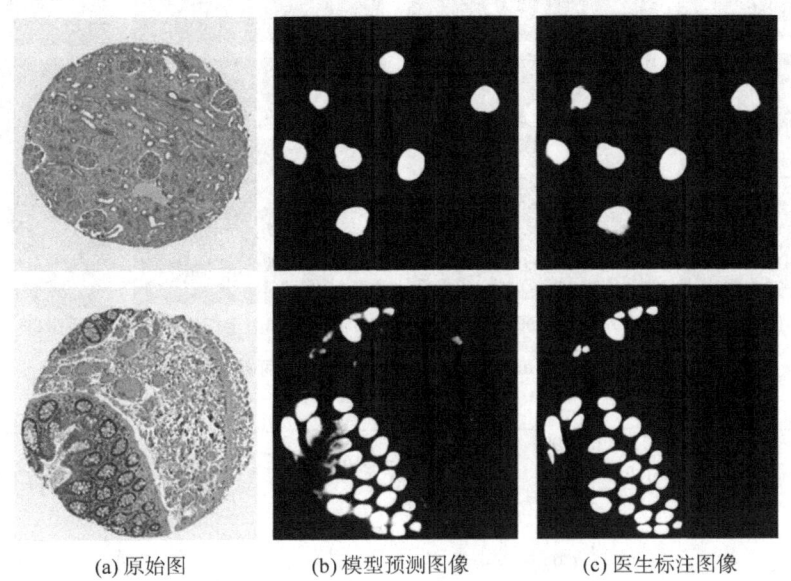

(a) 原始图　　　　(b) 模型预测图像　　　　(c) 医生标注图像

图14　肾脏和大肠器官的FTU分割结果和医生标注对比图

② 使用EfficientNet-Unet模型进行可视化结果分析。

如图15所示,从上到下分别是脾小体分割,前列腺管分割,大肠腺管分割和肾小球分割结果对比图像。从肉眼观察的主观感受来看,模型分割结果和医生标注的图像基本吻合。

③ 使用ResNet-Unet和EfficientNet-Unet模型的模型评估验证曲线分析。

如图16所示,EfficientNet-Unet模型的验证集DSC评价指标分数能够达到0.98,而ResNet-Unet模型低于且接近0.90的DSC评价指标分数。

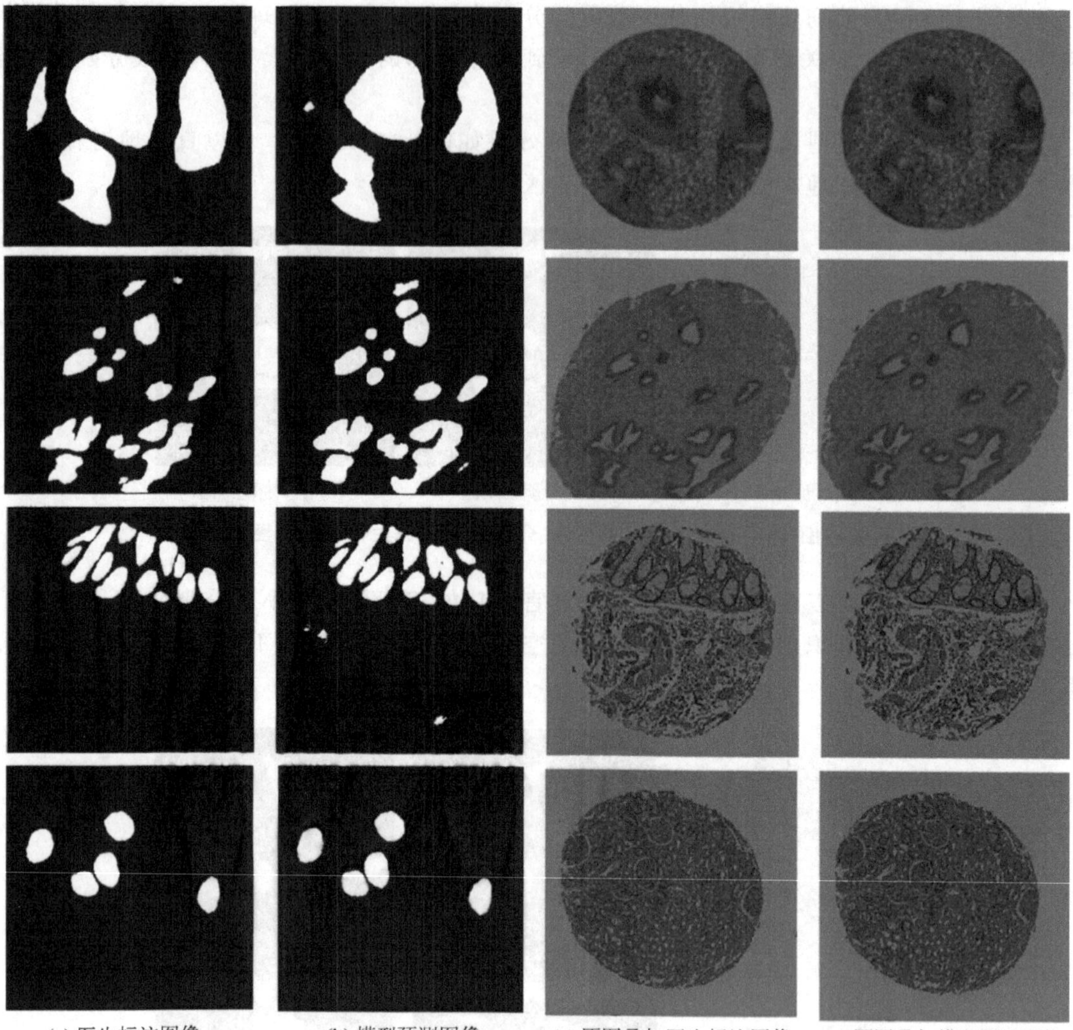

(a) 医生标注图像
(b) 模型预测图像
(c) 原图叠加医生标注图像
(d) 原图叠加模型预测图像

图 15　EfficientNet-Unet 模型在 4 种器官上的可视化分割结果对比图

loss
val_loss
accuracy
val_accuracy
dice_coef
val_dice_coef

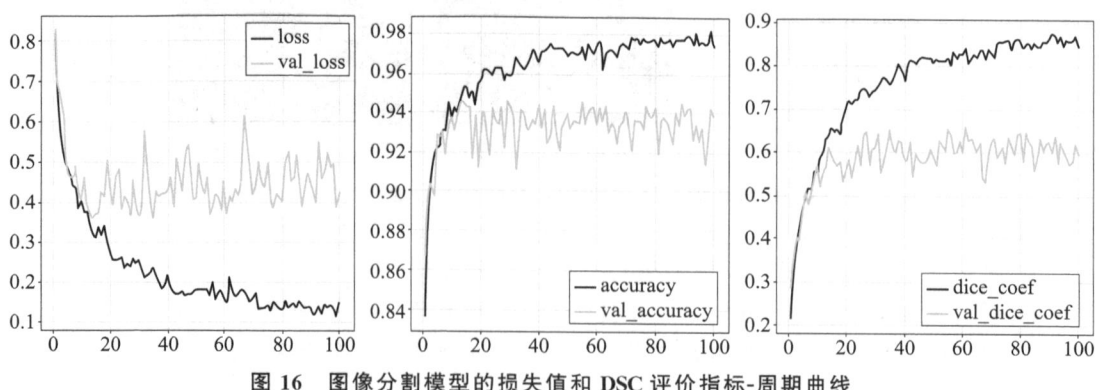

图 16　图像分割模型的损失值和 DSC 评价指标-周期曲线

（3）图像后处理分割结果可视化分析

如图 17 所示，可以看到经过图像后处理，图像分割结果更加接近医生的标注。

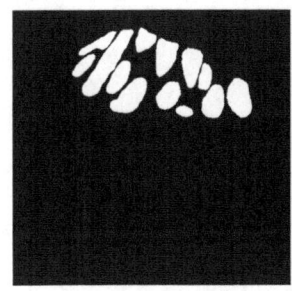 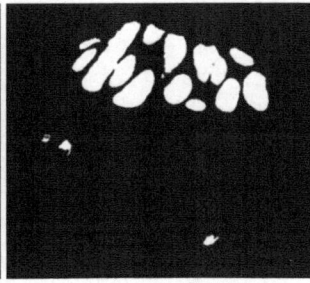 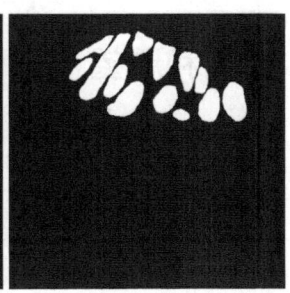

(a) 医生标注的图像　　　　　(b) U-Net模型预测的图　　　　(c) 去除孤立噪声点图像

图 17　图像后处理方法效果图

3. 图像采集环境因素的影响分析

分为两种噪声分析。第一，图像设备带来的高斯白噪声。从图 18 所示，高斯噪声几乎不影响模型的分割精确度，模型的分割效果与添加高斯噪声前相比几乎没有差别，并且仍然定位到了医生标注的两个感兴趣区域。

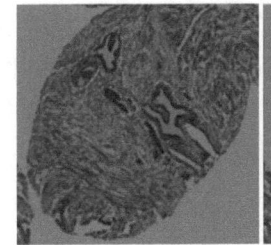 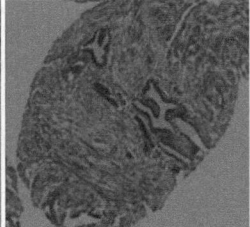 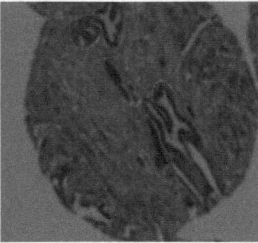 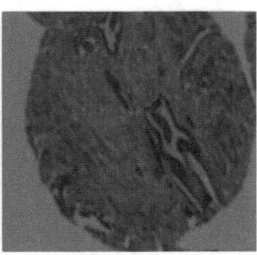

(a) 原图叠加医生标注　　(b) 原图叠加模型预测　　(c) 高斯噪声叠加医生标注　　(d) 高斯噪声叠加模型预测

图 18　含高斯白噪声图像对模型分割结果的影响

第二，图像采集变形带来的影响因素。从图 19 的结果可以看到，图像采集变形几乎不会影响模型的分割精度。

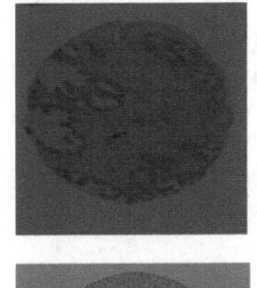 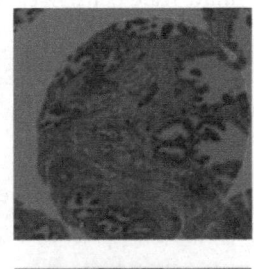 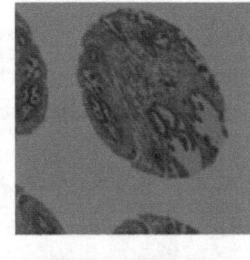 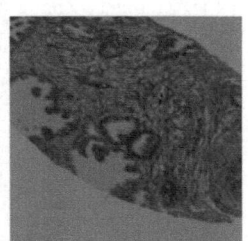

 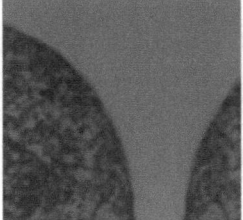 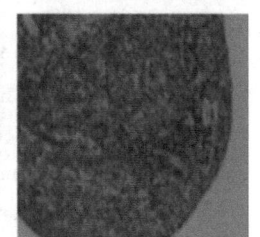

(a) 原图像加医生标注　　(b) 拉伸形变加模型预测　　(c) 拉伸形变加模型预测　　(d) 拉伸形变加模型预测

图 19　图像采集形变对模型的分割结果的影响

五、总结和展望

本毕业设计总结如下。

首先,本文设计了一种针对解决 WSI 医学图像尺度过大问题的图像分割算法。先对原始图像进行裁剪和图像增强,再输入基于多尺度融合 ASPP 和 FPN 层的 U-Net 系列网络模型,再将预测得到的粗分割图像进行后处理操作,最终得到精细的分割结果。

接着,使用 8 种评价指标对分割结果进行客观评价。综合分析,使用 EfficientNet-Unet 模型进行推理的分割性能比 ResNet-Unet 模型更好。从 DSC 评价指标来看,模型在肾小球的分割上表现优越,分数达到了 0.9208,在大肠腺管的分割上分数达到了 0.8934。从 Boundary IOU 评价指标来看,EfficientNet-Unet 模型比 ResNet-Unet 模型高约 3% 的分数,这表明 EfficientNet-Unet 模型比 ResNet-Unet 模型更能够学习到图像的边缘信息。

最后,将该算法在含噪声和光学畸变图像上进行仿真分析,得到该算法几乎不受到高斯白噪声和光学畸变因素影响的结论,具有较好的鲁棒性。

从结果来看,算法在 4 种器官上的 FTU 感兴趣区域上进行仿真,最终在 8 种客观评价指标上都获得了较好的分数,希望可以为医疗病理图像辅助诊断系统的研究工作提供支持。

参考文献

[1] 汪华登.基于深度学习的医学图像分割方法研究[D].桂林电子科技大学,2022.

[2] 宋杰,肖亮,练智超,蔡子赟,等.基于深度学习的数字病理图像分割综述与展望[J].软件学报,2021,32(5):1427-1460.

[3] Bohlender S, Oksuz I, Mukhopadhyay A. A Survey on Shape-Constraint Deep Learning for Medical Image Segmentation. IEEE Rev Biomed Eng,2023,16:225-240.

[4] Zhang J, Zhang Y, Jin Y,et al. MDU-Net:multi-scale densely connected U-Net for biomedical image segmentation[J]. Health Inf Sci Syst,2023,11(1):13-14.

[5] Hu Ziyu, Zhao Rongbo, Wang Xiaolin,et al. Canny Algorithm Enabling Precise Offline Line Edge Roughness Acquisition in High-Resolution Lithography[J]. ACS omega,2023,8(4):3992-3997.

[6] Cong Peichao, Li Shanda, Zhou Jiachao,et al. Research on Instance Segmentation Algorithm of Greenhouse Sweet Pepper Detection Based on Improved Mask RCNN[J]. Agronomy,2023,13(1):196-197.

[7] Yang Zhenzhen, Xu Pengfei, Yang Yongpeng,et al. A Densely Connected Network Based on U-Net for Medical Image Segmentation[J]. ACM TRANSACTIONS ON MULTIMEDIA COMPUTING COMMUNICATIONS AND APPLICATIONS,2021,17(3):1-14.

[8] Khan M Z, Gajendran M K, Lee Y, et al. Deep Neural Architectures for Medical Image Semantic Segmentation:Review[J]. IEEE Access,2021,9(99):83002-83024.

[9] Deb, Sagar Deep and Jha, Rajib Kumar. Modified Double U-Net Architecture for Medical Image Segmentation[J]. IEEE Transactions on Radiation and Plasma Medical Sciences,2023,7(3):151-162.

[10] 李耀清.卷积神经网络在病理诊断中的研究与应用[D].深圳大学,2018.

[11] 张泽中,高敬阳,赵地.MIFNet:基于多尺度输入与特征融合的胃癌病理图像分割方法[J].计算机应用,2019,39(S2):107-113.

[12] 关煜.基于深度学习的图像降噪研究[D].西北师范大学,2021.

[13] Park MinHong, Cho JaeHoon, Kim YongTae. CNN Model with Multilayer ASPP and Two-Step Cross-Stage for Semantic Segmentation[J]. Machines, 2023, 11(2): 126-127.

[14] Zhou Tao, Chang Xiaoyu, Liu Yuncan, et al. COVID-ResNet: COVID-19 Recognition Based on Improved Attention ResNet[J]. Electronics, 2023, 12(6): 1413-1414.

[15] You Haotian, Lu Yufang, Tang Haihua. Plant Disease Classification and Adversarial Attack Using SimAM-EfficientNet and GP-MI-FGSM[J]. Sustainability, 2023, 15(2): 1233-1234.

[16] Jieyu Li, Jayaram K. Udupa, Yubing Tong, et al. LinSEM: Linearizing segmentation evaluation metrics for medical images[J]. Medical Image Analysis, 2020, 60(C): 101601-101602.

作者简介

曹蕾,女,本科生,就读于北京信息科技大学信息与通信工程学院电信1902班。

罗倩,北京信息科技大学,信号处理,副教授。

全向移动智能机器人设计

赵威　李振华　王茜

(北京信息科技大学信息与通信工程学院,北京,100101)

摘　要:随着高新科技的飞速发展,智能化技术的不断深入,各种各样的新型产品和创新技术得以产生,智能移动机器人技术的研究领域迅速扩大。其中,全向移动智能机器人因为具有更强的灵活性,使用的范围更加广阔而得到了广泛的应用。本课题将全向移动智能机器人作为研究对象,提出了机器人在硬件设计过程中"由局部到整体"的设计思路,并在整个设计过程中不断地迭代和优化。通过这种设计思路,最终实现了一个稳定可靠、性能优异的机器人硬件系统。在软件开发过程中采用Python语言和JupyterLab开发环境,利用该环境提供的丰富的工具和便捷的交互式环境,开发出高效且易于调试的软件系统。并进行了一系列的测试和分析,证明了该软件系统的优良性能和高度的稳定性。

关键词:全向移动智能机器人;OpenCV算法;目标识别;自动驾驶。

OmnidirectionalMobile Intelligent Robot Design
Zhao Wei　Li Zhenhua　Wang Qian

Abstract:With the rapid development of high-tech, intelligent technology continues to deepen, a variety of new products and innovative technologies have been produced, and the research field of intelligent mobile robot technology has expanded rapidly. Among them, omnidirectional mobile intelligent robot has been widely used because of its stronger flexibility and wider scope of use.

This topic takes omnidirectional mobile intelligent robot as the research object, puts forward the design idea of "from part to whole" in the hardware design process of robot, and constantly iterates and optimizes in the whole design process. Through this design idea, a stable and reliable robot hardware system with excellent performance is finally realized. In the process of software development, Python language and Jupyter Lab development environment are used, and the rich tools and convenient interactive environment provided by the environment are used to develop an efficient and easy to debug software system. A series of tests and analyses have been carried out to prove the excellent performance and high stability of the software system.

Key words:Omnidirectional mobile intelligent robot; OpenCV algorithm; Target recognition; Autonomous driving.

一、引言

全向移动智能机器人设计由硬件系统和软件系统结合而成,底盘部分选用全向麦克纳姆轮作为移动基础,结合摄像头、扬声器、电动机和舵机等多种元器件集成,为机器人提供信息采集、环境感知和处理的能力。软件上利用树莓派开发平台,结合OpenCV算法、百度语音API、Socket套接字等工具,进行Python编程语言的开发。最后使得全向移动智能机器人具备自动驾驶、遥控、目标颜色识别、二维码识别和语音播报的功能。

二、系统需求分析及系统硬件设计

1. 系统硬件需求分析

（1）系统主板分析

综合考虑体积、功能、价格等因素，本课题采用树莓派主板，如图1所示。树莓派与其他一些常见的嵌入式微控制器一样，不仅能够实现对IO接口的控制，还具有更多的特点和优势。与这些微控制器相比，树莓派可以运行基于Linux的操作系统，从而实现更加复杂的任务管理和调度。相较于单片机等嵌入式设备，树莓派拥有更加强大的计算和内存处理能力，能够在处理大型数据和多任务时更加高效。树莓派的接口非常丰富，可以完成各种功能开发，而且具有多种接口可供拓展，如HDMI、USB等，非常适合学习和开发各种物联网和嵌入式系统应用。树莓派虽然体积较小，但拥有足够的计算能力和内存，可以处理大多数应用场景中的任务。因此，本课题非常适合采用树莓派来进行系统和功能的开发。

图1 树莓派主板

（2）系统底盘分析

移动机器人可以根据应用场景和需求选择不同的移动方式，包括轮式、腿足式、履带式等。三者的系统性能对比如表1所示。

由以上的分析和性能对比表可知，轮式移动机器人更适合本课题的研究。其中，麦克纳姆轮是一种具有特殊轮子的轮式移动机器人，具有高机动性、可以快速加速、平稳运动和易于控制的优点，可以完成全向移动，因此本课题选择使用麦克纳姆轮。

表 1 不同底盘系统性能对比表

移动方式	轮式	履带式	腿足式
移动速度	快	较快	慢
越障能力	差	一般	好
复杂程度	简单	一般	复杂
能耗量	小	较小	大
控制难易程度	易	一般	复杂

2. 功能需求分析

（1）遥控控制功能

基于手机端 App 可以完成机器人的无线控制功能。当用手机 App 控制机器人时，机器人需要根据命令，做出相应的规定动作，如前进、后退等。该功能具备基础控制、正方形平移运动、环绕运动和自稳运动的模式。

（2）语音播报功能

基于百度语音 API 可以完成语音播报的功能。当在文字框内输入想要播报的文字，并按下"播报"按钮后，便会调用百度语音 API 和语音合成算法，播报出文字框内的文字。

在机器人开机时，首先连接百度网页，利用套接字在返回的信息中获取 IP 地址信息，再结合语音播报功能就可以完成 IP 地址的播报。

（3）目标颜色识别功能

本课题的机器人在 HSV 空间中对于颜色进行分析。首先将获取到的画面通过 OpenCV 算法进行颜色空间的转换，根据 H、S、V 的取值对图像进行二值化处理，通过进一步的分析就可以识别出目标颜色，并可以随着目标颜色的移动而移动。

（4）二维码识别功能

本课题对于二维码的识别采用 Pyzbar 库。首先需要在获取到的画面中找到二维码所在的位置，然后调用 Pyzbar 库中的函数对二维码的信息进行提取并转换为字符串，这样便完成了二维码的识别。

（5）自动驾驶功能

自动驾驶功能的实现也是基于手机 App 的无线控制。当在手机 App 端下达自动驾驶指令后，摄像头便开始实时捕捉环境画面并对视频帧进行透视和二值化的处理，然后对于俯视图的中线，与行进道路的中线进行分析，从而可以纠正机器人前进的方向，达到自动驾驶的效果。

3. 总体设计

为了实现预定的功能，需要选择合适的硬件并进行合理的搭配和规划。在硬件的选型上，成本、性能、与其他硬件设备的匹配度，这三点是最为主要的因素。为了简化分析，将机器人分为运动子系统、视觉子系统和语音播报子系统，每个子系统都可以通过手机 App 发布命令，系统整体由电池来供电。系统组成结构图如图 2 所示。

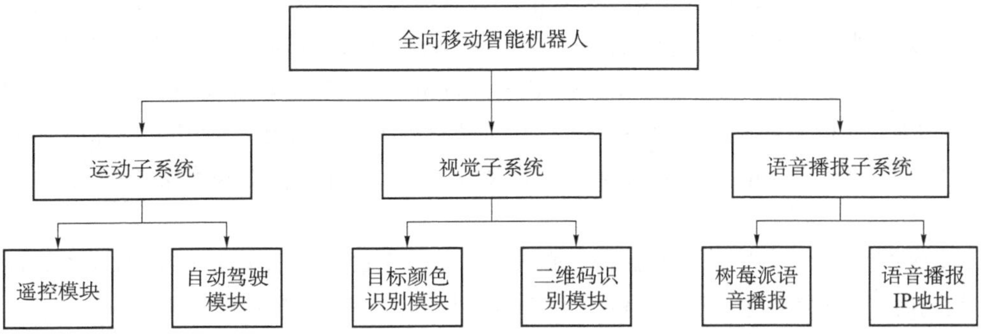

```
                    全向移动智能机器人
                          │
        ┌─────────────────┼─────────────────┐
     运动子系统         视觉子系统        语音播报子系统
        │                 │                 │
    ┌───┴───┐         ┌───┴───┐         ┌───┴───┐
  遥控模块 自动驾驶   目标颜色 二维码识   树莓派语 语音播报
          模块       识别模块  别模块    音播报   IP地址
```

图 2　系统组成结构图

4. 子系统设计

（1）运动子系统

在这个子系统中主要包含遥控模块和自动驾驶模块。遥控模块即当通过手机 App 下达命令或使用手柄进行控制时,机器人可以按照指令做出相应的反应。自动驾驶模块即小车可以自动的前进转弯,由摄像头充当机器人的"眼睛"。底盘部分选用全向麦克纳姆轮作为移动基础,它可以使机器人在各个方向进行自由移动,这两个功能都要求机器人可以进行全方位的移动,因此需要安装全向轮。对机器人进行运动系统的测试,机器人可以按照指令完成规定的运动。

（2）视觉子系统

在这个子系统中主要包括目标颜色识别模块和二维码识别模块。目标颜色识别模块即当在手机 App 端选中目标颜色后,机器人将会自动识别捕捉到的画面中的目标颜色,摄像头会随着目标颜色一起移动。二维码识别模块即当把含有特定含义的二维码图片放到摄像头前时,机器人会对二维码进行解析,然后将二维码的含义标注在手机 App 端的摄像头画面里。机器人对环境画面的感知和采集使用摄像头。对机器人进行视觉系统的测试,机器人可以完成目标颜色的识别和二维码的识别。

（3）语音播报子系统

语音播报子系统即当在手机 App 端特定位置内输入需要语音播报的内容后,机器人会通过扬声器将输入的内容播报出来。此外,扬声器还可以在机器启动时播报自己的 IP 地址,获取到机器人的 IP 地址后,才能将机器人与手机 App 正确连接。对机器人进行语音播报功能的测试,机器人可以播报出指定的文字以及树莓派 IP 地址。

三、全向移动智能机器人软件系统设计

各功能模块软件设计

（1）遥控功能算法实现

遥控功能主要包括对单独轮子的控制、环绕运动模式、正方形平移运动模式和自稳运动模式等,在每个模式下速度的范围都是 -25～25。

按照顺时针方向,从右上角的车轮开始,编号依次为 A、B、C、D。通过函数 Speed_

Wheel_control(Speed_WheelA,Speed_WheelB,Speed_WheelC,Speed_WheelD),可以实现车轮的控制。当 A、D 慢速运动，B、C 快速运动时，便可以达到环绕运动的模式。在实际编程中，需要用到 time 库中的延时函数 time.sleep()，这样便可以设置环绕运动的时间。首先让机器人进行右移运动，然后后退，接着进行左移运动，然后前进，一直循环便可以完成正方形平移运动，此过程依然需要配合使用 time.sleep() 函数来保证每个动作的运动时间。

使用陀螺仪芯片获取机器人旋转的角速度，进而完成机器人自稳模式的控制。陀螺仪芯片封装在底层开发板中，为开发板供电后，陀螺仪芯片可以实时获取数据。

（2）自动驾驶功能算法实现

进行自动驾驶功能时，机器人首先需要获取环境画面信息，然后对捕捉到的视频帧进行透视和二值化的处理，接着对处理后的视频帧进行分析，获取到画面中线与道路中线的位置，通过对两者进行比较，确定机器人下一步的运动状态。机器人自动驾驶的算法流程图如图 3 所示。

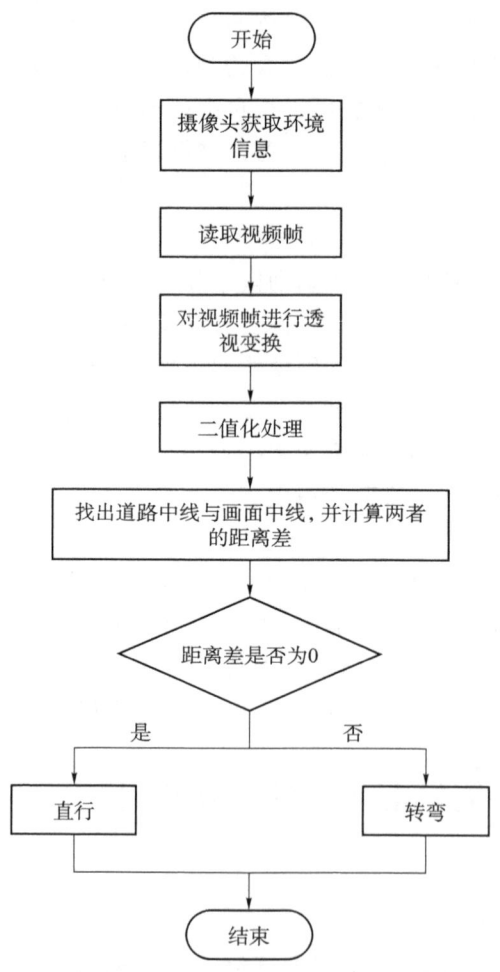

图 3　机器人自动驾驶算法流程图

（3）目标颜色识别功能算法实现

该功能的实现选择在 HSV 空间中进行。在 HSV 空间中，常用颜色的取值范围如表 2 所示。

表 2　常用颜色 HSV 取值范围

	黑	灰	白	红		橙	黄	绿	青	蓝	紫
h_{min}	0	0	0	0	156	11	26	35	78	100	125
h_{max}	180	180	180	10	180	25	34	77	99	124	155
s_{min}	0	0	0	43		43	43	43	43	43	43
s_{max}	255	43	30	255		255	255	255	255	255	255
v_{min}	0	46	221	46		46	46	46	46	46	46
v_{max}	46	220	255	255		255	255	255	255	255	255

根据以上区间，可以清楚地看到每个颜色对应的区间，根据识别出的 HSV 取值是否落在特定颜色对应的取值范围内，来确定是否为目标颜色。将符合要求的像素用白色替换，不符合的用黑色替换，经过这样的处理后，白色部分将代表目标颜色。最后，可以将白色部分替换回原始图像，以得到符合要求的处理结果。

目标颜色识别的算法流程图如图 4 所示。

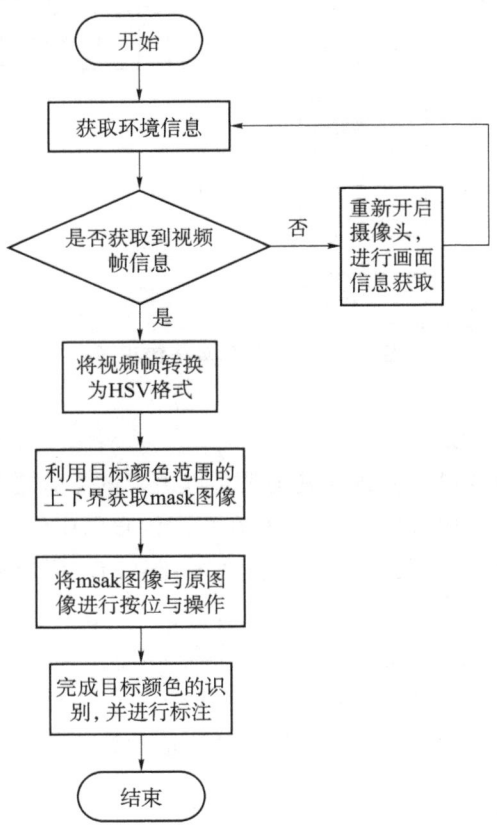

图 4　目标颜色识别算法流程图

（4）二维码识别功能算法实现

二维 QR 码识别技术的原理是基于图像识别和处理技术。首先，对二维码图像进行预处理，然后将图像转换为黑白二值图像。接下来，对二维码中的信息进行解码，通过解码算法对黑白条纹进行解码，以获取二维码中包含的信息。最后，通过数据处理和字符识别等算法对解码后的信息进行处理和提取，得到需要的信息。二维码识别的算法流程图如图 5 所示。

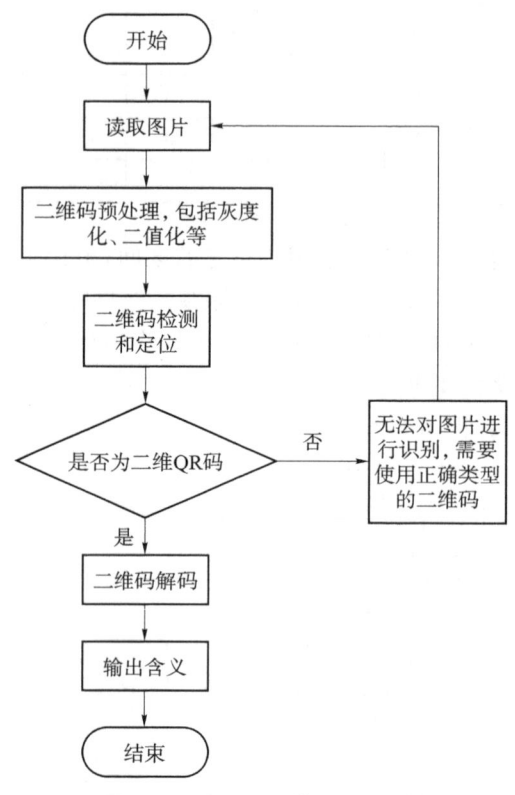

图 5　二维码识别算法流程图

（5）语音播报功能算法实现

语音播报技术是一种通过计算机或其他设备以语音的方式进行信息表达的技术。在本课题中实现语音播报需要使用百度语音 API，在百度云官网中创建"百度语音"的应用，会生成 3 个 KEY，有了这三个 KEY 便可以调用百度语音 API。语音播报的处理流程图如图 6 所示。

（6）语音播报 IP 地址功能算法实现

机器人在开机时连接百度网页，利用套接字获取树莓派 IP 地址信息，再结合语音播报的功能就可以完成 IP 地址的播报。语音播报 IP 地址的算法流程图如图 7 所示。

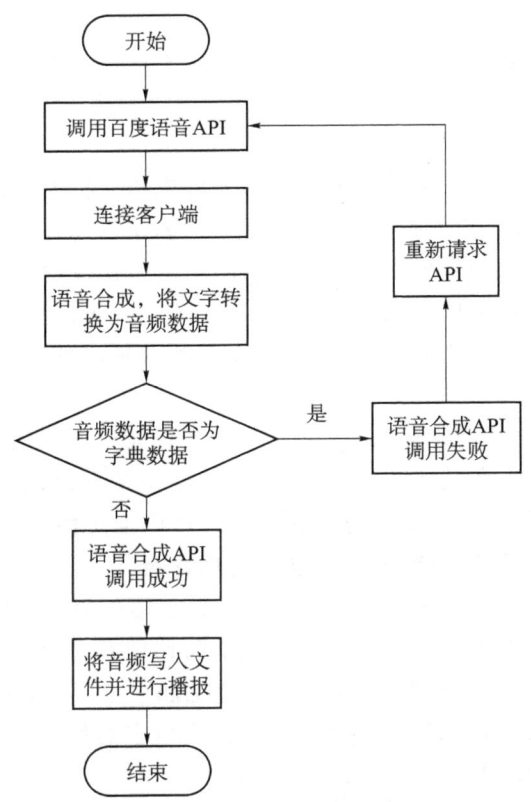

图 6 语音播报处理流程图

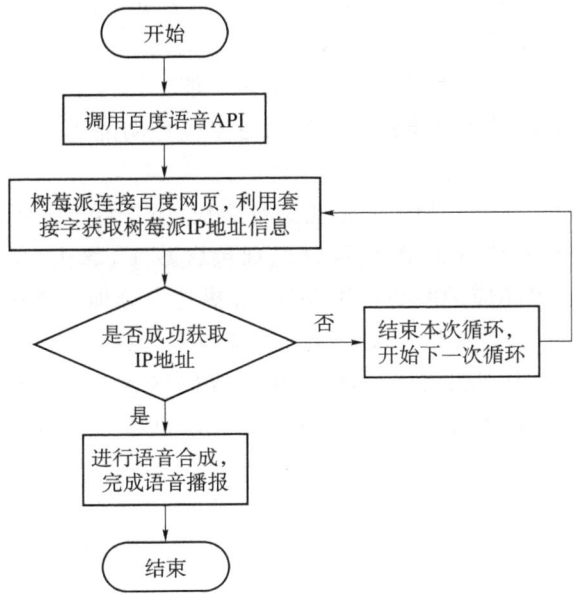

图 7 语音播报 IP 地址算法流程图

四、总结与展望

1. 总结

我国是制造业大国，也正在朝着制造强国的方向发展，要想将制造业水平进一步提升，必须得集中精力优先发展机器人行业。近些年来，国家也发布了多项政策制度来助力机器人行业的发展，机器人行业的发展也改变着人们的生活。在各种各样的机器人中，全向移动轮式机器人最为灵活，且制造成本适中、应用场景广阔。本课题致力于全向移动轮式机器人的智能化设计，将人工智能与机器人相结合，开发机器人更多的功能，使得全向移动机器人功能更加丰富、更加智能化。

经过上述的一系列分析与论述，完成了全向移动智能机器人的设计，达到了预期目标。在文中，对于机器人的系统和功能需求进行了分析，给出了系统硬件设计的整体方案，并对机器人算法程序的主要思想进行了阐述。在机器人可以全向移动的基础上尽可能对机器人的功能进行拓展，具备更多的功能，使得机器人更智能。

本课题完成的主要工作有：基于树莓派和 Python 编程语言，通过 Jupyter Lab 进行编程，对全向移动智能机器人进行设计和开发。该全向移动智能机器人不仅具备全向移动的能力，还可以完成语音播报、自动驾驶、目标颜色追踪和二维码识别的功能。有了这些功能，使得全向移动智能机器人的功能更加丰富，可以适应更多的场景，完成更多类型的任务，为人类、为社会提供更多的服务。

2. 未来展望

本课题的目标功能均已实现，但是仍然有很大的提升空间，主要有以下几个方面：

（1）二维码识别功能目前只能实现识别含义为简单的英文单词和数字的二维码，若二维码代表的含义含有中文，则会识别出乱码。而且二维码识别现在只局限在一些含义非常简单的二维码上，但是我们现在使用的二维码很多功能都比较复杂，有的可以实现页面跳转等。因此，可以设法让全向移动智能机器人识别更多类型功能更丰富的二维码，来更好地满足现代社会的需求。

（2）目前可以根据百度语音 API 来实现语音播报，但是百度云里含有多种类型的 API，其中包含人体分析 API，人体分析 API 可以识别包含数字、拳头、单手比心等 24 类手势。若能根据百度 API 开发出相应的手势识别功能，会更加充分地实现摄像头的功能。

（3）目前语音播报只能完成对输入文字的播报和 IP 地址的播报，若可以将语音播报的功能与二维码识别和手势识别相结合，即识别出二维码的含义后进行含义的语音播报和识别出手势后进行手势含义的播报，将会让全向移动智能机器人的功能更加完善更加丰富。

参考文献

[1] 工业和信息化部,国家发展和改革委员会等."十四五"机器人产业发展规划[Z],工业和信息化部网站,2021.12.

[2] 孙强.全向全驱移动机器人的设计与实现[D].南京理工大学,2019.

[3] 彭涛.四轮全向移动机器人轨迹跟踪智能控制[D].重庆大学,2019.

[4] 王股超.基于 ROS 的全向移动机器人系统设计与研究[D].安徽理工大学,2019.

［5］ 孙日杰.机器人全向移动平台及控制系统设计研究[D].天津大学,2019.
［6］ 李想.基于麦克纳姆轮的全向移动平台控制系统研制[D].中国计量大学,2021.
［7］ Noboru Noguchi,John F. Reid;Qin Zhang;Lei Tian;Al C. Hansen.Vision Intelligence for Mobile Agro-Robotic System[J].Journal of Robotics and Mechatronics,1999(6).
［8］ Ye CL,Zhang JH,Yu SY,et al.Movement Performance Analysis of Mecanum Wheeled Omnidirectional Mobile Robot[J].16th IEEE International Conference on Mechatronics and Automation (IEEE ICMA),2020(7).
［9］ Li J,Hao WD,Chen MF.Research in Target Recognition Arithmetic of Robot on Color[J].International Symposium on Information Science and Engineering,2008(9).

作者简介

赵威,女,本科生,就读于北京信息科技大学信息与通信工程学院物联1901班。

李振华,北京信息科技大学,智慧感知与处理,讲师。

融合传感器数据的 A * 算法的应用优化

王国正 吴韶波
(北京信息科技大学信息与通信工程学院,北京,100101)

摘　要:本文依据传统 A * 算法以及传感器数据进行算法修改,将人数数据融合到 A * 算法中,通过模拟博物馆场景依据每个场馆人数的数据大小合理安排自主导览路线,利用阿里云物联网平台实现数据的存储,服务机器人采用树莓派获取人数数据,传感网应用 ESP8266 进行数据上传,最终完成 A * 算法的修改仿真测试。

关键词:A * 算法;传感器数据;阿里云物联网平台。

Application Optimization of A * Algorithm for Fusion of Sensor Data
Wang Guo-zheng　Wu Shao-bo

Abstract:This paper modifies the algorithm based on the traditional A * algorithm and sensor data, integrates the number of people data into the A * algorithm, reasonably arranges the independent navigation route according to the size of the number of people in each venue, uses the Alibaba Cloud Internet of Things platform to store the data, uses the raspberry pie to obtain the number of people data, and the sensor network uses ESP8266 to upload the data, and finally completes the modification simulation test of the A * algorithm.

Key words:A * algorithm; Sensor data; Alibaba Cloud Internet of Things platform.

一、引言

近年来,随着人工智能技术以及物联网技术的发展,服务型机器人逐渐应用于商场、博物馆等众多领域。智能机器人具有自主路径规划、人机交互、可视化界面等功能,其中路径规划是机器人实现智能自主规划的关键技术。其具体含义是指移动机器人在存在障碍物的真实空间环境中,自主规划出一条无碰撞的有效路径[1]。

路径规划根据可支配的外界环境有效信息的程度可以分为静态路径规划和动态路径规划。依据规划路径实时性,路径规划可分为全局路径规划以及局部路径规划。通过表1对比来看,A * 算法因具备快速高效、灵活度高且精度准确的优势通常作为全局路径规划的唯一选择。但是传统 A * 算法规划的路径在应用到服务机器人的过程中没有综合考虑到服务场所的环境变量,例如人数、温度、光照等,对于规划出的路径往往难以满足用户的需求。

针对上述存在的问题,本文对于传统的 A * 算法融合入人员数据进行改进。模拟博物馆环境,对于已知的四个场馆进行人数统计,应用人体红外传感器进行人数统计,分别在入口出口处放置传感器,单向浏览进入人数加一,出去人数减一。同时应用 ESP8266 模块组将人数数据上传至阿里云物联网平台,机器人应用树莓派从阿里云平台获取数据作为权重值进行参考,通过获取的数据进行比对,最后依据人数做出合理的路径规划,引导游客避开人数较多的场馆,选择人数较少的场馆进行游览。

表 1　各算法优缺点的对比

算法	优点	缺点
A*	可以快速找到最短路线,适用于图形较小的场景	对于大规模场景计算量较大
Dijkstra	可以找到最短路线,适用于不需要考虑地形的情况	对于有障碍物或者需要考虑地形的场景效果较差
Floyd	可以找到任意两点之间的最短路径	算法时间复杂度较高,计算量较大
Bellman-Ford	可以处理带有负权边的图形	算法时间复杂度较高,计算量较大
DFS/BFS	可以找到从起点到终点的任意一条路径	不保证最短路径,可能会出现死循环
GreedyBFS	可以在相对较短时间内找到一条接近最短路径的路线	容易陷入局部最优解而无法找到全局最优解
IDA*	结合了 A* 和 DFS 的优点,可以更快速地找到最短路线	对于复杂地形和大规模场景计算量较大

二、传统 A* 算法

A* 算法最早是由美国学者在 1968 年提出来的一种启发式搜索算法[2]。它同时具备 Dijkstra 算法和贪心搜索算法的优势,能够在启发函数指引下快速靠近目标点的同时确保规划路径最优。传统的 A* 算法代价函数式为

$$F = H + G \tag{1}$$

式中,H 为从当前节点到目标节点的代价,这也就是 A* 算法的启发函数;G 为从开始节点到当前节点的代价。A* 算法通过寻找父节点,以代价函数式计算待检查列表中节点的代价,再作代价比较并寻找新的父节点,不断维护待检查列表与已检查列表,直至父节点为目标点,所有父节点相连即为所规划路径[3]。

传统的 A* 算法步骤如图 1 所示。

由图 1 可知,A* 算法主要是通过存储和更新 OPEN 列表和 CLOSED 列表对节点进行操作。首先将起始点加入 CLOSED 列表中,然后考虑将其周边所有栅格的可用节点加入 OPEN 列表中,并在每个节点中记录一些重要信息,包括前序节点、代价值等。接着选择列表中代价值最小的点作为当前节点,重复上述步骤,若当前的扩展点出现了终点位置或者 OPEN 列表为空,此时采用在 CLOSED 出的路径列表中从后往前找父节点的方式得到一个规划。

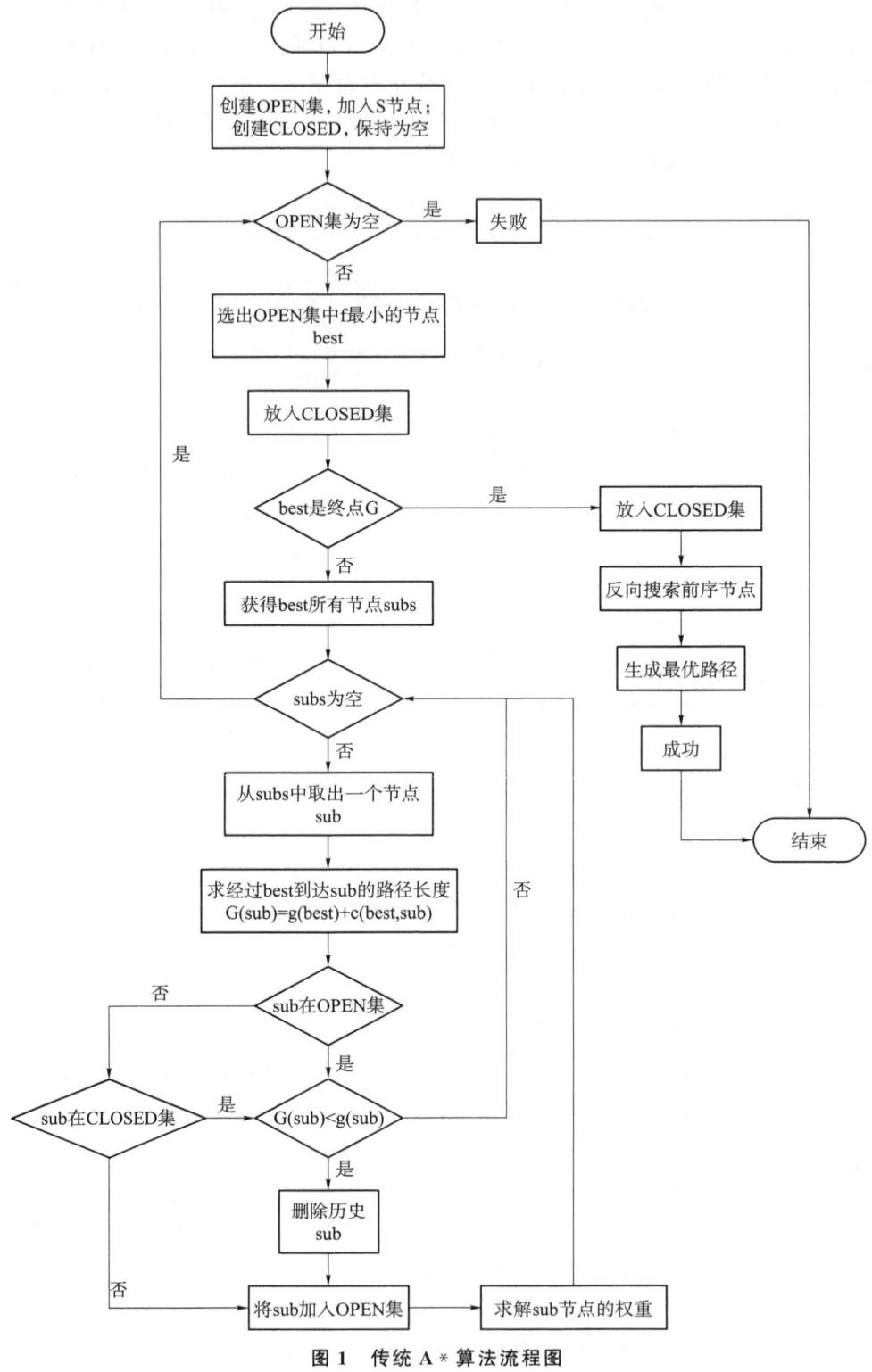

图 1 传统 A*算法流程图

本文上述提到,启发函数会影响 A∗ 算法的行为。在极端情况下,当启发函数 $H(n)$ 始终为 0,则将由 $G(n)$ 决定节点的优先级,此时算法就退化成了 Dijkstra 算法。如果 $H(n)$ 始终小于等于节点 n 到终点的代价,则 A∗ 算法保证一定能够找到最短路径。但是当 $H(n)$ 的值越小,算法将遍历越多的节点,也就导致算法越慢。如果 $H(n)$ 完全等于节点 n 到终点的代价,则 A∗ 算法将找到最佳路径,并且速度很快。在没有达到终点之前,很难确切算出距离终点还有多远。如果 $H(n)$ 的值比节点 n 到终点的代价要大,则 A∗ 算法不能保证找到最短路径。在另外一个极端情况下,如果 $H(n)$ 相较于 $G(n)$ 大很多,则此时只有 $H(n)$ 产生效果,这也就变成了最佳优先搜索。

由上述信息可知,通过调节启发函数可以控制算法的速度和精确度。对于网格形式的图,有以下这些启发函数可以使用:如果图形中只允许朝上下左右四个方向移动,则可以使用曼哈顿距离,如式 2 所示。如果图形中允许朝八个方向移动,则可以使用对角距离,如式 3 所示。如果图形中允许朝任何方向移动,则可以使用欧几里得距离,如式 4 所示。

$$d = |X_i - X_n| + |Y_i - Y_n| \tag{2}$$

$$d = \sqrt{2}(|X_i - X_n| + |Y_i - Y_n|) \tag{3}$$

$$d = \sqrt{(X_i - X_n)^2 + (Y_i - Y_n)^2} \tag{4}$$

考虑到机器人应该为全向移动,因此应用欧几里得距离作为启发函数,对于启发式 A∗ 算法运行结果如图 2 所示,左上方为起点,黑色为障碍物,右下方为终点,最终形成一条从起点到达终点的最短距离。

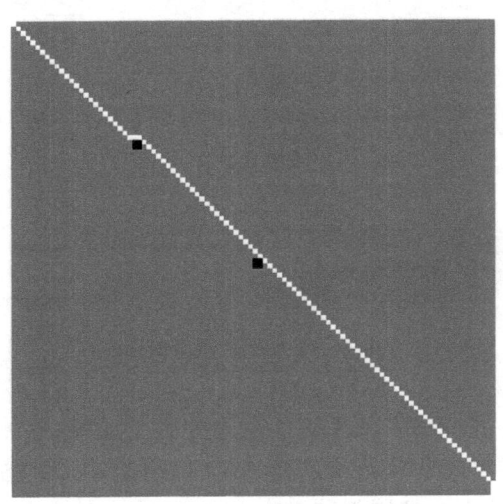

图 2　传统 A∗ 算法流程图

三、融合传感器数据的 A∗ 算法修改

1. 人数数据

对于人数数据获取部分采用物联网三层架构进行设计,如图 3 所示,主要分为三大层面:感知层、传输层和应用层。其功能分别为感知层获取人数数据;传输层进行数据传输,并

对模拟量进行调制与解调;应用层选用阿里云物联网云平台,对传输的数据进行处理以及存储。

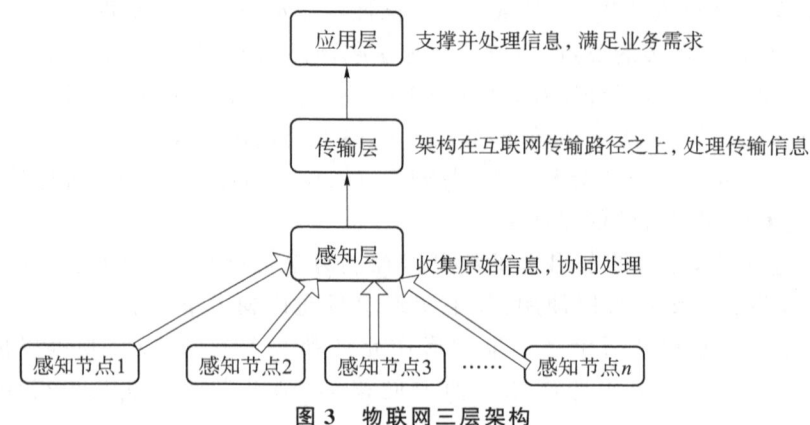

图 3 物联网三层架构

对于感知层设备节点选用 HC-SR501 人体红外传感器获取人数数据,Arduino Uno 核心板进行数据处理,ESP8266 模块进行数据上传。红外传感器利用热释电效应以及菲涅尔透镜进行设置,原理如图 4 所示。

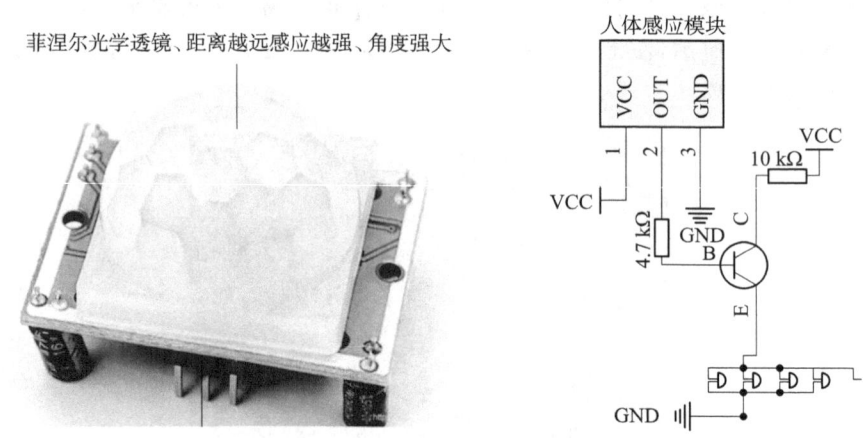

图 4 红外传感器原理图

在当今所应用的核心处理器中单片机已深入到各个领域,在检测控制等领域中拥有广泛的应用,具有成本低、高精度的重量检测及显示、可靠性好,适应温度范围宽、易扩展、控制功能强、方便实现多机和分布式控制等特点[4]。

因此核心板主要采用 ARDUINO UNO 模组,该核心板具有很好的兼容性,可以与各种传感器、执行器、显示器等外部模块进行无缝连接。由于采用的 ATMEGA328P 微控制器有很好的功耗管理能力,可以在待机状态下降低功耗,因此在处理数据时,核心板更加节能。同时连接 ESP8266 模块进行联网操作,引脚对应关系如表 2 所示。

连接 Wi-Fi 模块后,通过连接个人热点进行网络连接操作,连接成功后,采用 MQTT 消息服务器实现消息的发布/订阅功能。此层以现有的互联网和公众电信网为基础,是物联网的神经中枢。

表 2 ARDUINO 基础版连接 Wi-Fi 模块引脚对应关系

ESP8266	ARDUINO UNO	ESP8266	ARDUINO UNO
TX	1(TX1)	RST	—
GND	GND	GPIO0	—
CH_PD	串联 10 kΩ 电阻连接 3.3 V	VCC	3.3 V
GPIO2	—	RX	0(RX0)

应用层主要是软件系统,软件系统统一使用 ARDUINO IDE 进行编程并烧录程序到核心板当中,在接入到硬件系统时需要通过串口调试工具对串口进行测试,通过测试数据判断串口是否可以通信,同时在接入核心板时需要安装相应的驱动模块,ESP82266 NODE MCU 需要安装 CP210x USB to UART BRIDGE 驱动,ESP8266 GENERIC 需要安装 FLASH 驱动。安装驱动成功后才可以通过 Arduino IDE 读取串口信息进行通信。

同时,本文采用阿里云物联网云平台作为数据存储平台,物联网云平台是架设在 IAAS 层上的 PaaS 软件,作为中间件处理数据,作为感知层的数据存储对象和应用层的数据提供对象,提供一站式设备接入、设备管理等服务。常见的物联网云平台有 OneNet,阿里云物联网平台以及然也物联网平台等,本文使用阿里云物联网平台,ESP8266 设备端和物联网平台通过 Wi-Fi 连接,利用 MQTT 协议进行数据传输[5]。

在使用阿里云平台时设备的关键信息就是身份三元组。物联网云平台是由底向上的分层架构,通过各种技术手段和方法实现从传感器/设备到云端的全链路连接,为各种物联网应用场景提供强大的技术支持和数据处理能力。

2. 融合传感器数据的 A * 算法

服务机器人采用 Pymqtt 模块从阿里云物联网平台获取传感器数据后即可进行数据融合判断,进行 A * 算法的修改。通过订阅 MQTT 协议消息获取阿里云数据,设置阈值,当人数值超过阈值时,设定参考数据作为代价函数,根据代价函数修改 A * 算法的参数列表,使其能够避开代价高的位置。

具体来说,可以将那些参考数据值过高的位置的启发式函数设置为极大值或无穷大,以便让 A * 算法避免这些位置,同时将避开的场所写入访问字典,再循环访问该场所,最后,在执行全局路径规划时,使用修改过的 A * 算法进行路径规划。这样就可以避开人群数值过高的地点,并找到一条更加安全舒适的路径。

融合传感器数据作为代价函数权重的 A * 算法如下:

(1) 首先创建场馆列表 halls 存储各馆名称,应用 mqtt 协议根据场馆名称从阿里云盘获取各个场馆人数数据,设置场馆人数阈值。

(2) 创建三个空表 open_list 列表,end_list 列表和 avoid_list 列表,定义起始节点为 start_point,目标节点 end_point。

(3) 将起始节点 s 加入 open 列表中,判断各馆人数是否超过阈值,如果超过且不在 avoid_list 列表中则将该馆节点加入 avoid_list 列表。

(4) 寻找 open_list 列表中 f 值最小的节点 a 作为当前节点,若节点 a 是目标节点且不在 avoid_list 列表中,则找到路径,退出循环,若不是,则继续下一步。

(5) 把当前节点 o 从 open_list 列表中删除并放入到 close_list 列表中,对节点 a 所有相邻节点进行如下判断:

①如果相邻节点不在open_list列表,close_list列表和avoid_list列表中,将此节点添加到open列表中,用当前节点a作为该节点的父节点,并计算该节点的f值;

②如果相邻节点已在open_list列表中,则再次计算该节点的f值,如果新f值小于旧f值,则用新f值替代旧f值,同时将该节点的父节点改为当前节点a;

③如果相邻节点已在close_list列表或者avoid_list列表中,则忽略该节点;

(6)当访问完全部目标节点后,再次判断avoid_list中是否还有节点,若有目标节点则继续访问,没有则程序结束[6]。

重复执行步骤(4)到(6),若当前节点是目标节点或者open_list列表和avoid_list列表均为空,则结束循环。

3. 仿真结果

通过对该改进算法的仿真测试,结果如图5所示。图中绿点表示展馆入口,红点表示出口,蓝点表示各个展馆,根据各个场馆人数是否超过阈值来进行路线选择,红色线表示起点前往4号展览馆路线,绿色标识前往2号展览馆路线,紫色表示前往1号展览馆路线,蓝色表示前往3号展览馆路线,黄色表示前往终点路线,该仿真结果表示,经过加入传感器数据修改后的A*算法可以避开人数较多的场馆进行路径规划。

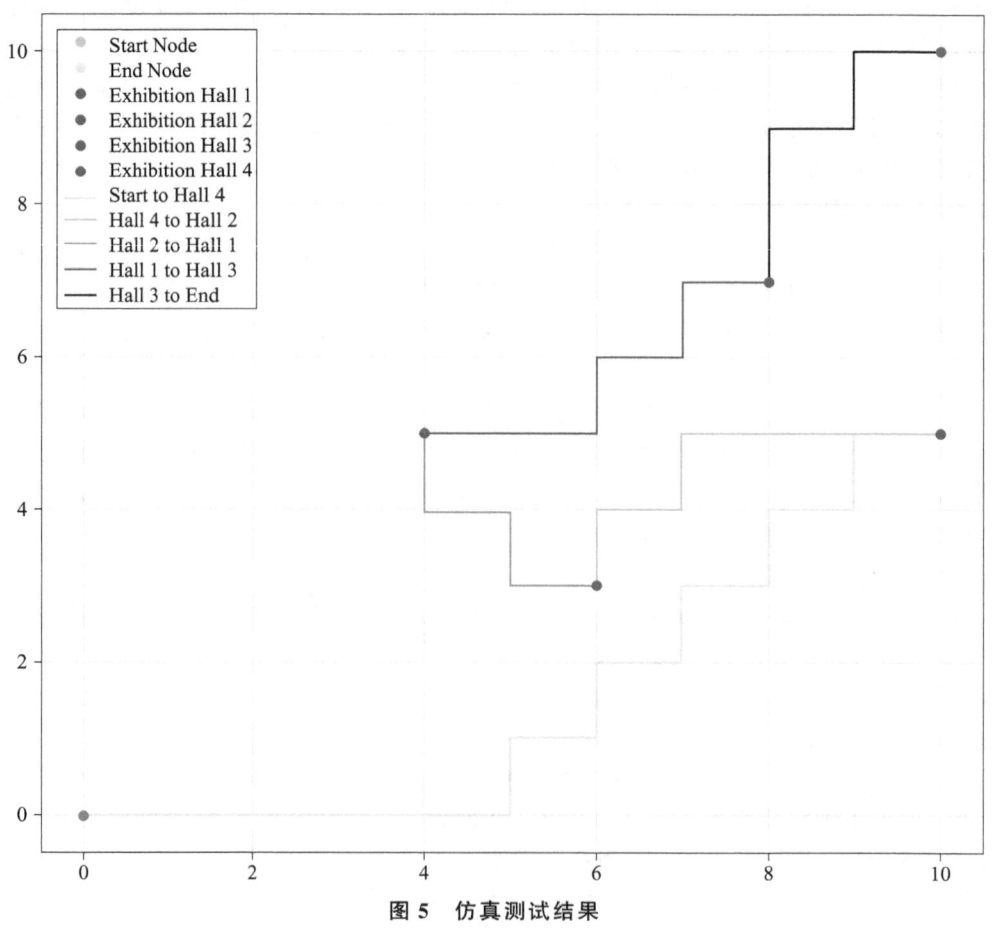

图5 仿真测试结果

四、总结和展望

1. 总结

本文对自主导航中的全局路径规划 A*算法进行修改,通过加入阿里云传感器数据作为参考,避开人数较多的场馆,并在最后再次访问,对修改后的算法进行仿真实现,仿真结果显示,对于 A*算法的修改基本完成,面对未来一些基于传感器数据的实际应用场景,有利于各种创新的应用的开发。

2. 展望

本文只是对于算法修改进行了仿真,并没有应用到实际的服务机器人中,下一步应计划将该算法融合到服务机器人中,实现依据传感器数据实现的自主导航。

参考文献

[1] 霍凤财,迟金,黄梓健,等.移动机器人路径规划算法综述[J].吉林大学学报(信息科学版),2018,36(6):639-647.

[2] 吴鹏,桑成军,陆忠华,等.基于改进 A*算法的移动机器人路径规划研究[J].计算机工程与应用,2019,55(21):227-233.

[3] 宋鑫鹏,赵倩.基于 ROS 和 SLAM 的无人消杀机器人系统设计[J].自动化仪表,2023(1):61-65+71.

[4] 梅佳进.当前单片机技术应用的发展现状分析[J].轻工科技,2021(4):99-100+141.

[5] Guo B,Wang H,Yu F R,et al. Survey of cloud-based computing for the internet of things. IEEE Internet of Things Journal,4(5),1490-1499.

[6] 鲁毅,高永平,龙江腾.A*算法在移动机器人路径规划中的研究[J].湖北师范大学学报(自然科学版),2022(2):59-65.

作者简介

王国正,男,本科生,就读于北京信息科技大学信息与通信工程学院物联1901班。

吴韶波,女,副教授,北京信息科技大学信息与通信工程学院教师。

基于容器的路由器分析

刘纪星　周金和

（北京信息科技大学信息与通信工程学院，北京，100101）

摘　要：传统的基于硬件的网络设备会存在硬件所固有的缺陷，这些缺陷会使网络设备变得不灵活，不能适应技术的快速发展。虚拟化技术可将网络设备和硬件平台进行解耦合，很好地解决了硬件设备存在的缺陷，而容器技术是比虚拟机更敏捷、轻量和高效的虚拟化技术。本文使用容器化的路由器构建三层互联网络，将采用OpenWRT软件创建的虚拟路由器及其依赖项放入Docker容器当中实现了基于容器的虚拟路由器，通过quagga组件使该虚拟路由器支持RIP、OSPF、BGP这三个动态路由协议，并使用路由器的重分布功能解决了路由黑洞问题。进而基于多个虚拟路由器搭建了多个不同拓扑结构的三层互联网络，分别测试分析了虚拟路由器、路由协议和三层网络的功能与性能，包括RIP协议的度量值、OSPF协议的链路状态数据库以及BGP协议的邻居生成过程等，结果表明基于容器的路由器、路由协议和三层网络工作正常，所有路由器均可互联互通。

关键词：OpenWRT；Docker容器；容器化路由器；RIP；OSPF；BGP。

Container-based router design

Jixing Liu　Jinhe Zhou

Abstract：With the continuous development of network technology, the demand for network of various consumer-grade devices is increasing, and traditional hardware-based network equipment will have inherent defects in hardware, which will make network equipment inflexible and unable to adapt to the rapid development of technology. The emergence of virtualization technology decouples network devices and hardware platforms, which solves the defects of hardware devices. This paper uses containerized routers to build a three-layer internetwork, puts the virtual router created by OpenWRT software and software dependencies into the Docker container, and generates a new image based on this container, and then uses the quagga component in OpenWRT to build a three-layer internetwork with three dynamic routing protocols: RIP, OSPF and BGP, and solves the routing blackhole problem through the redistribution function of the router. The test then analyzes the functionality and performance of the virtual router, routing protocol, and virtual network, including the metrics of the RIP protocol, the link-state database of the OSPF protocol, and the neighbor generation process of the BGP protocol. Finally, the connectivity of the three-layer internetwork was tested and it was found that each router in the three-layer internetwork could communicate with each other.

Key words：OpenWRT；Docker containers；Containerized routers；RIP；OSPF；BGP.

---

[1]　项目来源类别：北京信息科技大学信息与通信工程学院毕业设计

一、引言

随着网络技术的发展,专有硬件内部的芯片集成度越来越高,这使得芯片开发成本也越来越高[1]。昂贵的硬件费用、开发成本以及复杂的管理维护等会使得网络业务变得不灵活,不能适应技术快速发展的需求。网络功能虚拟化技术(Network Function Virtualization,NFV)的提出,使得网络功能与硬件平台解耦合成为了可能[2],通过使用通用性硬件以及虚拟化技术来代替专用硬件,承载许多网络功能的软件处理,从而降低昂贵的设备成本[3],实现充分灵活的资源共享以及新业务的快速开发部署。虚拟化技术可以分为平台虚拟化和操作系统虚拟化两类,其中平台虚拟化是针对硬件资源层的虚拟化方案,各种的虚拟机技术都属于平台虚拟化技术[4]。

二、容器化路由器的设计

1. 容器的选择

由于目前 Docker 容器使用的较多,并且它相较于 LXC 容器有着更高的可移植性等优点,所以本次选用 Docker 容器来承载虚拟路由器。Docker 是一个开放的容器引擎,允许开发者将他们的应用和相关依赖项打包到一个可移植的容器中,并发布到其他的机器上面。近年来,在并行与分布计算(如 TPDS)以及存储系统(如 FAST)等领域的高质量会议上都发表过与 Docker 相关的论文[5]。虚拟化技术是实现云计算的关键技术之一,主要是因为虚拟化技术提供了资源隔离和资源控制这两个关键功能[6]。一个 Docker 容器本质上就是宿主机上的一个进程,利用 Namespace 技术实现了不同容器(也就是进程)间的隔离,使得每个容器就像一个小型的虚拟机[7]。

Docker 部署于宿主机中具有更高的启动效率和更少的性能开销[8]。图 1 所示为虚拟机和容器技术的比较,容器技术是一种轻量级的虚拟化技术,一个容器就相当于一个虚拟机,容器之间是完全隔离的,多个容器之间互不干扰。由于多个容器使用的是同一个宿主机内核,所以可以最大化地利用宿主机的资源,同时也可以更加方便地将应用移植到其他计算机上。

图 2 所示为 bridge 模式的示意图,它是 Docker 的默认网络模式,该模式是将容器连接在一个虚拟网桥上,并从网桥的子网中分配一个空闲的 IP 地址作为容器物理网卡的 IP 地址,网桥的 IP 地址作为容器的默认网关。在创建容器时,会在宿主机中创建一对虚拟网卡 veth pair,并将 veth pair 的一端放入宿主机中,另外一端放入创建的容器当中,作为这个容器的物理网卡。在创建容器化路由器时会遇到一个难点,就是如何让这个虚拟路由器拥有多个接口,根据 bridge 模式的原理可以看出,只要将容器连接在多个网桥上面就可以解决这个问题,每一个网桥都为容器分配一张虚拟网卡,一张网卡对应一个接口,这样虚拟路由器就拥有了多个接口。

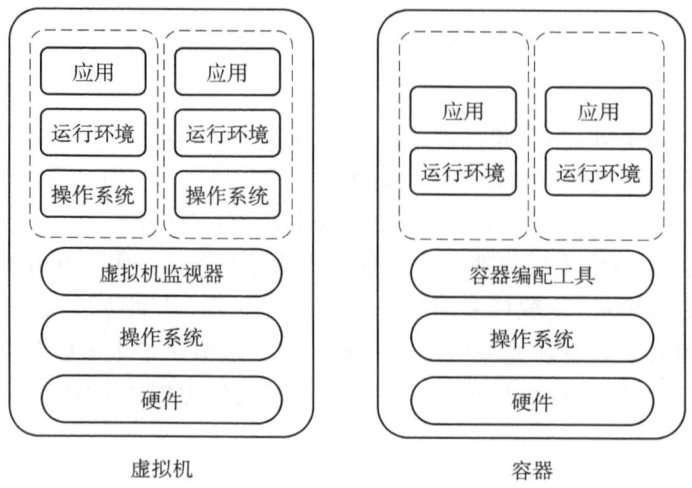

图 1　虚拟机和容器技术的比较

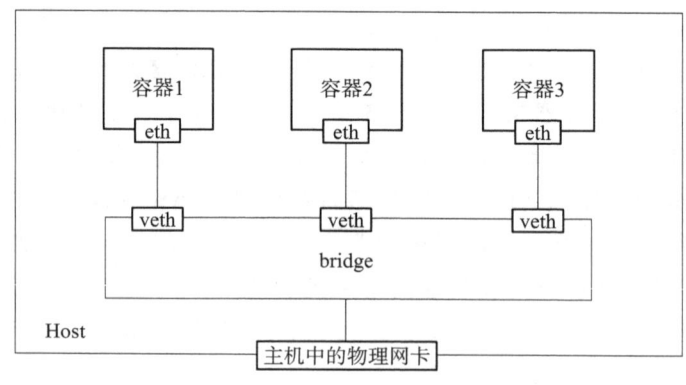

图 2　bridge 模式

2. 容器化路由器的测试环境搭建

本次的目标是使用 OpenWRT 软件来创建多个虚拟路由器，并将其放入 Docker 容器当中。用这些容器化的路由器搭建了一个虚拟三层网络来测试分析容器化路由器的功能与性能。图 3 所示为本次设计使用的拓扑图，记为网络拓扑图 1。图中红色的圈代表自治系统，蓝色的圈代表开放最短路径优先（Open Shortest Path First，OSPF）路由协议的区域。图中共使用到三种动态路由协议，其中 OSPF 协议用来作为 AS 100 的内部网关协议（Interior Gateway Protocol，IGP），使用路由信息协议（Routing Information Protocol，RIP）作为 AS 300 的 IGP 协议。不同自治系统之间使用的是外部边界网关协议（External Border Gateway Protocol，EBGP），用来获取相邻自治系统中的路由信息。在 AS 100 的两个发言人之间设置内部边界网关协议（Internal Border Gateway Protocol，IBGP），用来让两个发言人交换信息。

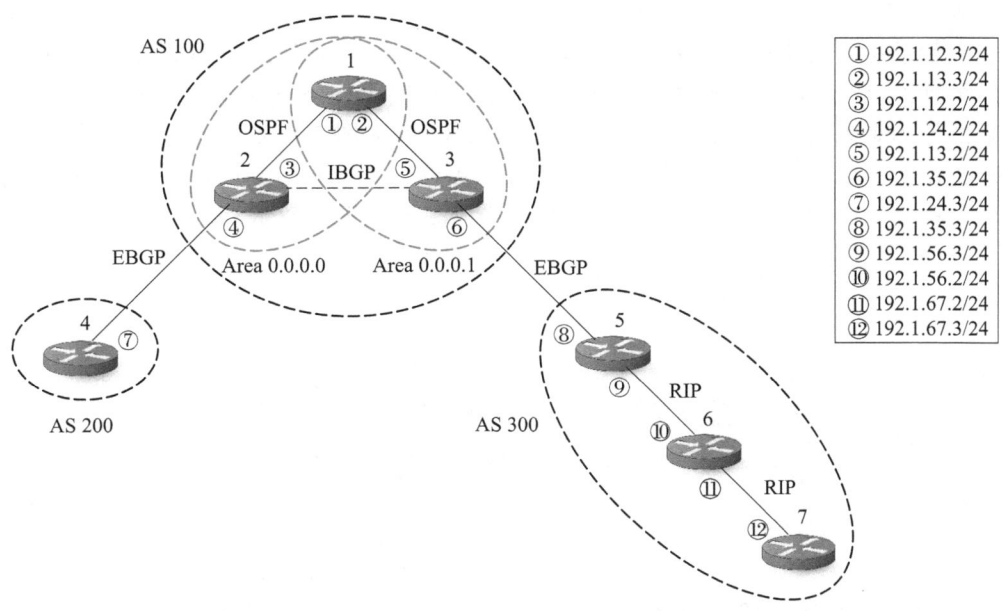

图 3 网络拓扑图 1

在配置完成后,进行网络连接性测试,为了测试网络拓扑图 1 中三层互联网络的连通性,使用相距最远的两个路由器进行测试,也就是使用 4 号路由器去访问 7 号路由器中 IP 地址为 192.1.67.3 的端口,在图 4 中可以看到是能成功访问的。图 5 所示为数据包经过的路径,可以看到该数据包所经过的网关和从网络拓扑图 1 中获得的网关一致,所以可以说明这个三层互联网络中的每台路由器是可以互联互通的。

```
/ # ping 192.1.67.3
PING 192.1.67.3 (192.1.67.3): 56 data bytes
64 bytes from 192.1.67.3: seq=0 ttl=59 time=0.540 ms
64 bytes from 192.1.67.3: seq=1 ttl=59 time=0.285 ms
64 bytes from 192.1.67.3: seq=2 ttl=59 time=0.246 ms
64 bytes from 192.1.67.3: seq=3 ttl=59 time=0.211 ms
64 bytes from 192.1.67.3: seq=4 ttl=59 time=0.226 ms
^C
--- 192.1.67.3 ping statistics ---
5 packets transmitted, 5 packets received, 0% packet loss
round-trip min/avg/max = 0.211/0.301/0.540 ms
```

图 4 4 号路由器访问 192.1.67.3 端口

```
openwrt.org                          192.1.67.3
IPv4 Ping  ▼                         IPv4 Traceroute  ▼

traceroute to 192.1.67.3 (192.1.67.3), 20 hops max, 46 byte packets
 1  192.1.24.2  0.109 ms
 2  192.1.12.3  0.075 ms
 3  192.1.13.2  0.080 ms
 4  192.1.35.3  0.057 ms
 5  192.1.56.2  0.054 ms
 6  192.1.67.3  0.054 ms
```

图 5 数据包经过的路径

3. 测试环境搭建过程中的难点

在三种动态路由协议配置完成之后会发现一个问题,在 4 号路由器的路由表中有 192.1.35.0 网段,但是却 ping 不通,如图 6 所示,这会导致整个网络不能实现互联互通。产生这种现象的原因是因为在 1 号路由器处产生了路由黑洞,从图 7 中 1 号路由器的路由表可以看到表中没有 192.1.35.0 这个网段,所以 4 号路由器向 192.1.35.0 网段发送的数据包在经过 1 号路由器时会被丢掉,从而导致 4 号路由器无法 ping 通 192.1.35.0 网段。

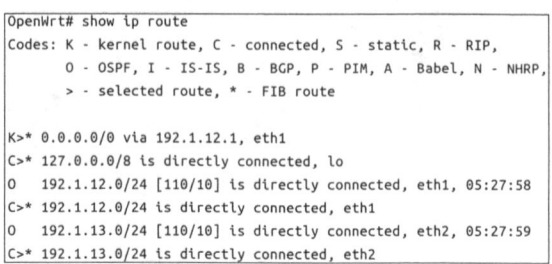

图 6　4 号路由器的路由表　　　　　图 7　1 号路由器的路由表

从图 8 中可以看到 4 号路由器的数据包在经过了 192.1.24.2 这个网关后,便出现问题,也就是数据包到达了 192.1.12.0 这个网段,想要经过 1 号路由器转发,但是 1 号路由器不知道要将数据包发往何处,所以将数据包丢弃,于是导致 4 号路由器无法访问 192.1.35.0 这个网段。

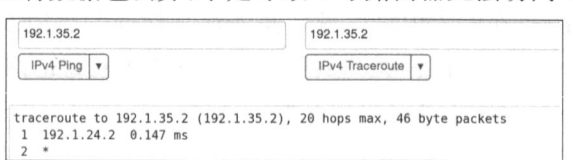

图 8　4 号路由器网络诊断

解决这个问题,就需要使用路由器的重分布功能,也就是在 2 号路由器和 3 号路由器的 OSPF 配置进程中引入 BGP 路由和直连路由,以便于让 1 号路由器学习到这些路由条目。同理需要在 5 号路由器的 RIP 配置进程中引入 BGP 路由和直连路由,以便于让 6 号路由器学习到这些路由条目。这时会发现,每一个路由器都可以 ping 通在网络拓扑图 1 中的所有网段。

三、容器化路由器中路由协议的分析

1. RIP 路由协议

（1）RIP 度量值的测试

RIP 路由协议使用跳数作为度量值来衡量到达目标网络的距离。与当前路由器直连的网络距离为 1,之后每经过一个路由器,距离都会增加 1,直到距离为 15。RIP 路由协议规定每一条路由最多只能经过 15 个路由器,也就是距离最大为 15,当距离为 16 及以上时,默认这条路径不可达。如图 9 所示,5 号路由器的 192.1.56.3 接口到 7 号路由器的 192.1.67.3 接口之间经过了 6 号路由器,也就是经过了 1 个路由器,所以这条路由的距离为 2,路由表中每一条路由的方括号后面的数字为度量值。

```
OpenWrt# show ip route
Codes: K - kernel route, C - connected, S - static, R - RIP,
       O - OSPF, I - IS-IS, B - BGP, P - PIM, A - Babel, N - NHRP,
       > - selected route, * - FIB route

K>* 0.0.0.0/0 via 192.1.35.1, eth1
C>* 127.0.0.0/8 is directly connected, lo
B>* 192.1.12.0/24 [20/0] via 192.1.35.2, eth1, 1d20h41m
B>* 192.1.13.0/24 [20/0] via 192.1.35.2, eth1, 1d20h41m
B>* 192.1.24.0/24 [20/0] via 192.1.35.2, eth1, 1d20h41m
B   192.1.35.0/24 [20/0] via 192.1.35.2 inactive, 1d20h40m
C>* 192.1.35.0/24 is directly connected, eth1
C>* 192.1.56.0/24 is directly connected, eth2
R>* 192.1.67.0/24 [120/2] via 192.1.56.2, eth2, 1d22h22m
```

图 9　5 号路由器的路由表

（2）RIP 路径选择的测试

为了更加直观的展示基于距离矢量算法的 RIP 路由协议,搭建了一个新的网络拓扑图,如图 10 所示,记为网络拓扑图 2。图中共有 5 个路由器,每个路由器之间都配置了 RIP 路由协议。以 1 号路由器为例,1 号路由器想要访问 5 号路由器,会经过 2 号路由器和 3 号路由器,最后到达 5 号路由器,之所以会选择这条路径,是因为数据包走这条路径所经过的路由器最少,而 RIP 协议仅依靠距离来判断最优路由,所以数据包会选择这条路径。

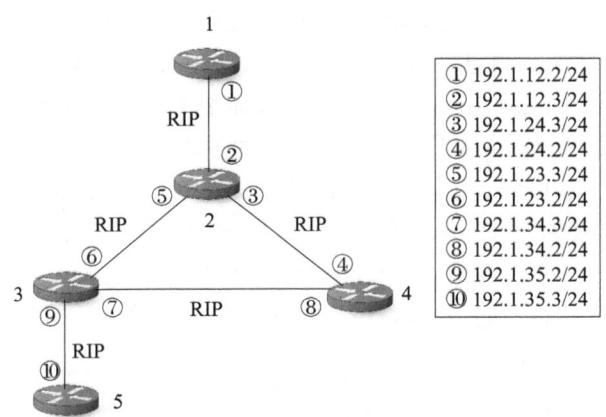

图 10　网络拓扑图 2

图 11 所示为 1 号路由器的路由表,从路由表中可以看到,到达 192.1.35.0 这个网络的距离为 3,也就是经过了 2 个路由器。

```
OpenWrt# show ip route
Codes: K - kernel route, C - connected, S - static, R - RIP,
       O - OSPF, I - IS-IS, B - BGP, P - PIM, A - Babel, N - NHRP,
       > - selected route, * - FIB route

K>* 0.0.0.0/0 via 192.1.12.1, eth1
C>* 127.0.0.0/8 is directly connected, lo
C>* 192.1.12.0/24 is directly connected, eth1
R>* 192.1.23.0/24 [120/2] via 192.1.12.3, eth1, 00:02:52
R>* 192.1.24.0/24 [120/2] via 192.1.12.3, eth1, 00:02:47
R>* 192.1.34.0/24 [120/3] via 192.1.12.3, eth1, 00:01:56
R>* 192.1.35.0/24 [120/3] via 192.1.12.3, eth1, 00:01:51
```

图 11　1 号路由器的路由表

图 12 所示为 1 号路由器发送的数据包所经过的路径，可以看到数据包经过了 2 号接口和 6 号接口，最终通过 10 号接口到达 5 号路由器，也就是数据包经过了 2 号路由器和 3 号路由器，与距离矢量算法相符。

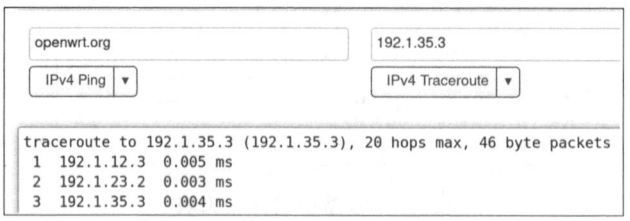

图 12　1 号路由器的网络诊断

2. OSPF 路由协议

（1）OSPF 链路状态数据库的分析

在 OSPF 协议中，每一个区域中的路由器都无法看见该区域外的网络拓扑结构。以处在区域 0 中的 2 号路由器为例，图 13 为 2 号路由器的链路状态数据库，从中可以看到 2 号路由器的链路状态数据库中没有区域 1 中路由器的链路状态信息。在 OSPF 的链路状态数据库中，Router Link States 为 1 类链路状态通告（Link State Advertisement，LSA），这一类 LSA 需要每个路由器都通告自己所在的位置信息，所以在这一类 LSA 中可以看到该区域的所有路由器 ID。Net Link States 是 2 类 LSA，其中 Link ID 为指定路由器（Designated Router，DR）的接口 IP 地址，ADV Router 为 DR 的 Router ID。DR 的选举是基于接口的，接口的 DR 优先级越大越优先，将优先级大的选举为 DR。但是默认情况下，接口的 DR 优先级是相等的，所以需要对比 Router ID，Router ID 越大的越优先被选举为 DR。在网络拓扑图 1 中，1 号、2 号、3 号路由器的 Router ID 分别为 10.1.1.1、10.1.1.2、10.1.1.3。在区域 0 中，由于 1 号和 2 号路由器之间，2 号路由器的 Router ID 更大，所以 2 号路由器被选举为 DR，Link ID 为 192.1.12.2 接口。

```
OpenWrt# show ip ospf database

    OSPF Router with ID (10.1.1.2)

        Router Link States (Area 0.0.0.0)

Link ID         ADV Router      Age  Seq#       CkSum  Link count
10.1.1.1        10.1.1.1        511  0x80000004 0x4348 1
10.1.1.2        10.1.1.2        512  0x80000003 0x2468 1

        Net Link States (Area 0.0.0.0)

Link ID         ADV Router      Age  Seq#       CkSum
192.1.12.2      10.1.1.2        512  0x80000001 0x9ec2

        Summary Link States (Area 0.0.0.0)

Link ID         ADV Router      Age  Seq#       CkSum  Route
192.1.13.0      10.1.1.1        501  0x80000002 0xf87d 192.1.13.0/24
```

图 13　2 号路由器的链路状态数据库

（2）OSPF 虚拟链路的搭建与分析

OSPF 路由协议要求每个区域都必须连接在骨干区域上，如果区域不与骨干区域相连，则无法学习到其他区域的链路状态信息，也就无法访问其他区域，导致该区域变为一座孤岛。为了更加直观地了解到 OSPF 路由协议的这一特点，搭建了一个新的网络拓扑图，如图 14 所示，记为网络拓扑图 3。

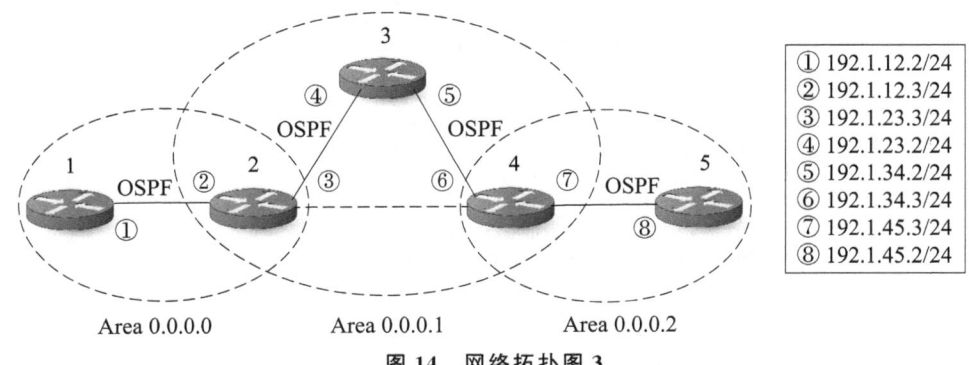

图 14　网络拓扑图 3

在路由协议配置完成后会发现，5 号路由器的路由表中没有到 192.1.12.0、192.1.23.0、192.1.34.0 网络的路由信息，如图 15 所示。这是因为 Area 0.0.0.2 没有连接在骨干区域上，所以无法获取到 Area 0.0.0.0 和 Area 0.0.0.1 的链路状态信息，从而变成一座孤岛，于是 5 号路由器的路由表中只有本区域的路由信息。

```
OpenWrt# show ip route
Codes: K - kernel route, C - connected, S - static, R - RIP,
       O - OSPF, I - IS-IS, B - BGP, P - PIM, A - Babel, N - NHRP,
       > - selected route, * - FIB route

K>* 0.0.0.0/0 via 192.1.45.1, eth1
C>* 127.0.0.0/8 is directly connected, lo
O   192.1.45.0/24 [110/10] is directly connected, eth1, 00:40:07
C>* 192.1.45.0/24 is directly connected, eth1
OpenWrt# ping 192.1.12.2
PING 192.1.12.2 (192.1.12.2): 56 data bytes
^C
--- 192.1.12.2 ping statistics ---
2 packets transmitted, 0 packets received, 100% packet loss
```

图 15　5 号路由器的路由表

有时候会因为网络合并，导致无法避免这种情况，这时候便可以通过构建虚拟链路来解决，让该区域与骨干区域建立逻辑上的连接，如网络拓扑图 3 中所示，在 3 号接口和 6 号接口上建立一条虚拟链路，使 2 号区域在逻辑上连接在骨干区域上。如图 16 所示，在虚拟链路配置完成后，可以看到 5 号路由器可以获取到其他区域的链路状态信息了，并且也可以正常访问其他区域的路由器。

```
OpenWrt# show ip route
Codes: K - kernel route, C - connected, S - static, R - RIP,
       O - OSPF, I - IS-IS, B - BGP, P - PIM, A - Babel, N - NHRP,
       > - selected route, * - FIB route

K>* 0.0.0.0/0 via 192.1.34.1, eth1
C>* 127.0.0.0/8 is directly connected, lo
O>* 192.1.12.0/24 [110/30] via 192.1.34.2, eth1, 00:56:28
O>* 192.1.23.0/24 [110/20] via 192.1.34.2, eth1, 00:56:28
O   192.1.34.0/24 [110/10] is directly connected, eth1, 00:56:33
C>* 192.1.34.0/24 is directly connected, eth1
O   192.1.45.0/24 [110/10] is directly connected, eth2, 00:56:24
C>* 192.1.45.0/24 is directly connected, eth2
OpenWrt# ping 192.1.12.2
PING 192.1.12.2 (192.1.12.2): 56 data bytes
64 bytes from 192.1.12.2: seq=0 ttl=62 time=0.335 ms
64 bytes from 192.1.12.2: seq=1 ttl=62 time=0.150 ms
64 bytes from 192.1.12.2: seq=2 ttl=62 time=0.165 ms
^C
--- 192.1.12.2 ping statistics ---
3 packets transmitted, 3 packets received, 0% packet loss
round-trip min/avg/max = 0.150/0.216/0.335 ms
```

图 16 5 号路由器的路由表

3. BGP 路由协议

（1）BGP 邻居关系建立的过程分析

如图 17 所示，在网络拓扑图 1 中的 5 号路由器尝试与 3 号路由器建立 BGP 邻居关系。

```
BGP neighbor is 192.1.35.2, remote AS 100, local AS 300, external link
  BGP version 4, remote router ID 192.1.35.2
  BGP state = Established, up for 00:29:32
```

图 17 5 号路由器与 3 号路由器建立 EBGP 邻居关系

在图 18 中可以看到，网络拓扑图 1 中 5 号路由器的更新源，也就是 IP 地址为 192.1.35.3 的接口，被随机赋予了一个高端口号。而 BGP 邻居，也就是 IP 地址为 192.1.35.2 的接口则被赋予了一个固定的端口号，179 号端口，这个端口号为 BGP 邻居的固定 TCP 端口号。5 号路由器想要使用 192.1.35.3 接口去访问 192.1.35.2 接口，而 3 号路由器中设定的 BGP 邻居为 192.1.35.3 接口，所以 3 号路由器允许来自 192.1.35.3 接口的访问，于是 TCP 连接便可以成功建立，从而在 3 号路由器和 5 号路由器之间建立了 EBGP 邻居关系。其他路由器之间 TCP 连接可以成功建立，也是基于这个原理。

```
Local host: 192.1.35.3, Local port: 57146
Foreign host: 192.1.35.2, Foreign port: 179
Nexthop: 192.1.35.3
```

图 18 5 号路由器的 192.1.35.3 接口访问 192.1.35.2 接口

（2）BGP 防环路功能的测试

BGP 路由协议为了防止路由环路，设置了防环路措施。从 IBGP 对等体获得的 BGP 路由信息，只会发送给他的 EBGP 对等体。从 EBGP 对等体获得的 BGP 路由信息，则可以发送给他所有的 EBGP 和 IBGP 对等体。为了更好地了解 BGP 路由协议的防环路措施，设计了一个新的网络拓扑图,如图 19 所示,记为网络拓扑图 4。在这个网络拓扑图中,自治系统内部的路由协议使用 OSPF 协议。

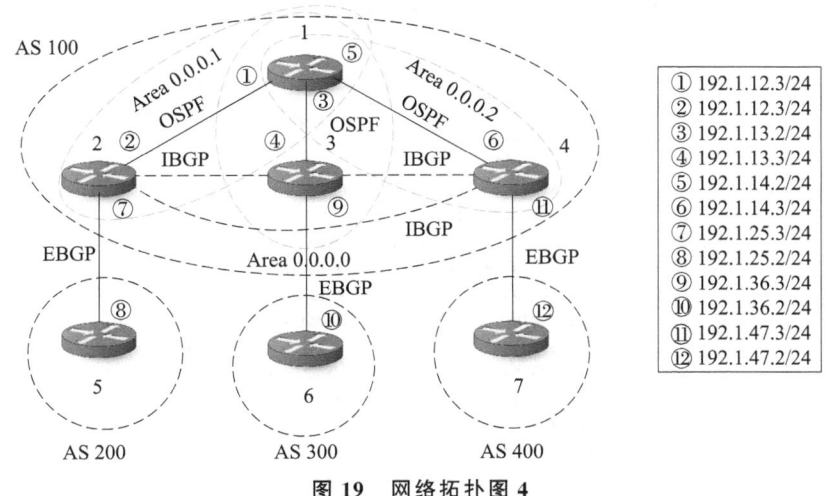

图 19　网络拓扑图 4

如果只在 2 号、4 号接口之间和 4 号、6 号接口之间配置 IBGP 路由协议,会发现 5 号路由器的路由表中只有 AS 100 和 AS 300 的路由信息,没有 AS 400 的路由信息,这是因为 3 号路由器从 4 号路由器获得的信息无法发送给 2 号路由器,所以便会导致 5 号路由器无法接收到 AS 400 的路由信息,如图 20 所示。

```
OpenWrt# show ip route
Codes: K - kernel route, C - connected, S - static, R - RIP,
       O - OSPF, I - IS-IS, B - BGP, P - PIM, A - Babel, N - NHRP,
       > - selected route, * - FIB route

K>* 0.0.0.0/0 via 192.1.25.1, eth1
C>* 127.0.0.0/8 is directly connected, lo
B>* 192.1.12.0/24 [20/0] via 192.1.25.3, eth1, 00:07:26
B>* 192.1.13.0/24 [20/0] via 192.1.25.3, eth1, 00:07:20
B>* 192.1.14.0/24 [20/0] via 192.1.25.3, eth1, 00:07:17
B   192.1.25.0/24 [20/0] via 192.1.25.3 inactive, 00:04:50
C>* 192.1.25.0/24 is directly connected, eth1
B>* 192.1.36.0/24 [20/0] via 192.1.25.3, eth1, 00:04:08
OpenWrt# ping 192.1.36.2
PING 192.1.36.2 (192.1.36.2): 56 data bytes
64 bytes from 192.1.36.2: seq=0 ttl=61 time=0.142 ms
64 bytes from 192.1.36.2: seq=1 ttl=61 time=0.208 ms
^C
--- 192.1.36.2 ping statistics ---
2 packets transmitted, 2 packets received, 0% packet loss
round-trip min/avg/max = 0.142/0.175/0.208 ms
```

图 20　5 号路由器的路由表

解决的办法就是在 2 号接口和 6 号接口之间再配置一个 IBGP 路由协议,这样 2 号路由器就可以接收到 AS 400 的路由信息,并且 2 号路由器从 4 号路由器获得的信息可以发送给 5 号路由器,这样网络拓扑图 4 中的每个路由器都拥有其他路由器的路由信息,网络就可以实现互联，从图 21 中可以看到 5 号路由器的路由表中拥有网络拓扑图 4 中所有网络的路由信息。最后测试网络的连通性，例如尝试用 5 号路由器访问 192.1.47.2 接口，发现是可以访问的，最后经过多次测试，发现所有路由器都可以互联互通。

```
OpenWrt# show ip route
Codes: K - kernel route, C - connected, S - static, R - RIP,
       O - OSPF, I - IS-IS, B - BGP, P - PIM, A - Babel, N - NHRP,
       > - selected route, * - FIB route

K>* 0.0.0.0/0 via 192.1.25.1, eth1
C>* 127.0.0.0/8 is directly connected, lo
B>* 192.1.12.0/24 [20/0] via 192.1.25.3, eth1, 00:12:59
B>* 192.1.13.0/24 [20/0] via 192.1.25.3, eth1, 00:12:53
B>* 192.1.14.0/24 [20/0] via 192.1.25.3, eth1, 00:12:50
B   192.1.25.0/24 [20/0] via 192.1.25.3 inactive, 00:10:23
C>* 192.1.25.0/24 is directly connected, eth1
B>* 192.1.36.0/24 [20/0] via 192.1.25.3, eth1, 00:09:41
B>* 192.1.47.0/24 [20/0] via 192.1.25.3, eth1, 00:00:23
OpenWrt# ping 192.1.47.2
PING 192.1.47.2 (192.1.47.2): 56 data bytes
64 bytes from 192.1.47.2: seq=0 ttl=61 time=0.216 ms
64 bytes from 192.1.47.2: seq=1 ttl=61 time=0.218 ms
^C
--- 192.1.47.2 ping statistics ---
2 packets transmitted, 2 packets received, 0% packet loss
round-trip min/avg/max = 0.216/0.217/0.218 ms
```

图 21　5 号路由器的路由表

四、总结和展望

1. 总结

本文使用 Docker 容器作为 OpenWRT 软件的载体，将 OpenWRT 软件及其依赖项放入到 Docker 容器当中，形成一个容器化的虚拟路由器。在获得了多个容器化路由器之后，会发现在默认的情况下，每个容器只有一张网卡，这显然是不满足要求的，因为搭建一个三层网络，需要每个路由器拥有多个接口，每一个接口对应一个 IP 地址，也就是一张网卡。所以在创建好容器之后，需要断开默认连接的 bridge 网桥，之后在宿主机中创建多个所需网段的网桥，将新创建的容器连接在这个网桥上，并手动给其分配一个空闲的 IP 地址。由于 OpenWRT 软件初始状态下只支持静态路由，无法满足需求，所以需要为 OpenWRT 安装 quagga 组件，以支持动态路由协议，接着就可以开始配置三层网络了。在配置完三种路由协议之后，会发现一部分路由器不能访问某些网络，这是因为在网络中产生了路由黑洞，在本文中为 1 号路由器和 6 号路由器，这两个路由器中没有去往目标网络的路由信息，所以当数据包传送过来之后会被丢掉，就会产生网络无法访问的问题，解决这个问题，需要使用路由器的重分布功能。

2. 未来展望

本文是使用 OpenWRT 软件中的 quagga 组件来搭建的三层互联网络，在未来可以尝试直接使用 quagga 软件来搭建网络。在未来还可以尝试让其中一台路由器接入互联网，其他路由器通过接入互联网的那台路由器访问外部网络。

参考文献

[1] Wolkerstorfer J,Oswald E,Lamberger M. An ASIC Implementation of the AES SBoxes[C]. The Cryptographer's Track at the Rsa Conference on Topics in Cryptology. Springer-Verlag,2002:67-68.

[2] 葛虎.基于Linux容器构建网络功能虚拟化平台[D].中国科学技术大学,2016.

[3] 胡建英.通信行业云改时代的到来[J].通信电源技术,2020,37(2):210-211.

[4] 郭帅.网络功能虚拟化平台研究[D].电子科技大学,2018.

[5] 吴逸文,张洋,王涛,等.从Docker容器看容器技术的发展:一种系统文献综述的视角[J/OL].软件学报:1-25[2023-3-5].

[6] Dua R(Dua Rajdeep),Raja AR(Raja A.Reddy),Kakadia D(Kakadia Dharmesh). Virtualization vs Containerization to support PaaS[C]//Cloud Engineering(IC2E),2014 IEEE International Conference on.IEEE,2014:610-614.

[7] 李伟东.基于Kubernetes的容器云平台强多租户模型关键技术研究[D].浙江大学,2019.

[8] 黄俊,陈曦,吴涛.基于Docker的网络仿真平台设计与实现[J].现代信息科技,2023,7(4):1-5+9.

作者简介

刘纪星,男,本科生,就读于北京信息科技大学信息与通信工程学院电信1902班。

周金和(指导教师),北京信息科技大学,网络理论与技术,教授。

基于区块链的核心网鉴权方法研究

于泊远

(北京信息科技大学信息与通信工程学院,北京,100101)

摘 要:本文主要研究了移动通信核心网中隐私数据保护的复杂工程问题。该问题涉及移动通信、第五代移动通信技术(5th Generation Mobile Communication Technology,5G)核心网、通信标准、区块链、智能合约和密码学等多个领域的知识,需要进行综合分析和实践。本文旨在解决传统鉴权方法存在的安全性和可靠性问题,提出了一种基于区块链技术的新型鉴权方法。该方法利用区块链技术来记录和验证网元隐私信息,以确保核心网内部的安全性和可靠性。同时,该方法还采用了去中心化的方式来管理网络资源,从而避免了单点故障和数据篡改等问题。为了验证方法的有效性,本文进行了一系列实验,并对实验结果进行了详细分析。实验结果表明,基于区块链技术的核心网鉴权方法能够有效地提高网络安全性和可靠性,并且具有较高的扩展性和定制化能力。接着该方案针对 5G 核心网进行了定制化方案设计,并提出了一种基于区块链的信息共享方案。该方案能够有效地解决信息共享过程中存在的安全问题,并且具有较好的效率和可靠性。

最后,在结论部分对本文的研究内容进行了总结,并提出了未来的工作方向。总体而言,本文提出的基于区块链和去中心化身份的存储与验证方案以及基于区块链的信息共享方案能够有效地保护隐私数据,并且具有较好的安全性和可扩展性。

关键词:区块链;核心网;鉴权;智能合约;隐私数据保护。

Research on Blockchain-based Authentication Method for Core Network

Yu Boyuan

Abstract: This paper focuses on the complex engineering problem of privacy data protection in mobile communication core networks. The problem involves knowledge from multiple fields such as mobile communication, fifth-generation mobile communication technology core network, communication standards, blockchain, smart contracts and cryptography, and requires comprehensive analysis and practice. This paper aims to solve the security and reliability problems of traditional authentication methods and proposes a new authentication method based on blockchain technology. The method uses blockchain technology to record and verify the privacy information of network elements to ensure the security and reliability within the core network. The method also adopts a decentralized approach to manage network resources, thus avoiding problems such as single point of failure and data tampering. To verify the effectiveness of the method, a series of experiments are conducted in this paper and the experimental results are analyzed in detail. The ex-

---

① 项目来源类别:科研项目

perimental results show that the core network authentication method based on blockchain technology can effectively improve network security and reliability, and has high scalability and customization capability. The solution then carries out a customized solution design for the 5G core network and proposes a blockchain-based information sharing scheme. The scheme can effectively solve the security problems in the process of information sharing and has better efficiency and reliability.

Finally, the research content of this paper is summarized in the conclusion section, and the future work direction is proposed. Overall, the blockchain and decentralized identity-based storage and verification scheme and the blockchain-based information sharing scheme proposed in this paper can effectively protect private data and have better security and scalability.

Key words: Blockchain; Core Network; Authentication; Smart Contract; Privacy Data Protection.

一、概述

1. 研究背景及意义

工业和信息化部印发《"十四五"信息通信行业发展规划》[1]（以下简称《规划》），描绘了2021年至2025年信息通信行业的发展趋势。《规划》指出，"十四五"期间信息通信行业的总体目标是：到2025年，基本建成高速泛在、集成互联、智能绿色、安全可靠的新型数字基础设施体系，为支撑制造强国、网络强国、数字中国建设夯实发展基础。《规划》全面部署了新型数字基础设施，包括5G、千兆光纤网络、IPv6、移动物联网、卫星通信网络等新一代通信网络基础设施，数据中心、人工智能基础设施、区块链基础设施等数据和算力设施，以及工业互联网、车联网等融合基础设施。除了强调5G等具体领域的发展速度，《规划》还特别提出在移动通信领域中遇到的数据安全、个人信息保护等新问题，并且提出各行各业的人才也需要共同参与隐私数据保护问题的治理和维护，从而保障个人和企业的隐私和安全。

近年来隐私数据泄露案件层出不穷，其中的一系列的事件值得关注。2022年2月Cyber news研究团队发现了一个配置错误且可公开访问的云存储Digital Ocean桶，里面有超过360万个属于ICICI银行①的文件。文件暴露了该银行及其客户的敏感数据。在被泄露的客户数据中，有银行账户信息、信用卡号码、全名、出生日期、家庭住址、电话号码和电子邮件等信息。桶内还存储了客户护照、身份证和印度纳税人识别号的文件，以及银行报表和客户表格等。

2022年9月据The hacker news报道三星公司确认经历了一起网络安全事件，导致部分客户信息被未授权访问，这是三星公司今年第二次报告此类数据泄露事件。"2022年7月下旬，未经授权的第三方从三星公司的一些系统中获取了信息"，三星公司在一份通知中披露："在2022年8月4日前后，我们通过正在进行的调查确定某些客户的个人信息受到影响。"三星公司表示黑客能够访问某些数据，例如姓名、联系方式和人口统计信息、出生日期和产品注册详细信息，且每个相关客户泄露的信息可能会有所不同。这是三星公司2022年

---

① ICICI银行是一家价值超过760亿美元的印度跨国企业，在印度各地有5 000多个分支机构，并在全球至少15个国家设有分支机构。2022年，ICICI银行的资产被印度政府命名为"关键信息基础设施"对它的任何伤害都会影响国家安全。然而，尽管银行基础设施在国家层面处于关键地位，但关键数据的安全并没有得到保证。

第二次遭遇黑客攻击,2022年3月,三星透露与其Galaxy智能手机相关的源代码在LAPSUS＄勒索团伙发动的攻击之后被泄露。

2022年12月立陶宛Nord Security公司的研究报告指出,全球有超过500万人的数据在被窃取之后放在机器人网络上售卖。其中影响最严重的是印度,共有60万印度账户信息在机器人网络上销售,平均每个账号的售价为490卢比(约合41.49元人民币)。报告中指出这些被盗的数据包括用户登录凭证、cookies、数字指纹、屏幕截图和其他相关信息。该公司主要研究了Genesis Market、Russian Market和2Easy这三家机器人市场,发现这些被盗的信息来自Google、Microsoft和Facebook账号。

以上2022年的三个事件均是隐私数据泄露的典型案例,可见隐私数据泄露会对个人和企业的安全和经济造成极大的威胁。一旦个人的敏感信息(例如银行账户信息、信用卡号码、护照、身份证等)泄露,就可能被不法分子利用进行诈骗、盗窃、身份欺诈等活动,造成财产损失和不可逆的后果。对于企业而言,隐私数据泄露也可能导致商业机密泄露、知识产权被窃取等问题,从而影响企业的竞争力和声誉。

因此,隐私数据保护技术变得非常迫切。在信息通信行业发展规划中,政府已经提出了这些新一代通信网络基础设施和数据算力设施的建设为隐私数据保护提供了更加坚实的基础。随着通信网络规模和需求迅速扩大,需要迫切地解决在移动通信中核心网内部隐私信息保护与安全问题和各个网元间相互协作能力与效率问题。5G实现了用户平面与控制平面的分离,分散了核心网络架构的设计。现在的5G核心网是基于服务的体系结构(Service-Based Architecture,SBA),其核心是将5G核心网中的网络元素分解为相互独立和特定的网络功能(Network Functions,NFs)。在核心网的部署过程中,NF能够自由编码,以满足不同应用场景的多样化需求。5G网络与传统的2G、3G和4G连接兼容,并为用户设备(User Equipment,UE)提供了一个连接到互联网的接口。复杂的网络连接结构对5G的安全提出了新的挑战,5G的安全也关系到整个网络结构的安全性和稳定性。

核心网的安全威胁包括但不限于分布式拒绝服务攻击(Distributed Denial of Service,DDoS)、中间人攻击和窃听攻击等[1-4],这将对5G核心网的可靠性和消息的隐私保护构成重大威胁。5G核心网作为5G的信号处理中心,其安全性和可靠性对5G的正常运行至关重要。作为核心网的基本单元,NFs使用基于服务的接口(SBI)进行通信。NFs相互协作,实现了5G核心网的业务功能。5G核心网的业务功能能够具体地分解为一组相关的NF服务访问。基于第三代合作伙伴关系项目(3rd Generation Partnership Project,3GPP)定义的NF服务访问程序,NF能够请求对其他NF服务的访问,因此确保NF服务访问程序的安全性是确保5G核心网正常运行的基础。

其中NF和NRF(Network Repository Function)是5G核心网的重要核心部分,它们的正常工作对于5G网络的性能、可靠性和安全性至关重要。NF是5G核心网的基本单元,它们使用SBI进行通信,并相互协作实现5G核心网的业务功能。NF的编码和部署决定了5G核心网的功能和性能,因此确保NF的正常工作对于5G网络的正常运行至关重要。NRF作为5G核心网的核心网元之一,其作用是管理5G核心网的网络功能资源,包括NF和网络切片等。NRF的失效可能导致5G核心网的故障,从而影响网络性能和服务质量。

此外，NRF的安全性也是5G核心网的重要组成部分，保障NRF的安全性对于确保5G核心网的正常运行和防范安全威胁至关重要。

随着6G即将到来，未来的通信网络将面临更加复杂的挑战。在这种情况下，确保NF和NRF的正常工作将成为更为重要的任务。因此，需要制定一些新的解决方案来确保NF和NRF的正常运行和安全性，以应对未来网络的挑战。

2. 国内外研究现状

现在已经有了一些工作分析了5G核心网中的安全威胁。Ahmad等人提出5G核心网是安全威胁的主要目标，容易出现安全漏洞[3]。Cao等人分析了5G SBA的安全性，提出攻击者能够窃听、篡改NF之间的通信信息，或发起中间人攻击[5]。Bhuiyan等人对SBI进行了安全性测试，发现一些接口存在安全威胁，如劫持攻击、授权绕过、恶意重定向[6]等。文献分析了与5G核心网的开放接口相关可能存在的安全风险[7]。提出5G SBI架构中采用的互联网web技术存在许多安全漏洞，5G核心网共享的应用编程接口（Application Programming Interface，API）功能等网络暴露功能（Network Exposure Function，NEF）的安全性可能成为一个问题。Zhang等人分析了5G核心网的体系结构，指出当前的5G核心网面临DDoS攻击和隐私披露风险[8]。Zhang等人研究了由5G网络协议定义的NF服务访问过程。他们提出，如果访问令牌泄露了[9]，攻击者能够非法调用NF服务。

协议推进小组和学者们还设计了许多安全机制来处理5G中的安全问题。3GPP协议推进小组在开发5G标准化方案时，对5G的安全性进行了全面的考虑。他们分析了当前5G的信任模型、密钥的层次结构，以及当前5G的访问认证机制[10]。Fang等人总结了5G无线安全所面临的挑战和未来的发展方向，并提出了一种新的5G无线安全架构。他们分析了所提出的架构[11]的身份管理和灵活的认证。Zhang等人总结了当前5G SBA所采用的安全机制，包括UE认证机制、安全SBI和NFs[8]提供的安全网络暴露接口。Ferrag等人对5G蜂窝网络的网络认证和隐私保护方案进行了全面的综述。他们从加密方法、人为因素和入侵检测方法[12]三个方面总结了这些方案。Zhang等人为服务访问过程设计了一种访问令牌增强方案，通过在访问令牌[9]中引入随机和序列因子来抵抗对令牌的重放攻击。

同时，也有研究人员已经分析5G核心网中潜在的各种安全隐患[14-35]并提出了针对5G核心网中潜在的安全威胁的各种解决方案[13-41]，也分析了各个可能信任管理作为一种安全增强方案已被注意到并引入移动通信网络。近年来，信任模型在许多领域被应用于量化和管理信任，如金融、无线传感器网络、车载网络、边缘计算、云计算、物联网和5G网络切片。研究人员用来建立信任模型的主要方法包括贝叶斯理论、D-S理论、模糊逻辑、机器学习和图论。目前，信任模型的研究相对成熟，建立信任模型的方法多样。然而，面对移动网络日益增长的安全要求，研究人员定性地提出，通过结合信任管理能够提高5G核心网的安全性，但目前还缺乏一种定量的信任管理方案。

现有工作分析了5G核心网中的部分安全威胁，有学者提出了一些新的5G无线安全架构和网络认证和隐私保护方案，提出了许多安全机制来处理5G中的安全问题等，同时3GPP协议推进小组在开发5G标准化方案时对5G的安全性进行了全面的考虑，这些工作为解决未来通信网络的安全问题提供了有用的参考和思路[42-44]。出于对隐私数据安全性的考虑,以及未来通信网络规模和需求迅速增长,需要更优解决方案以解决核心网内部安全问题和网元间相互协作能力与效率问题,确保核心网长期安全稳定运行。

3. 主要研究内容

本论文提出了研究内容一:基于区块链和去中心化身份(Decentralized Identity,DID)的去中心化存储与验证方案和研究内容二:基于区块链的网元间信息共享方案,两个并行方案引入区块链及相关技术以增强核心网的鲁棒性与健壮性。其中在提出研究内容一前对原核心网内部流程与相关机制进行梳理,引入区块链技术、去中心化身份概念、部分密码学技术重新设计核心网内部网元的隐私信息鉴权与存储方案,与传统方案相比,本方案提出的数据存储与验证方式会比原 NRF 对 NF 的信息进行验证与存储的结构更安全。基于上述技术基础,进而提出基于区块链和 DID 的 5G 核心网的定制化可验证声明(Verifiable Claim,VC)链上存储与验证方案,结合 5G 核心网实际情况,本方案将更适合核心网,且减少更多网络开支与潜在风险。在基于区块链的存储结构中引入智能合约机制,经 NRF 认证过的 NF 的可验证凭证的签名存储在智能合约中,在需要对某一 NF 的身份进行验证时,即验签时仅需在区块链的智能合约中按索引查询签名,避免了原流程中网元注册与申请网元访问令牌和使用令牌的业务流程不对等的潜在风险。

研究内容二提出的网元间信息共享方案沿用研究内容一提出的系统框架以及部分技术,以最小的改动引入区块链技术和部分密码学技术来作为核心网中 NRF 宕机后的备选方案的关键技术。结合核心网的实际情况,当网元不能得到 NRF 的正常通信回应时,NF 能够按预配置规则找到已联系过的网元尝试询问需要的信息,若对有需求的网元的权限在链上验证通过,则能够将所需信息给至此网元。同时,网元接收到相关信息后通过密码学相关技术到链上验证消息的是否被恶意篡改。通过设计基于区块链的网元间信息共享方案,增加了网元间信息来源的可能性以及 NRF 受到攻击时 NF 的可选择性,同样增强了网络的鲁棒性。

4. 复杂工程问题

移动通信核心网作为一个关键的基础设施,承担着处理和传输大量隐私数据的任务。保护这些数据的安全性和隐私性对于用户和运营商来说至关重要。因此,需要研发一种能够在核心网中有效保护隐私数据的解决方案。同时,随着 5G 技术的不断发展,核心网的复杂性也日益增加。为了充分利用 5G 的潜力,并确保核心网的稳定性和可靠性,需要深入了解 5G 核心网的架构和协议,并结合通信标准进行分析和设计。

区块链和智能合约技术在数据安全和隐私保护方面具有巨大的潜力。通过利用区块链的不可篡改性和智能合约的可编程性,能够实现对隐私数据的安全存储和访问控制。然而,将这些技术应用于移动通信核心网也带来了一系列的挑战和复杂性。

密码学是保护数据安全的基础。在设计隐私数据保护方案时,需要考虑如何使用密码学算法来加密和解密数据,并确保其安全性和可靠性。选择合适的密码学算法和协议对于保护隐私数据起着至关重要的作用。

综上所述,解决移动通信核心网中隐私数据保护的问题是一个典型的复杂工程问题。它涉及多个领域的知识,需要综合运用移动通信、5G 核心网、通信标准、区块链、智能合约、密码学等相关技术,并进行深入的分析和实践。高度灵活的设计与实验工具的应用也是解决这个问题的关键。通过克服这些挑战,能够为移动通信核心网中的隐私数据保护提供有效的解决方案,进一步推动移动通信技术的发展与应用。

5. 论文主要内容及结构

论文结构图如图1所示。

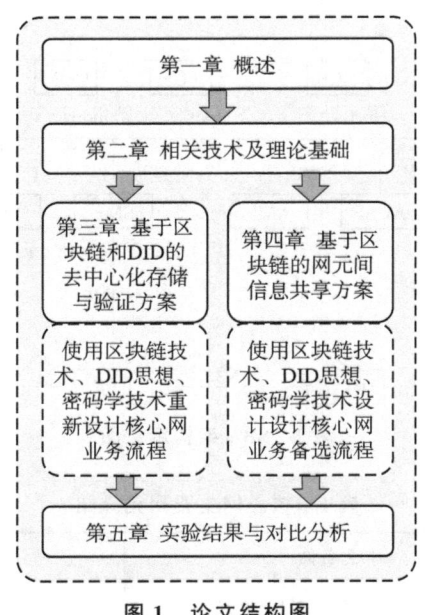

图1　论文结构图

本文的其余部分如下:第二章介绍了相关技术及理论基础。第三章介绍了网元身份信息存储与鉴权的基于区块链和DID的去中心化存储与验证方案以及针对5G核心网进行的定制化方案。第四章介绍了网元间的信息共享方案,第五章进行了实验结构分析。最后,结论和未来的工作在第六章中讨论。

二、相关技术及理论基础

1. 5G核心网

目前,6G的研究工作已经逐步进行,但要实现深刻的发展,未来真正的商业6G网络以现有的5G技术为基础。3GPP已经确认了5G核心网络的基于服务的架构,以满足其三大应用场景的需求。核心网络是连接通信网络、垂直行业和互联网的核心枢纽。通过将SBA纳入其核心网络,5G正变得更加开放、面向供应和面向软件。通过SBA重新定义了核心网络(Core Network,CN)的网络功能。SBA将传统的网络部分分离成更小的网络功能。然后,它使用协调的SBI接口来实现NFs之间的灵活通信。新的NF实例能够通过SBI接口为任何已注册的NF实例提供服务。

5G核心网的SBA架构将传统的功能单元拆分为独立的服务,每个服务都具有独立的功能和接口,能够根据需要进行灵活组合和定制,如图2所示。SBA通过服务之间的通信和协作实现网络功能，服务之间的通信通过 SBI 接口实现，能够实现跨域、跨厂家的服务集成和协同。SBA 架构实现了低耦合、高内聚的设计原则，服务之间的依赖性降低，服务的独立性和可重用性提高。同时，SBA 架构具有容错性和可扩展性，某个服务出现故障或者需要进行扩展时，能够对该服务进行替换或者添加新的服务。另外，SBA 架构采用开放式 API，能够实现服务的开放和共享，支持多厂家、多领域的服务集成和协同，这是 5G 的特色之一，如表 1 所示。

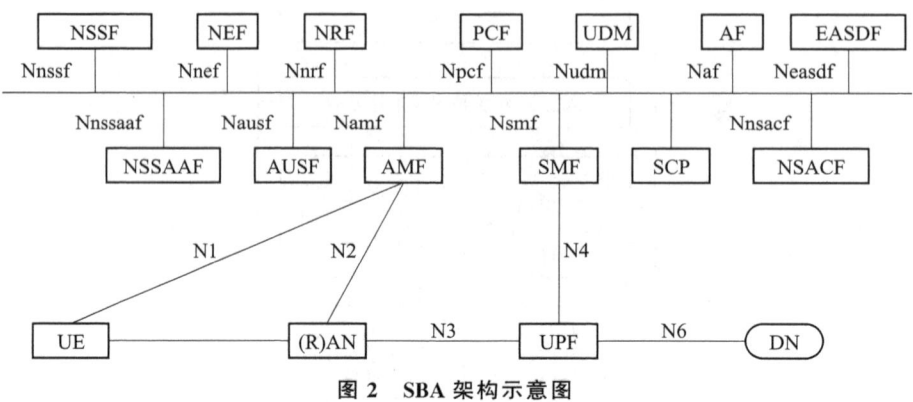

图 2　SBA 架构示意图

表 1　核心网主要网元介绍

5G 网络功能	中文名称	类似 4G EPC 网元
AMF	用户接入和移动性管理功能	MME 中 NAS 接入控制功能
SMF	会话管理功能	MME、SGW-C、PGW-C 的会话功能管理
UPD	用户平面功能	SGW-U＋PGW-U 用户平面功能
UDM	统一数据管理功能	HSS、SPR 等
PCF	策略控制功能	PCRF
AUSF	认证服务器功能	HSS 中鉴权功能
NEF	网络能力开放功能	SCEF
NSSF	网络切片选择功能	5G 新增，用于网络切片选择
NRF	网络注册功能	5G 新增，用于对网元的管理

SBI 接口是服务之间的接口，通过 SBI 接口能够实现服务之间的通信和协作，服务提供者和服务使用者能够通过 SBI 接口进行交互和通信。SBI 接口采用标准化的设计，能够实现跨域、跨厂家的服务集成和协同，降低了服务之间的耦合性和依赖性。SBI 接口具有灵活可配置的特点，能够根据不同的业务需求进行配置和调整，实现服务之间的高效、可靠的通信和协作。同时，SBI 接口支持安全和可靠的通信，通过安全机制和协议，保证服务之间的通信和协作的安全性和可靠性。SBI 接口是 5G 核心网中重要的组成部分，它能够实现网络功能的灵活组合和定制，促进不同领域、不同厂家的服务集成和协同，是 5G 的又一特色。

2. 区块链技术

(1) 区块链的介绍

区块链是一种分布式账本技术,它被广泛应用于数字货币和加密资产的管理,是当前最热门的技术之一。它的基本原理是通过去中心化的方式记录和验证交易,以保证交易的安全性和可靠性。其核心是一个分布式数据库,它由一系列区块组成,每个区块包含多个交易记录。每当有一笔新的交易发生时,它将被添加到一个新的区块中,并且该区块将被链接到前一个区块。这样就形成了一个不可篡改的链条,每个区块都包含前一个区块的哈希值,以确保链条的完整性和安全性。

由于区块链技术是去中心化的,没有中心化的机构或权威机构能够控制它。因此,区块链技术具有高度的安全性和透明度。此外,区块链技术还具有高度的可扩展性和可定制性,能够根据不同的需求进行配置和调整。它已经被广泛应用于金融、供应链管理、医疗、版权管理等领域,为这些领域带来了巨大的变革。

(2) 区块链技术的优势

区块链作为新兴技术具有很多优势:

1) 可追溯性和可验证性

区块链技术的一个重要特点是可追溯性和可验证性,每个交易都被记录在不可篡改的区块链上,并且每个节点都能够验证该交易的真实性和合法性。这使得区块链技术成为很多行业的理想选择,能够帮助监管机构确保交易的合法性和安全性。

2) 去中心化

传统的中心化架构容易受到攻击和故障,因为攻击者只需要攻击一个中心节点就能够瘫痪整个系统。而区块链技术采用去中心化的方式,将数据存储在众多节点中,攻击者需要攻击大量节点才能成功攻击整个系统。这种去中心化的架构还能够提高系统的可靠性和韧性。

3) 智能合约

区块链技术还支持智能合约,能够在区块链上自动执行预设的条件和规则。智能合约能够消除中间人的干预,提高交易的效率和安全性。智能合约也能够应用于物联网、供应链等领域,实现自动化管理和执行。

4) 数据隐私保护

区块链技术采用加密算法和分布式存储,能够保护数据的隐私性和安全性。在区块链上,用户能够选择保持匿名或公开身份,而且只有授权的人才能访问和修改数据。这种数据隐私保护机制对于保护用户隐私和敏感数据非常重要。

(3) 智能合约

智能合约(Smart Contract)是一种基于区块链技术的自动执行合约,其中包含了一系列的代码和规则,能够帮助完成各种复杂的业务逻辑和安全控制。智能合约本质上是一段计算机程序,它们能够在不需要中心化管理的情况下自动执行,而且具有高度的安全性和不可篡改性,如图 3 所示。

智能合约最初是由以太坊（Ethereum）提出并实现的。在以太坊中，智能合约使用 Solidity 语言编写，并且能够部署在以太坊的区块链上。在智能合约中，所有的交易都是由区块链网络来验证和执行的，而且在执行的过程中不需要任何中介机构或第三方信任机构的介入。这种去中心化的方式使得智能合约在各种应用场景中都能够得到广泛的应用，例如数字货币、金融、物联网、供应链管理等。

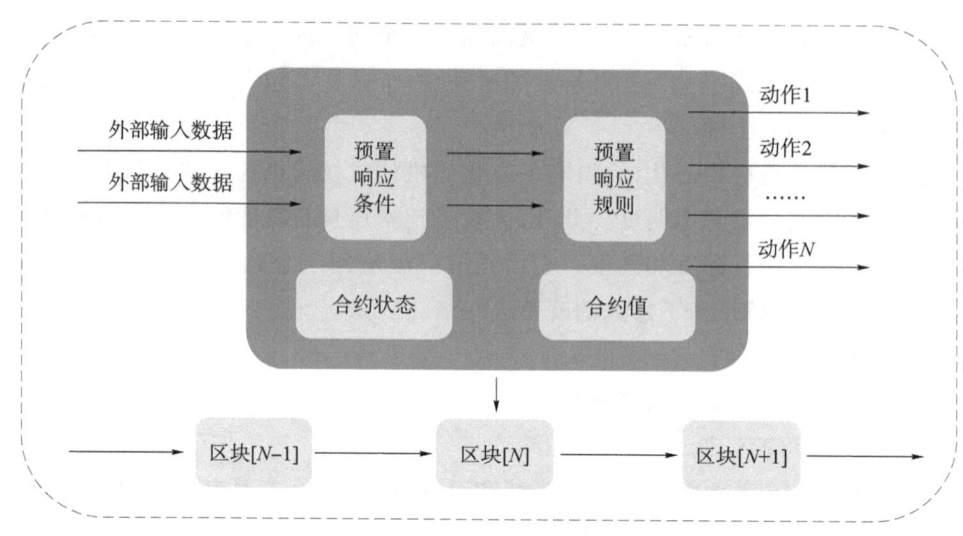

图 3　智能合约模型图

从图 3 中能够看出，当输入一定数据，触发预置响应条件时，智能合约会依据预置响应规则触发预置动作，并在区块打包时写入区块链网络中。

3. 去中心化身份

（1）去中心化身份的定义和特点

去中心化身份是一种基于区块链技术的数字标识符，用于唯一地标识个人、组织或物品。去中心化身份的出现是为了解决传统身份认证方式的不足，如中心化、缺乏隐私保护、易受攻击等问题。通过使用分布式账本技术，DID 能够实现去中心化身份验证，保护用户隐私和安全。

DID 的一个重要特点是可自主控制。与传统身份认证方式不同，用户能够完全掌控自己的身份信息，不需要依赖第三方机构进行认证和管理。这意味着用户能够自主选择与哪些组织或服务进行身份验证，同时也能控制自己的身份信息的共享和访问权限。DID 的另一个重要特点是去中心化。DID 不依赖于中心化的认证机构，而是通过区块链技术实现去中心化验证。这种机制使得身份信息不易被篡改和伪造，同时也保护了用户隐私，使得用户的个人信息不会被滥用或泄露。

DID 还能够实现身份信息的可验证性。这意味着身份信息能够通过区块链技术进行验证，从而提高身份认证的可靠性。例如，在进行网上交易时，商家能够通过 DID 获得用户身份验证，从而提高交易的安全性和可信度。DID 技术的出现使得数字身份认证更加安全、去中心化和可控。随着区块链技术的不断发展，DID 有望成为未来数字身份认证的主要方式。

（2）去中心化身份在区块链中的应用

在区块链中，DID 能够作为身份验证和授权的基础。区块链的去中心化、可信和安全特性使得使用 DID 进行身份验证和授权变得更加可靠和高效。例如，在区块链上进行交易时，使用 DID 作为身份标识能够避免用户提供个人敏感信息，保护用户隐私。

另外，DID 也能够被用于数字化资产的所有权管理。在区块链上，数字化资产的所有权能够用 DID 进行标识，确保唯一性和不可篡改性。这有助于保护数字化资产的所有权，并增强数字资产的可交易性和流动性。

总之，DID 在区块链中的应用能够解决传统身份验证和授权的缺陷，实现更加安全和高效的身份管理。随着区块链技术的不断发展，DID 也将在越来越多的领域得到应用。

（3）可验证声明的介绍

可验证声明（Verifiable Credentials，VC）是一种数字身份验证技术，旨在解决传统身份验证方式所面临的许多问题。传统的身份验证方式通常基于密码或其他安全标识符的中心化身份验证，这些标识符通常由集中式机构颁发和验证。这种方法存在许多缺点，包括安全性和隐私性问题，同时也可能带来一些不便。

去中心化的 VC 技术通过区块链等分布式账本技术实现身份验证，以提高安全性和隐私性。在这种技术下，每个人都能够拥有自己的数字身份，并掌控其所有信息的访问和共享。这种方式能够消除中心化验证机构的需求，也使得数据交换更加高效和安全。

VC 技术包括三个组件：VC 发行者，VC 持有者和 VC 验证者。VC 发行者负责颁发 VC 并将其存储在区块链等分布式账本上。VC 持有者则拥有自己的 VC，并能够使用它们来验证自己的身份。VC 验证者则是任何想要验证 VC 的人或组织。

VC 技术的一个关键方面是其可验证性。这意味着任何人都能够验证 VC 的真实性和有效性，而不需要信任 VC 发行者或验证者。这是通过使用数字签名和公钥密码学技术实现的。具体来说，VC 包括一些元数据，例如发行机构、持有者、颁发时间和有效期等，同时还包括数字签名，以便任何人都能够验证 VC 的完整性和真实性。VC 技术还支持选择性透明度。这意味着 VC 持有者能够选择共享自己 VC 的哪些部分，以及与哪些验证者共享。这能够确保 VC 持有者的隐私和安全，同时也为其他人提供了足够的信息以验证 VC 的真实性。

总之，VC 技术是一种有潜力的数字身份验证技术，能够通过去中心化的方式提高安全性和隐私性，并促进高效和安全的数据交换。通过使用数字签名和公钥密码学技术实现可验证性，同时还支持选择性透明度，以确保用户隐私和安全。

（4）相关软件介绍

1）UERANSIM

UERANSIM 是一个用于模拟第 5 代移动通信网络中无线访问网络（RAN）的开源软件。它提供了一个模拟的用户设备（UE）和基站（gNB）之间的通信环境，能够用于测试和验证各种 5G 无线协议的功能和性能。UERANSIM 的目标是提供一个灵活、易于使用的工具，使研究人员和开发人员能够快速搭建和测试 5G 网络的各个组件。

2）Free5GC

Free5GC 是一个开源的第 5 代移动通信网络（5G）核心网络的实现项目。它提供了一个符合 3GPP 规范的 5G 核心网络的基本功能，包括用户认证、会话管理、移动性管理、安全等。Free5GC 旨在促进 5G 核心网络的研究和开发，使开发人员能够构建和测试自己的 5G 网络解决方案。

3）Go-Ethereum

Go-Ethereum 是以太坊的官方实现之一，也被称为 Geth。它是用 Go 语言编写的，提供了以太坊网络的完整功能和工具集。Go-Ethereum 充当了以太坊网络的节点，能够与其他节点通信，并参与到以太坊区块链的维护和运行中。它提供了一个命令行界面和一组 API，使开发者能够构建和部署智能合约、进行交易、查询区块链状态等。

4）Remix

Remix 是一个以太坊智能合约开发和调试工具，它提供了一个基于 Web 的集成开发环境，可直接在浏览器中运行。Remix 旨在简化以太坊智能合约的开发流程，并提供了丰富的功能来编写、编译、部署、调试和测试智能合约。

三、基于区块链和 DID 的去中心化存储与验证方案

1. 传统存储与验证方式的不足

（1）传统网元注册流程

在对核心网网元注册流程的研究中发现，网元入网时 NF 会向代表 NF 实例的资源 URI 发送一个 PUT 请求。URI 由 NF 实例决定。变量｛ nfInstanceID ｝表示一个标识符，由 NF 提供，该标识符在正在注册 NF 的 NRF 的 PLMN（Public Land Mobile Network）中应该是全局唯一的。传统网元注册流程如图 4 所示。

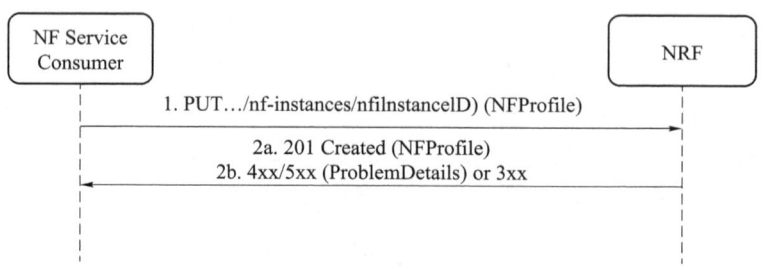

图 4　传统网元注册流程

网元注册成功后，应返回"201 已创建"，PUT 响应的有效载荷主体应包含已创建资源的表示，而"位置"标头应包含已创建资源的 URI（Uniform Resource Identifier）。所创建的资源的表示能够是一个完整的 NF 配置文件或一个 NF 配置文件，只包括 NF 配置文件的强制性属性和 NRF 添加或更改的属性。此时 NF 的配置信息在核心网中心化数据库统一保存。大多数处理性能高的 CN 都部署在云数据中心。然而，向云中心传输大量数据需要过多的时间。此外，云中心必须处理数据，这延长了请求-响应时间并降级用户体验。其次，一个集中的 CN 必须管理数百万设备，这使电信运营商面临很大的压力。最后，集中的 CN 容易受到 DDoS 或其他网络攻击，导致大规模移动网络瘫痪，造成灾难性的后果。

与传统的数据存储方法相比,本文提出的数据存储方法具有鲁棒性、容差性和可用性。在基于区块链的存储结构采用了智能合约机制,核心网络能够按需调用区块链的数据,运营商和用户也能够根据其实时需求灵活地添加、调用或调优智能合约。由于区块链的分布式架构,即使一个节点受到攻击,本文所提出的结构仍然具有保护和恢复的功能。

(2) 传统访问令牌获取与使用流程

NF 服务使用者使用此服务操作,以从授权服务器(NRF)请求 OAuth 2.0 访问令牌。如果 PLMN 在传输层上使用保护功能,则 NF 服务消费者应使用 TLS(Transport Layer Security)与 NRF 进行相互身份验证,以访问此端点。否则,NF 服务消费者应使用物理安全手段,按照 3GPP TS 33.501 的第 13.3.1 条的规定,与 NRF 进行相互认证。NRF 能够验证访问令牌请求中的输入属性(例如,NF 类型)是否与 NF 服务使用者的公钥证书中的相应属性相匹配。如果验证成功,则进行其他授权检查,否则立即拒绝请求。

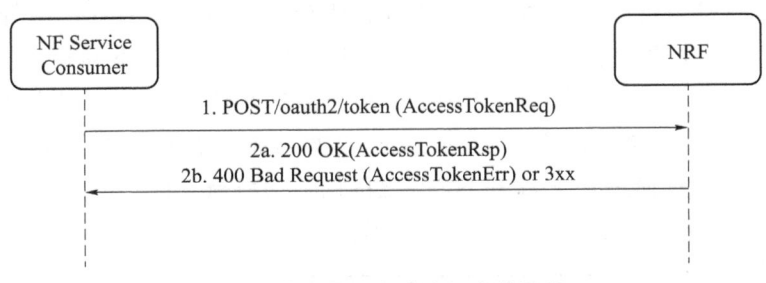

图 5 传统网元申请访问令牌流程

申请令牌成功后,应返回"200OK",POST 响应的有效载荷主体应包含所请求的访问令牌和设置为"承载者"的令牌类型。

在对核心网内部业务流程的研究中发现 NF 的服务访问过程是 NF 定期通信的基础,作为授权中心的网络存储库功能(NRF)验证了 NF 请求的服务是否被授权,但不验证 NF 请求的服务是否与 5G 核心网业务功能的流程相匹配。例如,访问和移动性管理功能(Access and Mobility Management Function,AMF)能够随时调用统一数据管理(Unified Data Management,UDM)服务,而无论被访问的用户设备(UE)是否在其服务区域内。此外,由 NRF 发出的访问令牌允许 NF 在有效时间内反复向 NF 服务生产者发起服务访问请求。当令牌被泄露或通信消息被窃听时,攻击者能够在令牌有效的范围内对生产者发起重放攻击。这给 NF 服务生产者带来了安全风险,以及存储在 NF 中的 UE 隐私数据泄露的风险。

另外,传统的网元隐私信息存储和鉴权方式存在一些不足之处,如容易被攻击、存在弱点以及存储效率低等问题。中心化的存储方式容易受到单点故障和数据泄露的风险,网元鉴权方式存在着一些问题,数字证书的安全性也存在着威胁。此外,传统的存储方式通常需要大量的存储空间和带宽,这使得数据的存储和传输变得非常耗时和昂贵。

基于这些问题,本文探索新的存储和验证方式,例如基于区块链和 DID 的去中心化存储与验证方式。这种方式能够通过去中心化的方式来存储和验证数据,从而提高网络的安全性、可靠性和可扩展性。这种方法不依赖中心化的服务器或数据库,从而避免了单点故障和数据泄露的风险。同时，去中心化存储和验证方式还能够提高数据的存储和传输效率，并且数字证书的伪造、伪冒和篡改等威胁也能够得到有效的缓解。

2．基于区块链和 DID 的存储与验证方案

（1）方案概述

在以太坊网络中，每个网元都有一个唯一的区块链标识符，即公钥。它是通过在核心网中生成一对公私钥来实现的。首先，通过使用 NF 的随机数生成器生成一个 256 位的随机数作为私钥。然后，使用椭圆曲线加密算法将私钥映射到一个椭圆曲线上的点，即通过标量乘法生成一个公钥点。每个 NF 的公钥是区块链网络中的唯一标识符，NF 需要妥善保管其私钥以确保其自身隐私信息的安全。

在以太坊网络中，NF 之间的通信需要先进行身份验证。当 NF-A 需要访问另一个 NF-B 时，它将向 NRF 发送查询请求，并进行挑战响应。如果挑战响应成功，则 NF-A 将发送其自身的验证凭证（VC）给 NRF。NRF 会通过智能合约的返回值对 VC 进行验签，并按照 VC 的内容对 NF-A 的请求进行判断。如果 NF-A 的权限允许，NRF 将返回查询内容，包括 NF-B 的 IP 地址和端口号。在 NF-A 与 NF-B 进行通信时，首先需要对彼此进行身份验证。NF-A 将发送自己的 VC 给 NF-B，并经过 Hash 运算得到索引值，在智能合约上查询此 VC 的签名。如果 VC 验证通过，NF-A 和 NF-B 之间的通信将被允许。

具体的流程将划分为三个阶段，如图 6 所示。

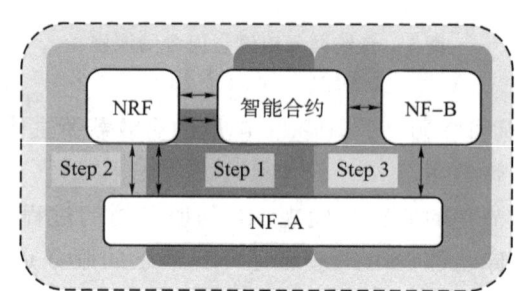

图 6　基于区块链和 DID 的存储与验证方案系统框架图

（2）业务流程

具体实现过程将分为三个部分，每个部分均设计系统中的三方。

Step1：NF 入网及相关流程。基于区块链和 DID 的有储与验证方案 Step1 框架图如图 7 所示。

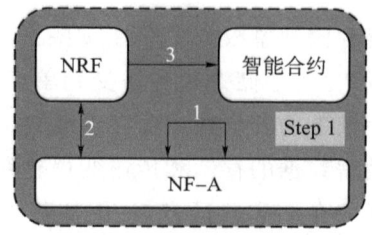

图 7　基于区块链和 DID 的存储与验证方案 **Step1** 框架图

1) 核心网中每个 NF 生成一对公私钥,详细过程为:

① 生成随机数。

使用网元本地的随机数生成器生成一个 256 位的随机数,作为私钥。

② 椭圆曲线生成公钥。

以太坊使用 secp256k1 椭圆曲线进行加密,该曲线的方程式为

$$y^2 = x^3 + 7 \tag{1}$$

私钥被视为一个大整数,记作 k。然后,使用椭圆曲线加密算法将 k 映射到一个椭圆曲线上的点,即通过标量乘法(Scalar Multiplication)生成一个公钥点 P,即

$$P = k \times G \tag{2}$$

式中,G 为椭圆曲线上的基点。

③ 公钥的编码。

以太坊使用一种称为压缩公钥格式(Compressed Public Key Format)的方法对公钥进行编码。在压缩公钥格式中,公钥被表示为一个长度为 33 字节的字节数组,其中第一个字节表示公钥的奇偶性,剩余的 32 个字节表示椭圆曲线上的 X 坐标。如果 Y 坐标为奇数,则第一个字节的值为 0x02;如果 Y 坐标为偶数,则第一个字节的值为 0x03。

④ 私钥和公钥的保管。

最后,私钥和公钥对需要妥善保管,不要轻易泄露或遗失。私钥是生成以太坊地址的唯一凭证,它能够用来对地址中的资产进行签名,因此一旦泄露或丢失,将会导致资产的丢失或被盗用。而公钥能够被公开使用,用于验证签名或加密。私钥派生公钥流程图如图 8 所示。

图 8 私钥派生公钥流程图

2) NF 将入网所需的相关信息按原方式给至 NRF,NRF 对 NF 的信息进行验证,同时 NRF 对 NF 进行挑战响应来验证公钥的真实性。若验证通过,则 NRF 开具 VC 并使用其私钥对 VC 进行签名,并将 VC 返回给 NF。挑战响应鉴权算法如表 2 所示。

表 2 挑战响应鉴权算法

算法 1 挑战响应鉴权
① NRF 向 NF 发送唯一的质询值 sc
② NF 向 NRF 发送唯一的质询值 cc
③ NRF 计算 sr=哈希(cc+secret)并发送到 NF
④ NF 计算 cr=哈希(sc+secret)并发送到 NRF
⑤ NRF 计算 cr 的预期值并确保 NF 正确响应
⑥ NF 计算 sr 的预期值并确保 NRF 正确响应

其中 sc 是 NRF 产生的挑战，cc 是 NF 产生的挑战，cr 是 NF 响应，sr 是 NRF 响应。

3) NRF 对 VC 进行 Hash 运算，此时 NRF 在区块链上所有权为 NRF 的智能合约内写入键值对信息，数据存储结构为"Hash(VC)：Signature(VC)"。

其中椭圆曲线数字签名算法在系统中的参数说明如表 3 所示。

表 3　椭圆曲线加密签名算法参数说明

参数	说明
曲线	使用的椭圆曲线场和方程 G
G	椭圆曲线基点，曲线上生成大素数阶 n 的子组的点
n	G 的整数顺序，表示 $n \times G = O$，其中 O 是单位元素
d_A	NRF 私钥（随机选择）
Q_A	NRF 公钥 $Q_A = d_A \times G$（按椭圆曲线计算）
m	要发送的消息

基点 G 的 n 阶必须是质数。NRF 使用密钥对，私钥 d_A 为区间 $[1, n-1]$ 中的值；公钥曲线点 $Q_A = d_A \times G$。（使用 × 表示椭圆曲线点乘标量）。

要让 NRF 对消息 m 进行签名，NRF 需执行以下步骤：

① 计算

$$e = \text{Hash}(m) \tag{3}$$

② 使 z 为 e 的最左边的 L_n 位，其中 L_n 为群阶 n 的位长。

③ 选择加密安全的随机整数 k，k 的范围是 $[1, n-1]$。

④ 计算椭圆曲线点

$$(x_1, y_1) = k \times G \tag{4}$$

⑤ 计算

$$r = x_1 \bmod n \tag{5}$$

若

$$r = 0 \tag{6}$$

则返回第三步重新计算。

⑥ 计算

$$s = k^{-1}(z + rd_A) \bmod n \tag{7}$$

若

$$s = 0 \tag{8}$$

则返回第三步重新计算。

⑦ NRF 的签名是

$$(r, s) \tag{9}$$

其中需要注意的为

$$(r, -s \bmod n) \tag{10}$$

也是一对合法签名。

Step2:NF-A 需要访问某一 NF-B。

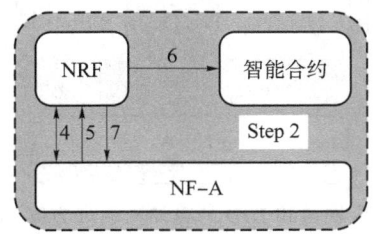

图 9 基于区块链和 DID 的存储与验证方案 Step2 框架图

4) NF-A 向 NRF 发送查询请求,并进行挑战响应。

5) 挑战响应成功,则 NF-A 向 NRF 发送 VC。

6) NRF 收到 NF-A 的 VC,按 Hash(VC)为索引值在智能合约上查询此 VC 的签名,对 VC 进行验签,并按 VC 的内容对 NF-A 的请求进行判断。

其中,NRF 在验签前需完成三次验证:

① 检查 Q_A 不等于单位元素 O,并且它的坐标在其他方面是有效的。

② 检查 Q_A 是否椭圆曲线上的。

③ 检查

$$n \times Q_A = O \tag{11}$$

上述三个验证通过后,开始正式验签流程:

① 验证 r 和 s 为 $[1, n-1]$ 中的整数,若不是则为非法签名。

② 计算

$$e = \mathrm{Hash}(m) \tag{12}$$

③ 使 z 为 e 的最左边的 L_n 位。

④ 计算

$$u_1 = zs^{-1} \bmod n \tag{13}$$
$$u_2 = rs^{-1} \bmod n$$

⑤ 计算椭圆曲线点

$$(x_1, y_1) = u_1 \times G + u_2 \times Q_A \tag{14}$$

若

$$(x_1, y_1) = O \tag{15}$$

若等式不成立则为非法签名。

⑥ 若

$$r \equiv x_1 \pmod{n} \tag{16}$$

若非恒成立等式则为非法签名。

验证为合法签名,则开始读取 VC 内容,对 NF-A 的权限进一步判断。

7) 若 NF-A 的权限允许,则返回查询内容(NF-B 的 IP 及端口)。

Step3:NF-A 与 NF-B 进行通信。

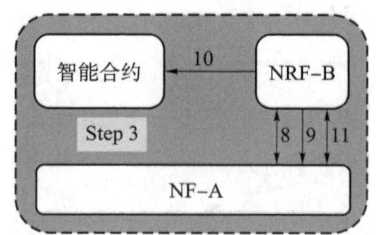

图 10 基于区块链和 DID 的存储与验证方案 Step3 框架图

8) NF-A 向 NF-B 发送通信请求,NF-B 对 NF-A 的公钥进行挑战响应验证 NF-A 的身份。

9) 若验证通过,NF-A 将自己的 VC 发送至 NF-B。

10) NF-B 收到 NF-A 的 VC,使用 Hash(VC)的值为索引,通过智能合约的返回值对 VC 进行验签。

$$v = \text{verify}(h, s, \text{pubkey}) \tag{17}$$

其中,pubkey 是公钥,v 是验证结果。

11) 若 VC 验证通过,NF 间验证完成,NF-A 与 NF-B 进行通信。

(3) 数字签名的实现过程

当使用区块链技术时,数字签名是保证身份验证和数据完整性的重要组成部分。数字签名是通过将数字文件与私钥进行哈希并生成签名来实现的。哈希值和签名能够存储在区块链上的智能合约中,以确保签名和哈希值在未来不会被篡改。在本节中,将介绍数字签名的实现过程和意义。

数字签名的实现过程包括以下几个步骤:

1) 生成哈希值:使用哈希函数 Keccak-256,将原始数据转换为一串固定长度的字符或数字串,这个字符串是唯一的,无法反向生成原始数据。

$$H(m) = \text{SHA3} - 256(m) \tag{18}$$

式中,$H(m)$ 表示对消息 m 进行哈希运算后得到的哈希值。

2) 使用私钥对哈希值进行签名:私钥是一串随机生成的大整数,只有拥有者能够使用它进行数字签名。私钥使用数字签名算法将哈希值转换为另一个字符串,即数字签名。数字签名算法使用私钥对哈希值进行加密,生成数字签名,ECDSA 签名公式为

$$s = k^{-1} \times (\text{hash} + d \times r) \bmod n \tag{19}$$

式中,s 表示数字签名,k 表示一个随机数,hash 表示哈希值,d 表示私钥,r 表示椭圆曲线上的点 G 的 x 坐标,n 表示椭圆曲线的阶。注意,k 必须是一个随机数,否则数字签名容易被攻击者伪造。

3) 验证签名:使用公钥对数字签名进行解密,以验证数字签名是否正确。在 ECDSA 中,公钥是一个椭圆曲线上的点,其公式为

$$P = d \times G \tag{20}$$

式中,P 表示公钥,d 表示私钥,G 表示椭圆曲线上的基点。要验证数字签名,需要使用公钥 P、哈希值(hash)和数字签名 s 计算椭圆曲线上的另一个点 Q,其公式为

$$Q = s^{-1} \times \text{hash} \times G + s^{-1} \times r \times P \tag{21}$$

如果 Q 的 x 坐标等于 r,则数字签名有效,否则数字签名无效。

（4）数字签名的意义

身份验证是通过 NRF 的公钥进行验证的。公钥能够用于验证签名的所有者的身份，因为它只与私钥对应。如果数字签名验证失败，则意味着签名不是由私钥对数据进行的，因此能够确定签名的所有者的身份是不真实的或未知的。同时，数字签名还能够用于保证数据完整性。数据完整性是指确保数据在传输或存储过程中没有被篡改。数字签名能够确保数据的完整性，因为任何修改数据的尝试都会使数字签名无效。因此，数字签名能够确保数据在传输或存储过程中没有被篡改，并且能够检测到任何篡改尝试。

数字签名是确保消息完整性、认证和不可否认性的关键技术，它在区块链应用中具有重要作用。在存储 VC 签名时，使用智能合约来存储签名信息，能够确保数据的安全性和可信度，避免数据被篡改或丢失，提高数据的可靠性和有效性。

（5）该方案潜在优化方向

本文讨论了在现有系统中使用链下的方式存储 VC 所面临的多种问题，包括传递过程中可能存在的窃听和 VC 所有权争议等。此外，VC 的可复制性也可能导致所有权合法性受到质疑，这是一个需要解决的问题。最后，本文提出了基于 5G 核心网的定制化 VC 链上存储方案，以解决上述问题。

3．基于区块链和 DID 的 5G 核心网的定制化 VC 链上存储与验证方案

（1）核心网内部情况分析

由于 VC 存在 NF 中，这意味着系统会经历多次 VC 的转发。每当 VC 传递时，发送方或者接收方都以及在传递的过程中可能有不确定的窃听发生，同时这会增加整个交易过程的复杂性，特别是在涉及一些复杂网络的情况下。这些问题可能会导致交易延迟、费用增加和纠纷出现。同时在上述系统中没有考虑到 VC 的可复制性。如果某个 VC 被复制并转移了所有权，这将使得这个 VC 的所有权合法性受到质疑。方案内对于 NF 的证明信息存在很多次转移，这无疑会是对系统的一种挑战。

在研究网元具体隐私数据细节时，经过对相关数据的梳理与分析，发现其中的大部分的数据是能够放在区块链上存储的。因此，基于上述问题，本文提出一种基于 5G 核心网的定制化 VC 链上存储方案。

（2）业务流程

Step1：NF 入网及相关流程。基于区块链和 DID 的 5G 核心网的定制化 VC 链上存储与验证方案 Step1 框架图如图 11 所示。

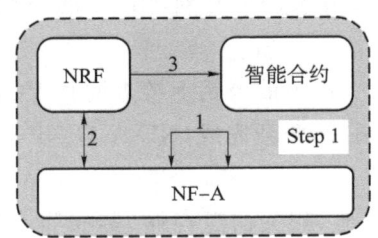

图 11　基于区块链和 DID 的 5G 核心网的定制化 VC 链上存储与验证方案 Step1 框架图

① 核心网中每个 NF 生成一对公私钥。

② NF 将入网所需的相关信息按原 P2P 方式给至 NRF，NRF 对 NF 的信息进行验证（同样与之前方式保持不变，NF 的信息包括公钥），同时 NRF 对 NF 进行挑战响应来验证公钥的真实性。

③ 若验证通过，则 NRF 在智能合约中写入键值对信息，具体为"公钥（NF-A）：VC"，由此实现了 VC 的链上保存。

Step2：NF-A 需要访问某一 NF-B。基于区块链和 DID 的 5G 核心网的定制化 VC 链上存储与验证方案 Step2 框架图如图 12 所示。

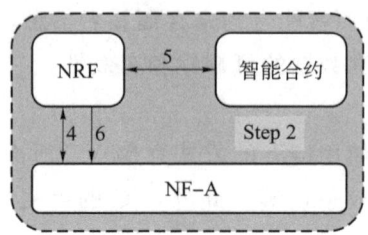

图 12　基于区块链和 DID 的 5G 核心网的定制化 VC 链上存储与验证方案 Step2 框架图

④ NF-A 向 NRF 发送查询请求，并进行挑战响应。

⑤ 挑战响应成功，则 NRF 根据 NF-A 的公钥为索引，在智能合约查询 NF-A 的 VC，根据返回的 VC 判断 NF-A 是否有访问 NF-B 的权限。

⑥ 若 NF-A 的权限允许，则返回查询内容（NF-B 的 IP 及端口）。

Step3：NF-A 与 NF-B 进行通信。基于区块链和 DID 的 5G 核心网的定制化 VC 链上存储与验证方案 Step3 框架图如图 13 所示。

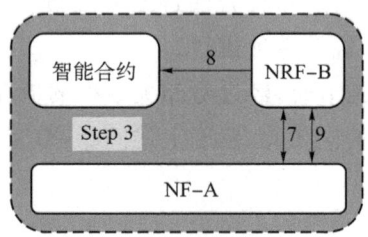

图 13　基于区块链和 DID 的 5G 核心网的定制化 VC 链上存储与验证方案 Step3 框架图

⑦ NF-A 向 NF-B 发送通信请求，NF-B 对 NF-A 的公钥进行挑战响应验证 NF-A 的身份。

⑧ 若验证通过，NF-B 根据 NF-A 的公钥上链查询其 VC，并对其权限进一步判别。

⑨ 若 NF-A 的权限允许，NF 间验证完成，NF-A 与 NF-B 进行通信。

4．小节

通过对原 5G 核心网网元注册、相关信息存储、鉴权等业务流程分析，发现了原业务流程中的中心化核心网络存在安全、性能和扩展性等问题。因此，研究提出了基于区块链的数据存储方法，具有鲁棒性和可用性，并分离了不同操作员的管理权限。另外，传统的访问令牌获取与使用流程存在安全风险和重放攻击的问题。研究提出了基于智能合约和区块链的去中心化存储与验证方式,进一步降低了数据泄露和单点故障的风险,提高核心网的安全性、可靠性与效率。

综上所述,基于区块链和 DID 的 5G 核心网的定制化 VC 链上存储与验证方案有望成为 5G 网络的重要组成部分,帮助解决核心网内部潜在的问题,提高网络的可靠性和安全性。

四、基于区块链的网元间信息共享方案

1. 传统 SBA 结构的潜在问题

当今 5G 核心网络中,采用高可用性(High Availability, HA)和故障转移(Fault Tolerance, FT)机制是保障网络稳定性和可靠性的重要手段。HA 机制能够确保在节点宕机时服务能够快速地在其他节点上启动和运行,从而保证网络的可用性。而 FT 机制则能够确保网络在出现故障时能够自动切换到备用节点上,从而保证网络的持续运行。

HA 和 FT 机制也存在一些潜在的问题和挑战。首先,实现 HA 和 FT 机制需要投入大量的资源和资金。网络供应商需要购买更多的硬件设备,增加带宽和存储容量等,以确保网络的高可用性和故障转移能力。这可能会增加网络的成本和复杂性,从而影响网络的可持续发展;HA 和 FT 机制需要配置和管理许多节点和服务,这可能会使网络的配置变得非常复杂。对于不熟悉这些机制的网络管理员来说,这可能会增加网络管理的难度,导致操作失误和配置错误。因此,网络供应商需要提供易于使用和管理的工具,以降低网络管理的门槛。

HA 和 FT 机制可能会影响网络的性能,尤其是在故障转移期间。例如,在将服务从一个节点迁移到另一个节点时,可能会出现服务中断和数据传输延迟的情况。这可能会影响用户体验和网络的性能表现。因此,网络供应商需要平衡可靠性和性能之间的关系,以确保网络具有足够的可靠性和稳定性,同时也要保证网络的高性能;HA 和 FT 机制需要各个节点之间进行协调和通信,以确保服务的高可用性和故障转移的正确性。这可能会导致复杂的网络通信和同步问题,尤其是在网络规模较大和节点数量较多的情况下。因此,网络供应商需要提供高效和可靠的协调和通信机制,以确保网络的高可用性和稳定性。

总之,HA 和 FT 机制对于保障 5G 核心网络的稳定性和可靠性至关重要。正是由于上述 HA 和 FT 机制中存在的问题和挑战,网络功能间的信息共享变得尤为重要。信息共享能够促进网络中不同 NF 之间的更为高效的相互协作,从而加强网络的可靠性和稳定性。为了更好地实现 NF 之间的信息共享,本文提出了一种新的 NF 间信息共享方案。这个方案基于区块链技术和去中心化身份等,能够实现高效、安全、可靠的信息共享。它能够确保不同 NF 之间的信息实时同步和共享,并提供数据的可追溯性和完整性,以加强网络的安全性和可靠性。同时,这个方案也能够降低 HA 和 FT 机制所带来的配置和管理的复杂性,从而降低网络运营成本。

本文将提出新的 NF 间信息共享方案,并详细阐述它的具体实现方式和应用场景。

2. 网元间信息共享的验证方案

(1) 方案概述

NRF 是 5G 核心网中的重要网络功能之一,它负责管理网络中的资源信息和配置信息,为其他网络功能提供必要的服务。然而,NRF 可能面临以下潜在问题:

① NRF 的单点故障问题可能会导致整个网络出现故障。如果 NRF 节点崩溃或出现其他问题,它将无法提供必要的服务,导致其他网络功能无法访问所需的资源信息和配置信息。这可能会导致整个网络出现故障,影响网络的可用性和稳定性。

② NRF 中的信息可能会面临安全问题。由于 NRF 存储了网络中的重要信息,如资源分配和配置信息,因此,黑客可能会攻击 NRF 节点,窃取这些敏感信息,从而对网络造成威胁。

③ NRF 的性能问题也可能对整个网络造成影响。随着 5G 网络中连接设备的不断增加,NRF 需要管理的资源信息和配置信息也将变得越来越复杂,这可能会对 NRF 的性能产生负面影响,导致网络出现延迟或性能下降等问题。

为了解决这些问题并提高 NRF 的可靠性和安全性,本文提出了一种新的解决方案,利用区块链技术构建去中心化的 NRF 网络。该方案使用区块链技术来实现 NRF 节点之间的信息共享,从而消除了单点故障的问题,并提供更强大的安全性保障。同时,基于区块链的 NRF 网络还能够提高网络的可扩展性和性能。由于 NRF 节点是去中心化的,能够动态地进行资源分配和负载均衡,从而实现更高效的资源管理和配置服务。这将有助于提高 5G 网络的性能和可用性。

因此,本文相信这个基于区块链技术的去中心化 NRF 方案将成为 5G 网络的重要组成部分,并帮助网络运营商解决潜在的 NRF 问题,提高网络的可靠性和安全性。

(2) 业务流程

1) 正常业务流程

当系统正常运行时,系统的业务流程如图 14 所示。

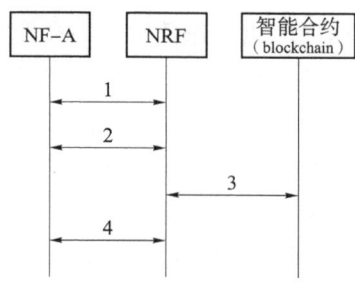

图 14　系统中网元正常申请

具体步骤为:

① NF-A 携带公钥向 NRF 发送查询 NF-B 的 URI,用以访问 NF-B。
② NRF 收到 NF-A 的查询请求,并进行挑战响应验证 NF-A 提供的公钥的所有权。
③ 若挑战响应成功,通过智能合约查询 NF-A 的相关权限,判断是否能够访问 NF-B。
④ 若权限允许,返回 NF-B 的 URI 信息至 NF-A。

2) 备用业务流程

当系统出现异常,如 NRF 被攻击、宕机等问题出现,NRF 不能正常返回 NF-A 所请求信息时,系统的备用业务流程如图 15 所示。

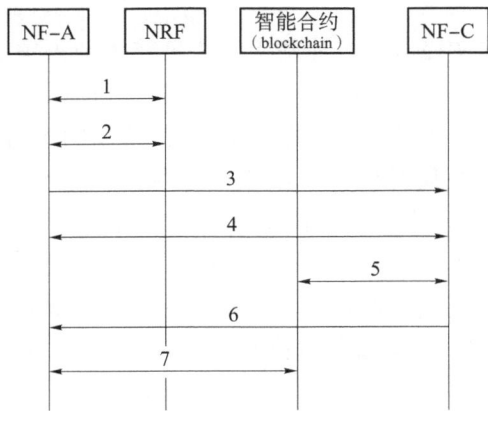

图 15　系统中网元正常申请

具体步骤为:

① NF-A 携带公钥向 NRF 发送查询 NF-B 的 URI,用以访问 NF-B。

② NRF 收到 NF-A 的查询请求,由于 NRF 不能正常工作,返回查询失败或申请超时等信息。

③ 此时系统判定为启用备用流程,认定 NRF 不能正常工作。NF-A 向此前联系过的 NF-C 询问是否用 NF-B 的 URI,并携带自身公钥信息。

④ NF-C 收到询问申请,并进行挑战响应验证 NF-A 提供的公钥的所有权。

⑤ 若响应挑战通过,则 NF-C 通过私有区块链上的智能合约查询 NF-A 的权限信息,并对 NF-A 是否能够与 NF-B 进行通信进行判断。

⑥ 若 NF-A 权限允许,则 NF-C 将 NF-B 的 URI 信息给至 NF-A。

⑦ NF-A 收到 NF-B 的 URI 信息,通过区块链查询 NF-B 的 URI 信息的哈希值。

综合考虑,在本方案中每次产生新的 URI 信息时,NRF 对 URI 信息使用 SHA2-256 哈希函数运算,将哈希值存至合约中。在某一 NF 获得此 URI 信息时,能够通过验证哈希值来防止恶意网元篡改 URI 信息,使网元及核心网的信息泄露,进而保障核心网的安全与稳定运行。在第五步查询权限之前,预先进行挑战响应,阻止恶意伪装网元对核心网信息的窃取,同时在一定程度上预防了备用方案中系统受到嗅探攻击的可能性,保障核心网的安全与稳定运行。

3. 小结

本章讨论了在当今的 5G 核心网络中,采用高可用性和故障转移机制以保障网络的稳定性和可靠性的重要性。HA 机制能够确保在节点宕机时,服务能够快速地在其他节点上启动和运行,从而保证网络的可用性。FT 机制能够确保网络在出现故障时能够自动切换到备用节点上,从而保证网络的持续运行。

然而,HA 和 FT 机制也存在一些潜在的问题和挑战。它们需要投入大量的资源和资金,增加网络的成本和复杂性。配置和管理许多节点和服务可能会使网络的配置变得非常复杂,增加网络管理的难度。此外,HA 和 FT 机制可能会影响网络的性能,包括服务中断、数据传输延迟等问题。此外,复杂的协调和通信机制可能会导致网络通信和同步问题,尤其是在规模较大的网络中。

为了解决这些问题,本文提出了一种基于区块链技术和去中心化身份的新的 NF 间信息共享方案,旨在促进网络中不同 NF 之间的高效相互协作,加强网络的可靠性和稳定性。这个方案能够实现高效、安全和可靠的信息共享,确保信息的实时同步和共享,并提供数据的可追溯性和完整性,从而增强网络的安全性和可靠性。此外,这个方案还能够降低 HA 和 FT 机制所带来的配置和管理的复杂性,降低网络运营成本。

在上文中,提出了一个针对 NRF 的验证方案。介绍了正常业务流程和备用业务流程,并详细说明了每个步骤的具体操作和功能。通过引入区块链技术和去中心化的 NRF 网络,该方案能够消除 NRF 的单点故障问题,提供更强大的安全性保障,并提高网络的可扩展性和性能。

综上所述,基于区块链技术的去中心化 NRF 方案有望成为 5G 网络的重要组成部分,帮助解决 NRF 的问题,提高网络的可靠性和安全性。

五、实验结果与对比分析

1. 综合系统模型建立

本文对传统的以服务为基础的架构进行改造,主要针对 NF 与 NRF 重新设计基于区块链核心网鉴权方案。结合本文的两项研究内容编写智能合约,将 NF 的相关数据以及 URI 的哈希值放在智能合约中进行写入与查询。其智能合约是基于 POA(Proof of Authority)共识算法的联盟链,在存储数据方面具有许多优势。

POA 共识机制基于预先授权的验证者,使得网络具有高度的可信度和安全性。这意味着只有经过验证的节点才能参与数据存储和交易验证,有效防止了恶意行为和数据篡改的风险。同时,基于 POA 共识的联盟链提供了高吞吐量和低延迟的优势。由于验证者的预先授权和高度的信任度,交易确认的速度更快,并且网络拥堵的可能性较低。这使得存储大量数据和进行复杂的合约交互成为可能,适用于需要高效处理和存储大量数据的场景。此外,基于 POA 共识的联盟链还具有良好的可扩展性和灵活性。新的验证者能够根据需要被添加到网络中,而无须进行复杂的共识算法更改。这种灵活性使得联盟链能够适应不同规模和需求的业务环境,为数据存储提供可靠的基础设施。

图 16 所示为的是基于区块链的移动核心网架构,NFs 的相关信息存储在私有区块链的智能合约中,每个运营商分别使用不同的智能合约对自己的 NFs 进行管理,同时这些智能合约同处于一条私链上,在需要相互通信时会比传统架构更加高效与快捷。在图中能够看出由策略控制功能(Policy Control function,PCF)按预先配置好的策略对合约中的数据进行调用。

通过对传统网元数据量与频次分析,发现在业务量上智能合约与区块链能够作为一种分布式存储系统,用于存储数据。同时针对业务场景,POA 共识算法私有区块链上的智能合约也能够尽可能地发挥其优势。

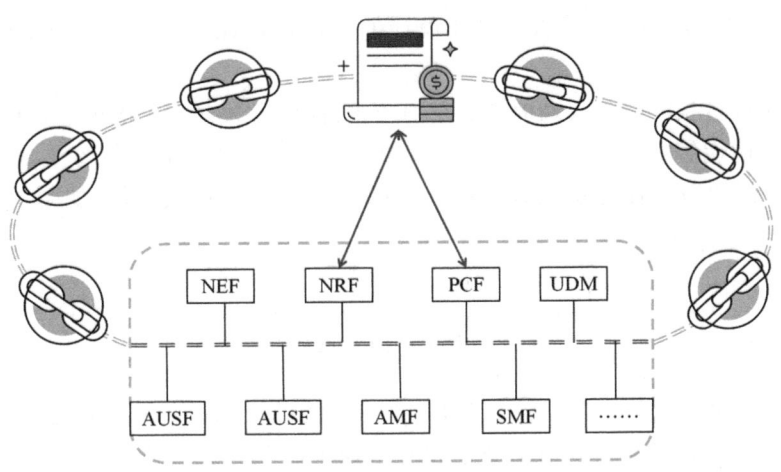

图 16　基于区块链的移动核心网架构

在设计中,每个运营商预设多个节点作为区块链的管理员节点对链上信息进行维护。同样在编写合约时,每个运营商设置多个 NRF 的以太坊地址作为合约的管理员,能够对合约进行写入操作。PCF 通过调用智能合约的接口实现对数据的相关操作。

借助 Go-Ethereum 软件搭建私有区块链,设置 3 组、每组 3 台虚拟机来模拟三大运营商的节点。其中每组 2 台用来打包区块链上的信息,1 台用来模拟区块链的管理员节点对私有区块链进行维护。区块链网络节点示意图如图 17 所示。

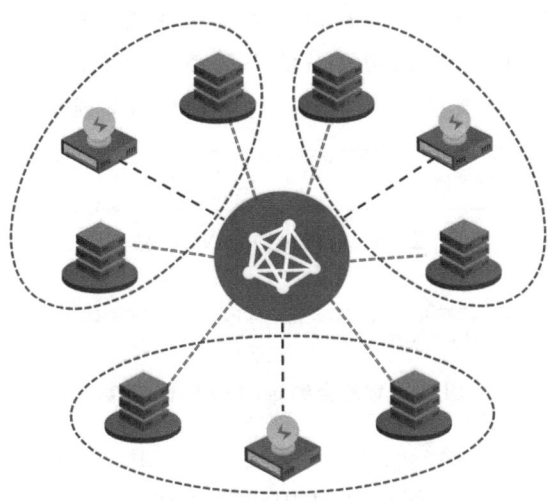

图 17　区块链网络节点示意图

通过合理配置网络体系架构,网络更为安全与高效。在实际部署中,应将网络尽可能配置在基站附近,最大程度地降低网络延迟。在移动网络发生故障时,新的节点能够快速替代受损节点并进行数据同步,以维持系统的通信架构。同样在网络流量突增时也能够快速新增区块链节点并入系统网络中维持网络的稳定。

2. 实验设计

设计利用 Free5GC 和 UERANSIM 两款开源软件来进行 5GC 部分的模拟,使用 Go-

Ethereum、Remix、Metamask 等软件搭建设计的区块链网络,使用 VMware 软件实现多节点网络模拟。

在区块链侧,当 NF 初次入网时 NF 将相关配置信息发送至 NRF。验证通过 NRF 将 NF 的配置信息使用智能合约中的自定义 putVC 函数将 NF 的配置信息生成 VC 存储在智能合约中,在合约中以 string 类型到 string 类型的 mapping 形式存储,如图 18 所示。

```
//function
function putVC(string memory _pubkey,string memory _data) onlyOwner public{
    mappingVC[_pubkey] = _data;
}
```

图 18　智能合约 putVC 函数

同时 NRF 存储 NF 的 URI 信息,并且将 URI 经过 SHA2-256 哈希运算的哈希值使用自定义 putHashValue 函数存储在智能合约中,如图 19 所示。

```
function putHashValue(string memory _pubkey,string memory _data) onlyOwner public{
    mappingHash[_pubkey] = _data;
}
```

图 19　智能合约 putHashValue 函数

当在验证基于区块链和 DID 的 5G 核心网的定制化 VC 链上存储与验证方案时,当 NRF 与 NF-B 分别收到 NF 的通信申请时,经过挑战响应确定公钥拥有者后,以公钥为索引使用自定义 getVC 函数在智能合约中查询 NF-A 的 VC,以判断 NF-A 的权限,如图 20 所示。同样在验证基于区块链的网元间信息共享方案时,NFs 不能正常与 NRF 进行通信时启用备用方案,在挑战响应并查验完 VC 后,NF-B 将所需 NF 的 URI 信息发送至 NF-A,NF-A 通过自定义 getHashValue 函数在智能合约中查询 URI 信息的哈希值,如图 21 所示。用以对比 URI 信息是否被篡改过,以防止隐私信息泄露或是连接至恶意节点。

```
function getVC(string memory _pubkey) public view returns(string memory){
    return(mappingVC[_pubkey]);
}
```

图 20　智能合约 getVC 函数

```
function getHashValue(string memory _pubkey) public view returns(string memory){
    return(mappingHash[_pubkey]);
}
```

图 21　智能合约 getHashValue 函数

在智能合约中,由于其自身特性,还需预定义好一些其他属性,如图 22 中所示。预写入合约 Plmnid,以图中的"46000"为例,这是中国移动的 Plmnid,每个运营商需要使用自己的智能合约来存储自己网元的信息。此外,更需要定义"owner","owner"为合约的实际拥有者,通过定义默认为合约发布者,对此合约有实际控制权。

在核心网侧编程语言与 Free5GC 保持一致,使用 GO 编写。当收到某一公钥的查询请求时,对公钥进行挑战响应以确定公钥拥有者身份,使用 crypto 库中 rand 函数生成一个 32byte 的随机数用作挑战响应中的随机数,并对挑战使用 SignPKCS1v15 函数进行签名,使用 VerifyPKCS1v15 函数进行验签,如图 23 所示。

当 NRF 需要对 VC 进行签名时,若挑战相应成功,则使用 signMessage 函数使用 NRF 的私钥对 VC 进行签名,对于接收到的 VC 使用 verifySignature 函数进行验签,如图 24 所示。

```solidity
// SPDX-License-Identifier: MIT
pragma solidity ^0.8.0;
contract NFInfo{

    address public owner;
    string Plmnid = "46000"; //Operator = China Mobile

    mapping( string => string )mappingVC;
    mapping( string => string )mappingHash;

    //Ownership Coding
    constructor() {
        owner = msg.sender;
    }
    modifier onlyOwner {
        require(msg.sender == owner);
        _;
    }

    function transferOwneraship(address newOwner) onlyOwner public {
        owner = newOwner;
    }
}
```

图 22　合约其他信息

```go
// 创建一个随机数作为挑战
challenge := make([]byte, 32)
_, err = rand.Read(challenge)
if err != nil {
    fmt.Println("Failed to generate challenge:", err)
    return
}

// 对挑战进行签名
signature, err := rsa.SignPKCS1v15(rand.Reader, privateKey, crypto.SHA256, challenge)
if err != nil {
    fmt.Println("Failed to sign challenge:", err)
    return
}

// 验证签名
err = rsa.VerifyPKCS1v15(publicKey, crypto.SHA256, challenge, signature)
if err != nil {
    fmt.Println("Failed to verify signature:", err)
    return
}

fmt.Println("Public-private key pair is valid!")
```

图 23　挑战响应函数

```go
func signMessage(message string, privateKey *rsa.PrivateKey) ([]byte, error) {
    // 使用私钥对消息进行签名
    hashed := sha256.Sum256([]byte(message))
    signature, err := rsa.SignPKCS1v15(rand.Reader, privateKey, crypto.SHA256, hashed[:])
    if err != nil {
        return nil, err
    }

    return signature, nil
}

func verifySignature(message string, signature []byte, publicKey *rsa.PublicKey) error {
    // 使用公钥验证签名
    hashed := sha256.Sum256([]byte(message))
    err := rsa.VerifyPKCS1v15(publicKey, crypto.SHA256, hashed[:], signature)
    if err != nil {
        return err
    }

    return nil
}
```

图 24　签名与验签函数

3. 实验结果与分析

将合约部署在测试网络上,如图 25 和图 26 所示。能够看出合约部署成功,状态信息为"true Transaction mined and execution succeed",部署合约的交易信息哈希值为"0x4c135150b5653fb5e5cb0ee46c3b9c42ad8a1962701d6b58218b0a4339bdc9ac",合约地址为"0xd9145CCE52D386f254917e481eB44e9943F39138"。

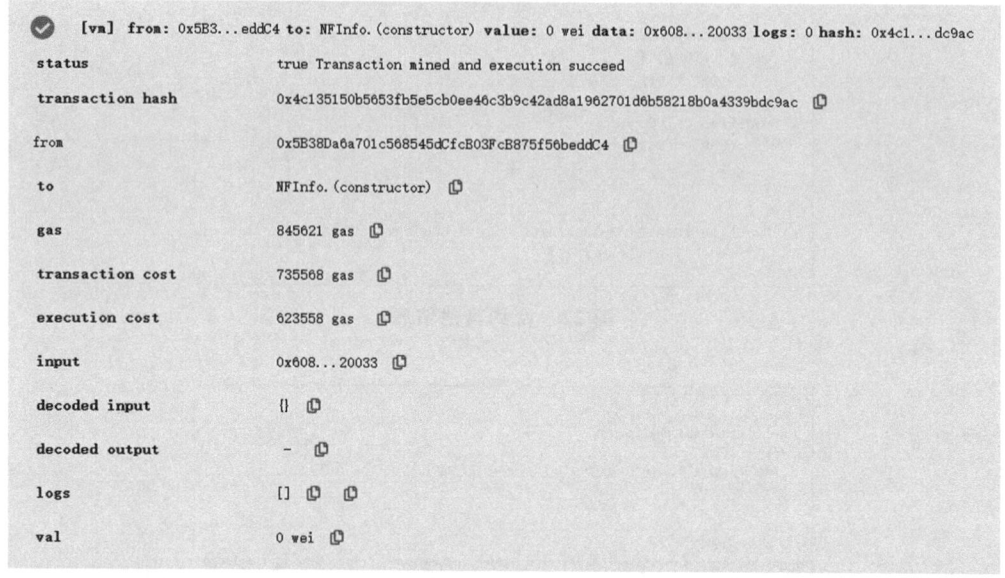

图 25 成功部署合约

图 26 合约交互界面

对比图 27(a)与图 27(b)能够看出本合约的实际拥有者"owner"为地址"0x5B38Da6a701c568545dCfcB03FcB875f56beddC4"的账户,即合约发布账户,在综合方案中为 NRF 的地址。

图 27 合约部分截图

在图 28 和图 29 中能够看出通过 putVC 函数和 putHashValue 函数已经将编码后的 VC 与 URI 信息存储至链上。此时通过相对应的 getVC 函数和 getHashValue 函数在链上查到对应值,如图 30 和图 31 所示。

```
{
    "string _pubkey": "50863ad64a87ae8a2fe83c1af1a8403cb53f53e486d8511dad8a04887e5b2352
2cd470243453a299fa9e77237716103abc11a1df38855ed6f2ee187e9c582ba6",
    "string _data":
"cG9saWN5RGF0YS51ZXMuYW1EYXRhCnsiX21kIiA6IE9iamVjdElkKCI2MjI1YTFmNTZ1MjJiNjFjNWNiNTViNzQiKSwgInN1YnNjQ2FOcyIgOiB
bICJMcmVlNWdjIiBdLCAidWVjZCIgOiAiW1zaSOyMDg5MzAwMDAwMDMi1HOkcG9saWN5RGFOYS51ZXMuc21EYXRhCnsiX21kIjpPYmplY3RJR
JZCgiNjIyNWExZjU2ZTIyYjYxYzYjYjU1YjcIiksInNtUG9saWN5SGVyAiMDEwMTAyMDMiIDogeyAic25zc2FpIiA6IHsgIm
kIiA6ICIwMTAyMDMiLCAic3NOIiA6IDEgfSwgInNtUG9saWN5NRG5uRGF0YSIgOiB7ICJpbnRlcm5ldCIgOiB7ICJkbm4iIDogImludGVybmV0IiB
9LCAiY50ZXJuZXRQeyIiA6IHsgImRubmRiIgOiA1ZXJuZXQuX0XRyJuZXROyICJqYXNNTEyMjM1NTXXUjpIh1Xd8oPBGeFECZnRXuLDS30WnGGCzE
qInNkIiA6ICIxMTIyMzMiIHOsICJzbVBVbkciLCJjeURubkRhdGEiIDogeyAiW50ZXJuZXQiIDogeyAiZG5uIiA6ICJpbnRlcm5ldCIgZSugIm
ybmVOMiIgOiB7ICJkbm4iIDogImludGVybmV0MiIgfSBOHOgfSwgInWlSWQiIDogImltbc2ktMjA0MTRwMDUwMDcAMDAzIiB9CNN1YnNjcmlwdGl
vbkRhdGEiIDogeyAiZG5uIiA6ICJpbnRlcm5ldCIsICJhcHBOeXBlIiA6IDIgfSB9LCAic3Vic2NyaXBOaW9uRGF0YUxpc3QiIDogWyB7ICJkbm4i
IDogImludGVybmV0IiwgInBsdWdpbnMiIDogWyBdIH0gXSB9CiIsICJSW50ZXJ2YWxzIiA6IHsgIkOBTXY1MDA5N0EzNjc4NMjk1MTc3NGUyMjE
NGJqOVQ1MDN4MDAzMDQiLCAic1pLZkZuZE8iOiIxMDA5N0EzNjc4NMjk1MTc3NGUyMjc3MDUwMDMzIiwgImtZG4iOiAiW1dbLbmJtU29hzTi
KZzgiAiNUc6bW5MjtBVzIwOC4zZ3BwbV0d29yay5vcmciIH0gCg=="
}
```

图 28 putVC 函数将编码后的 VC 以公钥为索引存储智能合约

在合约返回信息中能够看出, VC 的签名已经存在公钥 "50863ad64a87ae8a2fe83c1af1a8403cb53f53e486d8511dad8a04887e5b23522cd470243453a299fa9e77237716103abc11a1df38855ed6f2ee187e9c582ba6" 的对应值中。

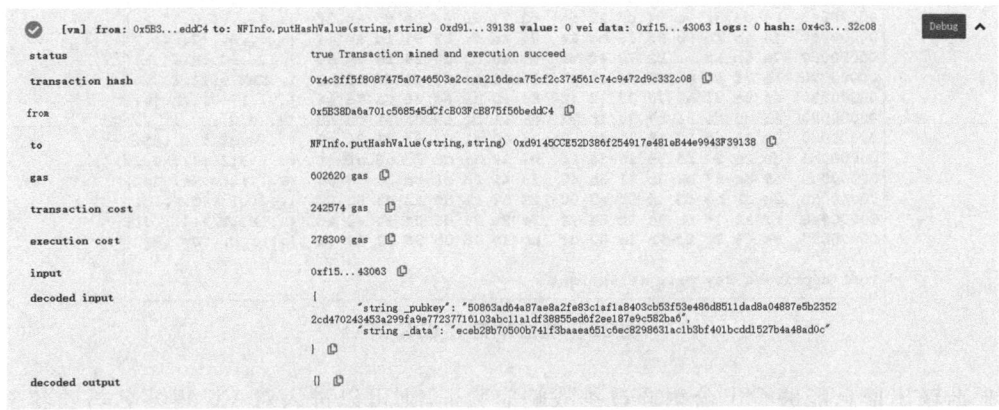

图 29 putHashValue 函数将 URI 信息的哈希值以公钥为索引存储智能合约

在合约返回信息中能够看出,公钥 "50863ad64a87ae8a2fe83c1af1a8403cb53f53e486d8511dad8a04887e5b23522cd470243453a299fa9e77237716103abc11a1df38855ed6f2ee187e9c582ba6" 的 URI 信息的哈希值已经存在合约中。

图 30 合约中查询哈希值

从图中能够看出,VC 的签名与 URI 的哈希信息以公钥为索引在合约中查询到。在核心网侧,使用挑战响应对公钥进行鉴权,如图 32 所示。

图 31 合约中查询编码后的 VC

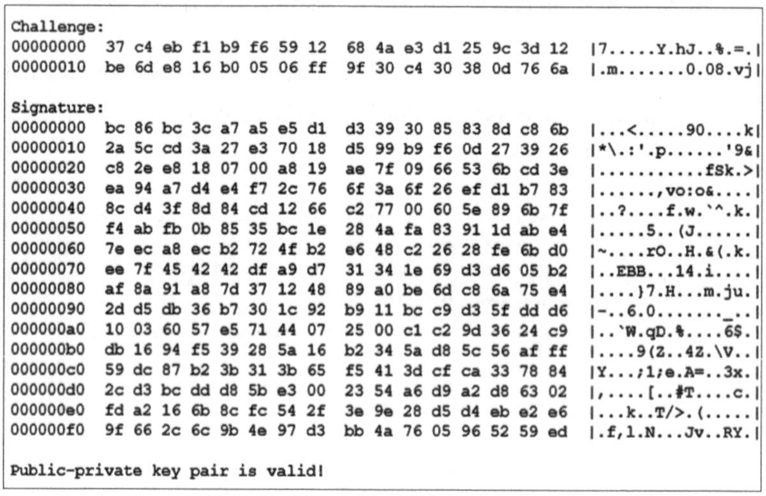

图 32 挑战响应鉴权公钥

根据输出信息能够看出公钥通过挑战响应验证,则可以进入对 VC 得签名与验签部分,如图 33 所示。

图 33 签名与验签

根据程序输出的信息"Signature is valid"能够看出成功获取到签名,并成功验签。

六、总结与展望

1. 论文总结

本文主要研究了基于区块链的核心网鉴权方法,提出了一种新的去中心化存储与验证方案和基于区块链的信息共享方案,以保护隐私数据并提高网络安全性和可靠性。在研究过程中,本文对原核心网内部流程和相关机制进行了梳理,并引入区块链技术、去中心化身份概念、部分密码学技术重新设计核心网内部网络元的隐私信息鉴权与存储方案。相比传统方案,本方案提出的数据存储与验证方式更加安全。

同时,本文还提出了基于区块链和 DID 的 5G 核心网定制化 VC 链上存储与验证方案,结合 5G 核心网实际情况,该方案将更适合未来 5G 网络发展需求。通过实验结果分析表明,本文所提出的方法具有较好的安全性和可扩展性。

2. 未来工作展望

虽然本文所提出的基于区块链的核心网鉴权方法在保护隐私数据、提高网络安全性和可靠性等方面取得了一定成果,但仍存在一些问题需要进一步研究和解决。

首先,本文所提出的方案仍需要进一步优化和完善。例如,在实际应用中,如何更好地平衡数据存储与验证的效率和安全性,如何更好地处理网络拓扑结构变化等问题都需要进一步研究。

其次,随着 5G 网络的不断发展,未来网络将面临更多的挑战和机遇。因此,在 5G 网络中实现高可用性和故障转移机制变得更加重要。同时,为了满足未来网络对于更高带宽、更低延迟、更大容量和更好安全性等方面的需求,需要采用新技术和新架构来支持这些需求。例如,网络切片技术能够为不同应用场景提供定制化服务;边缘计算能够提高数据处理效率和降低延迟;人工智能能够优化网络管理和维护等。

总之,在未来 5G 网络中,需要采用全新的技术和架构来应对日益增长的数据流量、复杂的业务需求以及不断变化的安全威胁。最终实现高效、可靠、安全、智能的 5G 网络建设。

参考文献

[1] 中国国家发展规划委员会.(2021).中华人民共和国国民经济和社会发展第十四个五年规划纲要(2021—2025).北京:中国发展出版社.

[2] Arnaz J, Lipman M."Toward Integrating Intelligence and Programmability in Open Radio Access Networks:A Comprehensive Survey," in IEEE Access,2022(10):67747-67770.

[3] Ahmad I, Shahabuddin S, Kumar T,et al. Security for 5G and beyond. IEEE Commun. Surv. Tutor. 2019(21):3682-3722.

[4] Ahmad I, Suomalainen J,Huusko J. 5 G-Core Network Security. In Wiley 5G Ref:The Essential 5G Reference Online; John Wiley & Sons, Ltd.: Hoboken, NJ, USA, 2019:1-18.

[5] Cao J,Ma M, Li H,et al. A survey on security aspects for 3GPP 5G networks. IEEE Commun. Surv. Tutor. 2019(22):170-195.

[6] Bhuiyan T, Begum A, Rahman S,et al. API vulnerabilities:Current status and dependencies. Int. J. Eng. Technol. 2018(7):9-13.

[7] Chatterjee M R. Network Security of 5G network. EasyChair. 2021. Available online: https://easychair.org/publications/preprint/jdZr(accessed on 21 December 2022).

[8] Zhang S,Wang Y,Zhou W. Towards secure 5G networks: A Survey. Comput. Netw. 2019 (162):106871.

[9] Zhang Y,Liu C,Liu S,et al. SETOKEN: A secure protection mechanism based on service API for 5G network access token. In Proceedings of the 2021 2nd International Conference on Electronics, Communications and Information Technology (CECIT), Sanya, China, 27-29 December 2021:1139-1143.

[10] Prasad A R,Arumugam S,Sheeba B,et al. 3GPP 5G security. J. ICT Stand. 2018(6):137-158.

[11] Fang D,Qian Y,Hu R Q. Security for 5G mobile wireless networks. IEEE Access 2017,(6): 4850-4874.

[12] Ferrag M A,Maglaras L,Argyriou A,et al. Security for 4G and 5G cellular networks: A survey of existing authentication and privacy-preserving schemes. J. Netw. Comput. Appl. 2018(101): 55-82.

[13] Arapinis M,Mancini L,Ritter E,et al. New privacy issues in mobile telephony: Fix and verification. In Proceedings of the 2012 ACM Conference on Computer and Communications Security, New York, NY, USA, 2012(10):205-216.

[14] Alfoudi A S,Newaz S S,Ramlie R,et al. Seamless Mobility Management in Heterogeneous 5G Networks: A Coordination Approach among Distributed SDN Controllers. In Proceedings of the 2019 IEEE 89th Vehicular Technology Conference (VTC2019-Spring), Kuala Lumpur, Malaysia, 2019:1-6.

[15] Jones M, Bradley J, Sakimura N. Json web token (jwt) [S]. No. rfc7519. 2015. Available online: https://www.rfc-editor.org/rfc/rfc7519(accessed on 21 December 2022).

[16] Glouche Y, Genet T, Houssay E. SPAN: A security protocol animator for AVISPA [R]. IRISA. 2008. Available online: https://www.researchgate.net/publication/228356197_A_security_protocol_animator_tool_for_AVISPA.

[17] Sylla T, Mendiboure L,Maaloul S, et al. Multi-Connectivity for 5G Networks and Beyond: A Survey. Sensors 2022(22):7591.

[18] Ja'afreh M, Adhami H, Alchalabi A E. et al. Toward integrating software defined networks with the Internet of Things: a review. Cluster Comput ,2022(25):1619-1636.

[19] 郭苗,杨柳.浅析工业5G的网络安全风险分析[J].中国仪器仪表,2023(5):17-20.

[20] 宓洁.5G核心网网络架构及其关键技术[J].数字通信世界,2023(3):76-78.

[21] 王玉东,刘丽榕,辛培哲.运营商5G网络与电力通信网融合组网研究[J].电力信息与通信技术, 2022,20(9):59-66.

[22] 韩松岳,苗恺,李勇,等.区块链与5G MEC在军事领域的融合应用[J].海军航空大学学报, 2022,37(4):301-310.

[23] 孔珍.5G核心网关键技术布局及应用[J].中国信息化,2022(6):57-58.

[24] 黄俊霖.移动通信网络非接入层安全分析与方案设计[D].重庆邮电大学,2022.

[25] 范华敏.5G时代行业专网的发展[J].邮电设计技术,2022(02):77-80.

[26] 贺琳,苗守野,刘秋妍,等.面向共享网络的资源可信管理研究[J].信息通信技术,2021,15(5): 21-26.

[27] 林奕琳,陈思柏,单雨威,等.6G网络潜在关键技术研究综述[J].移动通信,2021,45(4): 120-127.

[28] 王华华,黄俊霖,何沛,等.非接入层拒绝服务攻击分析与设计[J].电讯技术,2022,62(3):354-360.

[29] 赵昊明.移动通信网络安全缺陷研究与攻击验证[D].重庆邮电大学,2021.

[30] 基于5G＋区块链技术＋边缘计算的低时延解决方案[J].自动化博览,2021,38(2):91-93.

[31] 高渊,董宇翔,张麾军,等.浅析LTE无线通信网络安全漏洞及防御措施[J].网络安全技术与应用,2021(1):88-89.

[32] 胡鑫鑫,刘彩霞,刘树新,等.移动通信网鉴权认证综述[J].网络与信息安全学报,2018,4(12):1-15.

[33] Hussain S, Chowdhury O, Mehnaz S, et al. LTEInspector: A systematic approach for adversarial testing of 4G LTE. In Proceedings of the Network and Distributed Systems Security（NDSS）Symposium 2018, San Diego, CA, USA, 18-21 February 2018.

[34] Basin D, Dreier J, Hirschi L, et al. A formal analysis of 5G authentication. In Proceedings of the 2018 ACM SIGSAC Conference on Computer and Communications Security, New York, NY, USA,2018(10):1383-1396.

[35] Liu C, Hu X, Liu S, et al Security Analysis of 5G Network EAP-AKA′ Protocol Based on Lowe's Taxonomy. J. Electron. Inf,2019(41):1800-1807.

[36] Dhillon P K, Kalra S A. lightweight biometrics based remote user authentication scheme for IoT services. J. Inf. Secur,2017(34):255-270.

[37] Chen C L, Chiang M L, Hsieh H C, et al. A lightweight mutual authentication with wearable device in location-based mobile edge computing. Wirel. Pers. Commun. 2020(113)575-598.

[38] Zhang W, Wei H, Liu S, et al. Fast handover authentication scheme in 5G mobile edge computing scenarios5G. J. Netw. Inf. Secur. 2022(8) 154-168.

[39] 3GPP TS 33.501. Security Architecture and Procedures for 5G System[S]. 2022. Available online:https://www.3gpp.org/ftp/Specs/archive/33_series/33.501.

[40] 3GPP TS 33.501. Security Architecture and Procedures for 5G System[S]. 2020. Available online:https://www.3gpp.org/ftp/Specs/archive/33_series/33.501.

[41] 3GPP TS 23.502. Procedures for the 5G System[S].2021.Available online:https://www.3gpp.org/ftp/Specs/archive/23_series/23.502.

作者简介

于泊远,男,本科生,就读于北京信息科技大学信息与通信工程学院通信1902班,已发表论文《Blockchain-based User Data Storage And Protection in 5G Core Network》,已获得国家发明专利一项。

巩译(指导教师),北京信息科技大学,无线通信与区块链技术,副教授。

基于神经网络的信道估计方法研究

赵睿哲

(北京信息科技大学信息与通信工程学院,北京,100101)

摘 要:本文主要研究在时间和频率选择性衰落信道中,正交频分复用(Orthogonal Frequency Division Multiplexing,OFDM)系统的信道估计性能。首先,以 ChannelNet 信道估计算法为基础,本文将基于导频的 OFDM 信道估计视为图像超分辨率的过程。其次,针对 ChannelNet 算法受传统插值法性能限制等问题,本文设计了改进的 ChannelNet(Improved ChannelNet,ChannelNet-IM)算法。最后,本文设计了一种基于生成式对抗网络(Generative Adversarial Networks,GAN)进行信道估计的算法,通过引入生成器和判别器,使得模型在持续训练和博弈中学习更多的信道细节,进一步提升信道估计性能。仿真结果显示,ChannelNet-IM 相比 ChannelNet 在信道估计性能上有了显著提升,进一步验证了用转置卷积替换传统插值法进行上采样的可行性。基于 GAN 设计的信道估计算法与 ChannelNet、ChannelNet-IM 和 ReEsNet 信道估计算法相比,信道估计性能提升了 0.5~4 dB,能与最小均方误差(Minimum Mean Square Error Estimation,MMSE)信道估计算法性能相媲美。

关键词:信道估计;神经网络;正交频分复用;超分辨率;生成式对抗网。

Research on neural network-based channel estimation methods
Zhao Ruizhe

Abstract:This paper focuses on the channel estimation performance of Orthogonal Frequency Division Multiplexing (OFDM) systems in time-frequency selective fading channels. Firstly, based on the ChannelNet channel estimation algorithm, this paper treats the OFDM channel estimation based on the frequency guide as a process of image super-resolution. Secondly, this paper designs an improved ChannelNet (Improved ChannelNet, ChannelNet-IM) algorithm to address the performance limitations of the ChannelNet algorithm by the traditional interpolation method. Finally, this paper designs an algorithm for channel estimation based on Generative Adversarial Networks (GAN). By introducing generators and discriminators, the model learns more details about the channel during continuous training and gaming, which further improves the channel estimation performance. Simulation results show that ChannelNet-IM shows a significant improvement in channel estimation performance compared to ChannelNet, further validating the feasibility of replacing the traditional interpolation method for upsampling with transposed convolution. The GAN-based channel estimation algorithm achieves a channel estimation performance improvement of 0.5-4 dB compared to ChannelNet, ChannelNet-IM, and ReEsNet channel estimation algorithms, and is comparable to the performance of the Minimum Mean Square Error Estimation (MMSE) channel estimation algorithm. This is comparable to the performance of the Minimum Mean Square Error Estimation (MMSE) channel estimation algorithm.

① 项目来源类别:毕业设计

Key words: Channel estimation, neural networks, orthogonal frequency division multiplexing (OFDM), super-resolution, generative adversarial networks (GAN).

一、绪论

1. 研究背景与意义

信道估计作为直接获取信道状态的方法,是 OFDM 通信系统的关键步骤,其性能好坏直接决定了通信系统的质量。因此,设计一种高精度且计算复杂度低的信道估计算法极为重要。随着无线通信技术的不断发展,信道环境也变得越发复杂多变。传统信道估计算法性能有限,无法进一步满足通信需求。因此,亟须一种可行性高、性能好的算法来适用于新的应用场景。

近些年,人工智能技术飞速发展,为信道估计提供了新机遇[6,7]。基于神经网络的信道估计方法具有线上推理时不依赖信道统计特性的优势,可以在获得较好估计性能的同时保持较低的计算复杂度。

因此,深入研究基于神经网络的信道估计算法对提高通信质量具有重大意义。

2. 论文主要工作

本文主要探讨了在同时具有时间和频率选择性衰落信道下,神经网络对 OFDM 系统的信道估计性的影响。受到文献[19]的启发,本文将基于导频信道估计视为图像超分辨率的过程,并在下文中,设计了改进的 ChannelNet 方法,以克服传统插值法的性能限制,验证了用转置卷积替换传统插值法进行上采样的可行性。

为了进一步提升信道估计的性能,本文设计了一种基于 GAN 的信道估计方法。该方法利用了 GAN 的特性,通过训练过程中生成器和判别器的相互博弈,使生成器学习到更多的信道细节,从而生成更加真实的信道响应。

二、OFDM 与信道估计

1. OFDM 系统原理

OFDM 是一种广泛使用的多载波调制技术,源于频分复用技术[22]。OFDM 可以将一个宽带信号分成多个窄带子载波,数据在每个子载波上并行传输,从而实现更高的频谱利用率[23]。本文中所用的 OFDM 系统模型如图 1 所示,其中信道估计模块是本研究重点讨论的部分。

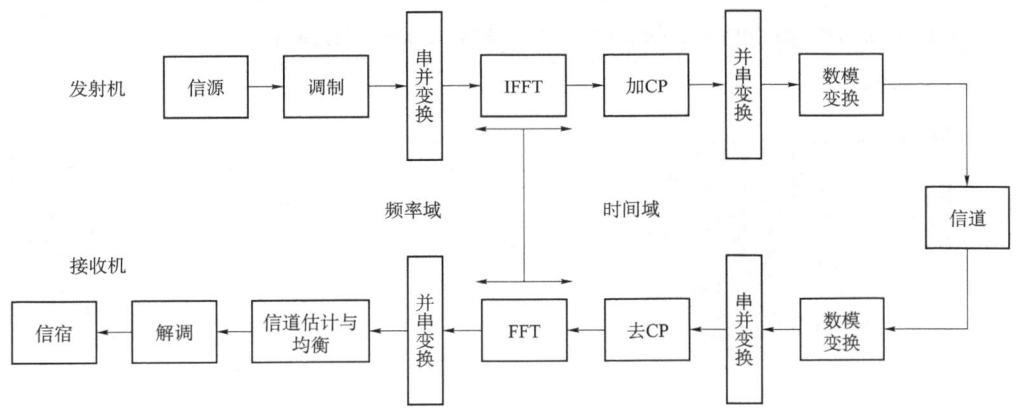

图 1 OFDM 系统模型收发流程图

图 1 中信道估计与均衡模块展开如图 2 所示,其中虚线框部分为信道估计模块。接收机在接收到信号并移除 CP 后,会执行 FFT 将时域信号转换为频域信号,然后开始信道估计。首先,根据发送端和接收端预先协定的位置信息,接收机从接收到的信号中提取导频符号,并通过信道估计获取完整的信道频率响应。接下来,通过信道均衡来补偿接收信号的信道效应。

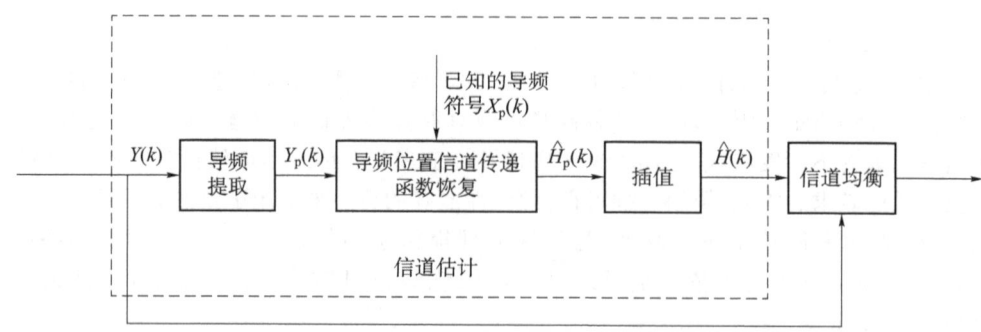

图 2　OFDM 系统接收机信道估计与均衡模块结构图

2. 传统信道估计算法

本节主要介绍基于导频的传统信道估计方法,包括导频位置的信道估计算法和非导频位置的信道插值算法。

基于导频的信道估计方法,常用的算法有 LS、MMSE 和 LMMSE。

非导频位置的插值方法,常用的信道插值法有:常数插值法、线性插值法、高斯插值法、基于 DFT 的插值算法等[3,24]。

每种算法都有其独特的特点和适用范围,在实际应用中需要根据具体问题来选择合适的算法。

3. 基于神经网络的信道估计算法

本节主要介绍三种经典的基于神经网络的信道估计算法,分别是:ChannelNet、ReEsNet 和基于 SRGAN 的信道估计算法。

(1) ChannelNet

文献[19]将信道响应视作一幅二维图像,并在此基础上将信道估计问题转变为图像超分辨率问题和图像恢复问题的叠加,提出了 ChannelNet 模型,如图 3 所示。

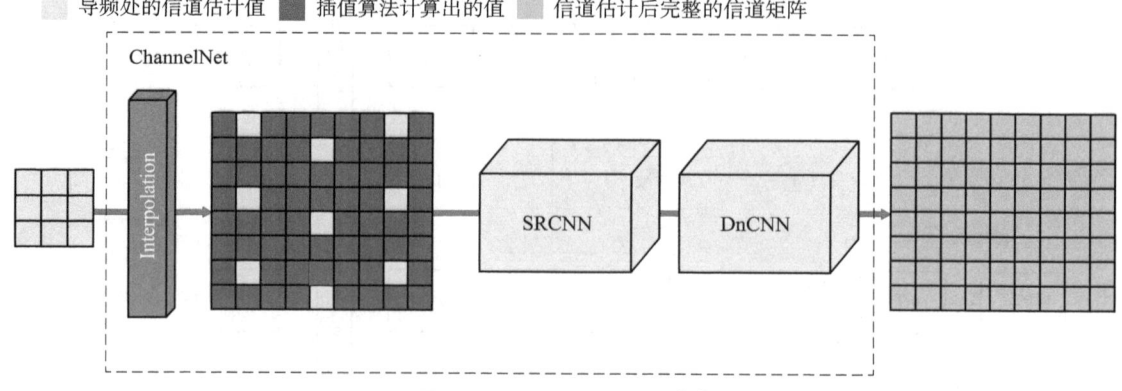

图 3　ChannelNet 结构图[19]

该方法使用本文中介绍的高斯插值法和 SRCNN[26] 来实现图像超分辨率，使用 DnCNN[27] 实现图像降噪，将 SRCNN 和 DnCNN 两个网络级联在一起，从而实现信道估计。

（2）ReEsNet

文献[20]提出了一种基于残差模型的信道估计网络，模型结构如图 4 所示。不同于之前的网络，ReEsNet 主要做了以下改进：

① ReEsNet 只使用了一个网络模型就可以实现信道估计的功能，极大简化了模型训练难度；

② 引入了残差模型，既加速了模型的训练速度，又提升了模型的性能。

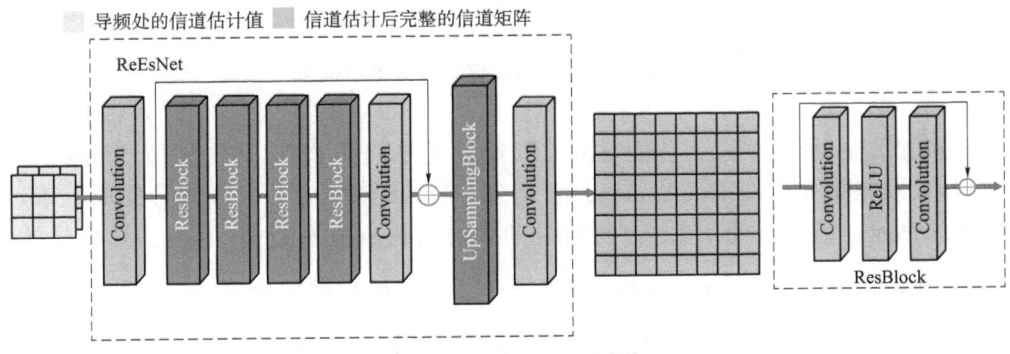

图 4　ReEsNet 结构图[20]

（3）SRGAN

文献[21]将 GAN 引入到信道估计中。在残差网络的基础上，通过增加判别器，使得信道估计的分布更接近真实信道。既继承了残差网络的优点，又克服了单模超分辨率算法过于平滑的问题。结构图如图 5 所示。

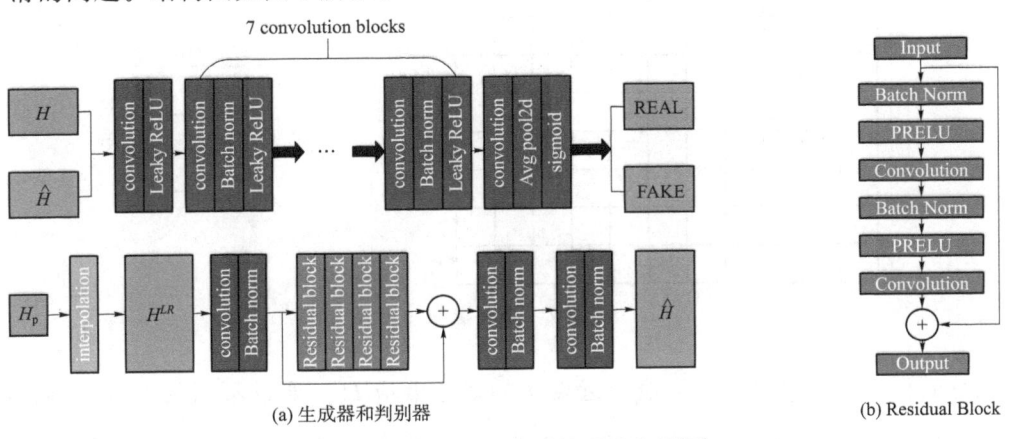

(a) 生成器和判别器

图 5　基于 SRGAN 信道估计结构图[21]

三、基于卷积神经网络的信道估计算法

1. 系统设计与分析

上文详细描述了传统的 OFDM 接收机信道估计的系统框图。在此基础上，本章设计了一种基于深度学习的信道估计系统框图，如图 6 所示。

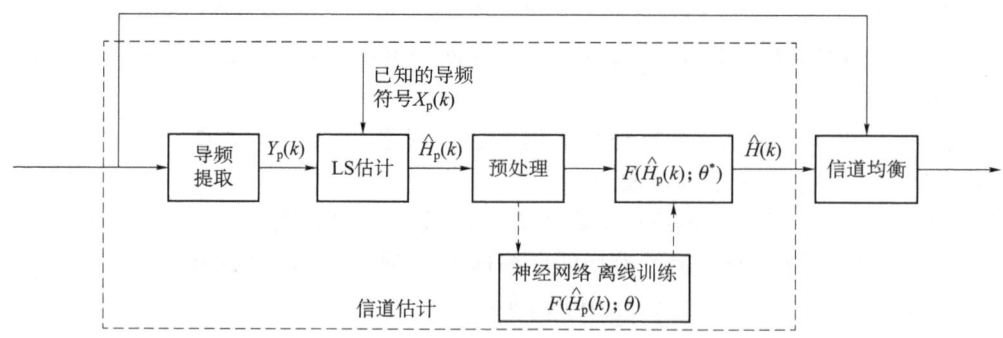

图 6 基于深度学习的信道估计系统框图

接收机接收到时域信号后,首先移除 CP,然后执行 FFT 操作,将时域信号转换到频域。接下来,接收机根据发送端预设的导频位置信息,将频域信号中的导频部分提取出来,这一过程如图 7 所示。接收机使用 LS 方法对导频处的信道响应进行估计,得到导频处的信道响应 $\hat{H}_p$。在数据预处理模块中,接收机需要将 $\hat{H}_p$ 的实部和虚部分离,组成两个二维矩阵。将处理好的数据 $\hat{H}_p$ 视作特征,真实的信道响应 H 视作标签,输入到神经网络中进行离线训练,得到如下映射:

$$\hat{H} = F(\hat{H}_p; \theta) \quad (3.1)$$

式中,$\hat{H}$ 表示进过神经网络后信道估计的结果,θ 是神经网络中所有可以训练的参数。

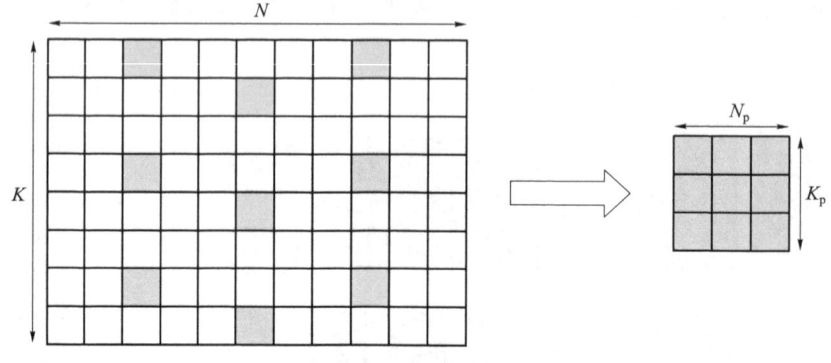

图 7 导频提取

训练的目的是使得 $\hat{H}$ 尽可能地接近真实的信道响应 H。通过不断的训练直到模型收敛,可以得到最优的参数 θ^*。最后,将离线训练好的模型 $F(\hat{H}_p; \theta^*)$ 部署到系统中,便可以在线的获取精确的信道估计值。

2. ChannelNet-IM 模型设计

在实际仿真中,本文发现 ChannelNet 存在一些可以优化的地方:

(1)在数据预处理的时候,ChannelNet 没有考虑信道频率响应的实部和虚部之间潜在的联系,将实部和虚部看作是两个不同的二维图像;

(2)传统的高斯插值对图像超分辨的效果并不好,而且先进行插值再训练的方式增加了模型的训练参数。

针对以上两个问题,本文设计了一种改进的 ChannelNet 方法,即 ChannelNet-IM。该方法首先将信道响应的实部和虚部看作是一幅二维图像的两个通道;其次,使用转置卷积取代传统的高斯插值进行上采样,并将上采样模块移至 SRCNN 之后,如图 8 所示。

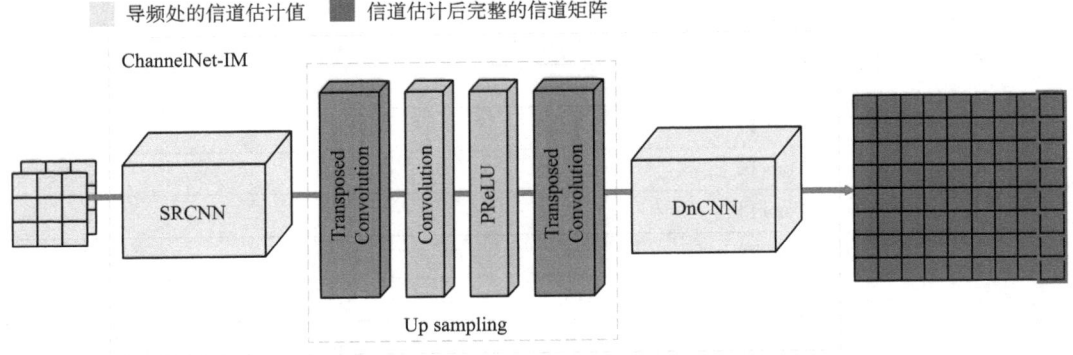

图 8　ChannelNet-IM 结构图

ChannelNet-IM 主要分为三大模块:SRCNN、DnCNN 和上采样模块。其中,SRCNN 和 DnCNN 继续沿用了 ChannelNet 中的设计,如图 9(a)、(b)所示。上采样模块由两层转置卷积层实现,如图 9(c)所示。根据导频数的不同,转置卷积层的超参数设置也略有区别,本文给出一种参考设置,如表 1 所示。为了进一步提升性能,本文还在两层转置卷积层之间,还添加一个卷积层,采用 PReLU 激活函数作为输出。

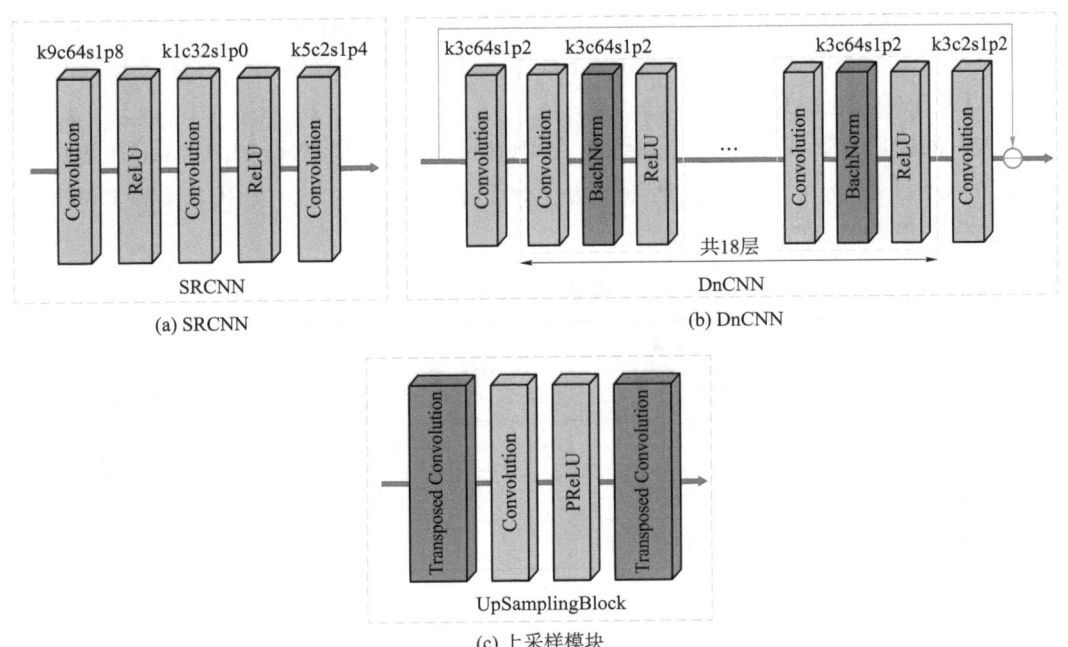

图 9　SRCNN、DnCNN 和上采样模块结构图

表 1　上采样中转置卷积的超参数设置

导频数	转置卷积	卷积核	步长	输出通道
48	ConvT1	(3,3)	(3,3)	32
	ConvT2	(2,3)	(2,1)	32
36	ConvT1	(3,3)	(3,2)	32
	ConvT2	(2,2)	(2,2)	32
24	ConvT1	(3,3)	(3,2)	32
	ConvT2	(3,2)	(3,2)	32
16	ConvT1	(3,4)	(3,3)	32
	ConvT2	(3,2)	(3,2)	32
8	ConvT1	(3,4)	(3,3)	32
	ConvT2	(3,2)	(3,2)	32
	ConvT3	(2,1)	(2,1)	32

3. 仿真与性能分析

(1) 数据集与训练环境

模型训练所需的数据集主要来源于维也纳大学开发的 LTE-A 链路级模拟器[30]。具体参数如表 2 所示。共生成 31 000 组信道样本,其中 28 000 组数据用于训练,2 000 组数据用于验证,1 000 组数据用于测试。

此外,为了测试网络模型的鲁棒性,本研究还生成了一组信噪比为[0,5,10,15,20,25]的数据集。在这些不同信噪比的情况下,各自生成了 5 000 组数据用于训练,500 组数据用于验证,以及 1 000 组数据用于测试。

本文中的神经网络模型搭建与训练是在 Python 3.8.16 和 Pytorch 1.13.1 环境中进行的,选用的 GPU 型号为 3070Ti。学习率为 0.001,批次大小为 128,SRCNN 和 DnCNN 的迭代次数分别设置为 300 和 100 次。

表 2　模拟器仿真参数设置

参数	取值	参数	取值
信道模型	Vehicular-A	带宽	1.4 MHz
子载波个数	72	移动速度	50 km/h
符号个数	14	循环前缀	Normal CP
载波频率	2.1 GHz		

(2) ChannelNet 与 ChannelNet-IM 性能分析

图 10 所示为描述的是不同算法在导频数为 48 时信道估计性能的比较。图中 Low-SNR 曲线显示了在 SNR 为 10 dB 的仿真数据集下训练的模型的信道估计性能,High-SNR 曲线显示了在 SNR 为 20 dB 的情况下的信道估计性能。可以观察到,无论是在 Low-SNR 还是 High-SNR 情况下,ChannelNet-IM 的信道估计性能都优于 ChannelNet。

在相同的均方误差下，ChannelNet-IM 的性能比 ChannelNet 好 1.3～5 dB。另外，ChannelNet-IM 中 Low-SNR 与 High-SNR 两条折线的交点位于 14.2 dB。所以，当 SNR 小于 14.2 dB 时，选用 Low-SNR 能获得更优秀的信道估计效果；当 SNR 大于 14.2 dB 时，则选用 High-SNR 更合适；当 SNR 超过 25 dB 时，为了获得更好信道估计效果，最好再训练一组新的网络参数。

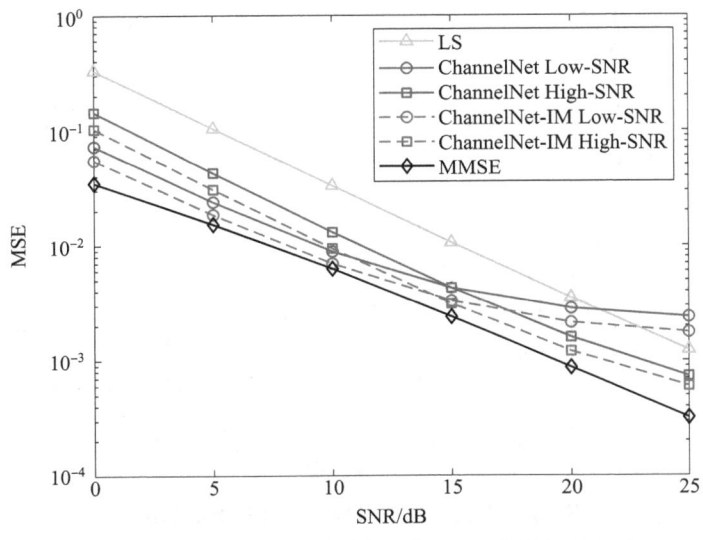

图 10　ChannelNet-IM 中导频数为 48 时信道估计性能

图 11 所示为在信噪比为 20 dB 的条件下，ChannelNet 和 ChannelNet-IM 在不同导频数下的仿真结果。从结果明显可以看出，无论在何种情况下，ChannelNet-IM 的信道估计性能都优于 ChannelNet。

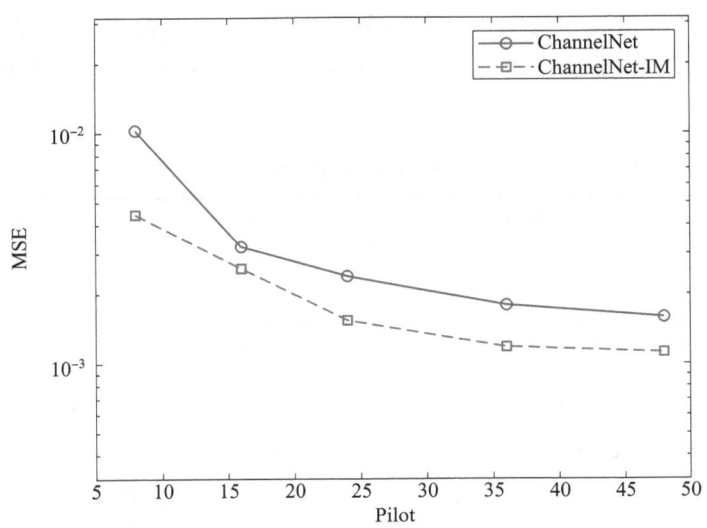

图 11　信噪比为 20 dB 情况下不同导频数对信道估计性能的影响

图 12 所示为上采样对信道估计性能的影响。从图中可以看出,在前五个训练周期中,ChannelNet 的性能优于 ChannelNet-IM,这主要是因为 ChannelNet 在训练前已经进行了一次高斯插值。然而,从第五个训练周期后,虽然 ChannelNet 能更快地达到稳定状态,但信道估计性能远不如 ChannelNet-IM。

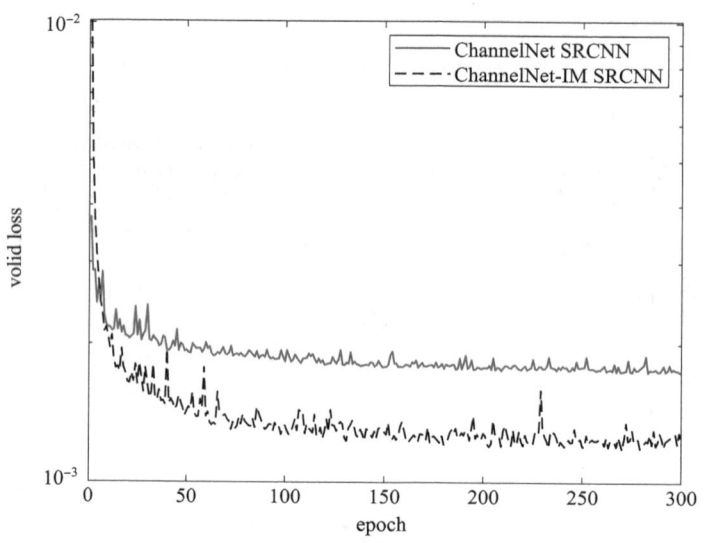

图 12　上采样模型对信道估计性能的影响

（3）ReEsNet 与 ChannelNet-IM 性能分析

1）计算复杂度分析

ReEsNet 和 ChannelNet-IM 计算复杂度的结果如表 3 所示。其中,N 是 OFDM 符号的个数,K 是子载波的个数,因此 NK 表示信道矩阵的大小;N_p 和 K_p 分别表示导频的符号和子载波的个数,所以 N_pK_p 是导频矩阵的大小。从表中可以看出,ReEsNet 和 ChannelNet-IM 的计算复杂度与信道矩阵和导频矩阵的大小呈线性关系,介于 LS 和 MMSE 之间。

表 3　计算复杂度分析

算法	计算复杂度	算法	计算复杂度
LS	$O(NK)$	ReEsNet	$O(NK + N_pK_p)$
MMSE	$O(NK(N_pK_p)^2 + (N_pK_p)^3)$	ChannelNet-IM	$O(NK + N_pK_p)$

虽然 ReEsNet 和 ChannelNet-IM 的计算复杂度均是 $O(NK+N_pK_p)$,但如果考虑模型中的具体参数 ReEsNet 的计算复杂度为 $288NK + 21088N_pK_p + MACs_{up}$,ChannelNet-IM 的计算复杂度为 $668160NK + 14112N_pK_p + MACs_{up}$。其中 $MACs_{up}$ 表示通过转置卷积进行上采样的计算复杂度,在相同导频个数下,ReEsNet 和 ChannelNet-IM 中 $MACs_{up}$ 的值是一致的。通常情况下 NK 要远大于 N_pK_p 所以 ChannelNet-IM 的计算复杂度远大于 ReEsNet 的计算复杂度。

2）单 SNR 训练模型

图 13 所示为使用单一 SNR 的数据集训练后的 ReEsNet 和 ChannelNet-IM 在信道估计性能上的表现。从信道估计精度角度来看，ChannelNet-IM 仅略逊于 ReEsNet，并无显著的劣势。

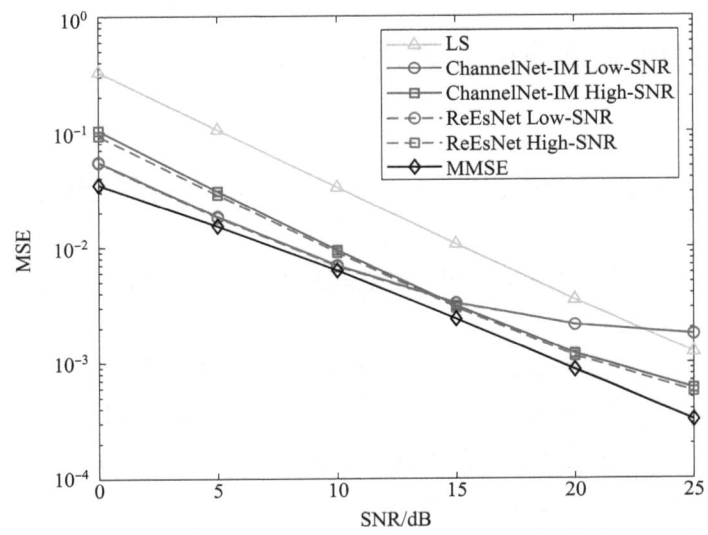

图 13　单一 SNR 情况下 ReEsNet 与 ChannelNet-IM 的信道估计性能对比

3）多 SNR 训练模型

图 14 所示为使用一组 SNR 的数据集训练的 ChannelNet-IM 在信道估计性能上的表现，并与 ReEsNet 进行对比。ReEsNet 相较于 ChannelNet-IM 更接近 MMSE 性能，整体优势为 0.7～2 dB。

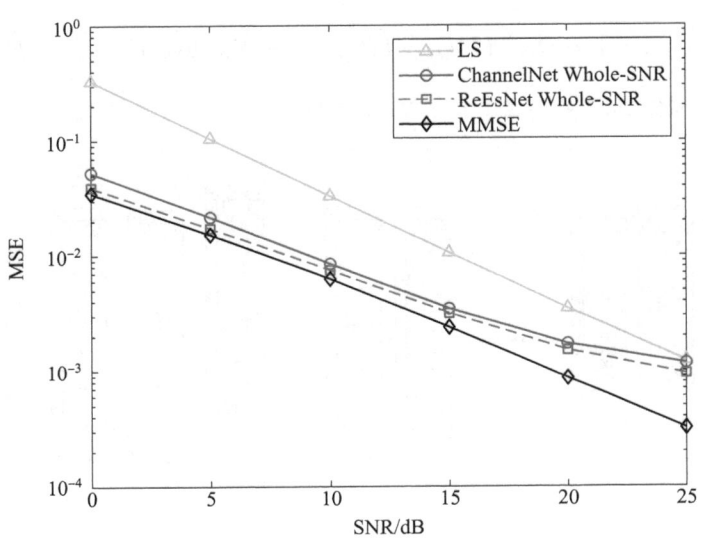

图 14　多 SNR 情况下 ReEsNet 和 ChannelNet-IM 信道估计性能对比

4. 小结

仿真结果表明，ChannelNet-IM 在各方面的表现都显著优于 ChannelNet，但是略逊于 ReEsNet。证明了转置卷积替代传统插值法的可行性，同时也表明如果想要获取更优秀的信道估计性能，还需要进一步探索更加有效的神经网络模型。

四、基于对抗生成网络的信道估计算法

1. 基于 ESRGAN 信道估计算法

受 SRGAN 的启发，本节设计了一种基于 ESRGAN 的信道估计算法，主要作出以下改进：

（1）上采样过程中，ESRGAN 使用转置卷积法替换传统插值法进行上采样。具体的超参数设置如表 1 所示。

（2）在生成器中去除了所有的批量归一化模块，从而提升性能并降低运算复杂度；

（3）使用残差中的残差密集块（Residual-in-Residual Dense Block，RRDBlock）替换原有的残差块，从而进一步深化生成器信道细节的学习；

（4）对模型中的损失函数进行了调整和优化。

ESRGAN 生成器的结构图如图 15(a)所示。ESRGAN 判别器保持了 SRGAN 中判别器的结构，只是在最后使用了一个扁平化层以及两个线性层替代了最后的卷积层。但是判别器的损失函数有了很大的变化，从之前判断输入数据是真实和生成的概率变成了判断真实数据相对于生成数据更真实的概率。其数学表示如下所示：

$$L_D = -\mathbb{E}_H[\log(D_{\theta_D}(H, G_{\theta_G}(\hat{H}_p^{LS})))] - \mathbb{E}_H[\log(1 - D_{\theta_D}(G_{\theta_G}(\hat{H}_p^{LS}), H))] \quad (1)$$

同理，生成器的对抗损失函数可以表示为：

$$L_G^{ESR} = -\mathbb{E}_H[\log(1 - D_{\theta_D}(H, G_{\theta_G}(\hat{H}_p^{LS})))] - \mathbb{E}_H[\log(D_{\theta_D}(G_{\theta_G}(\hat{H}_p^{LS}), H))] \quad (2)$$

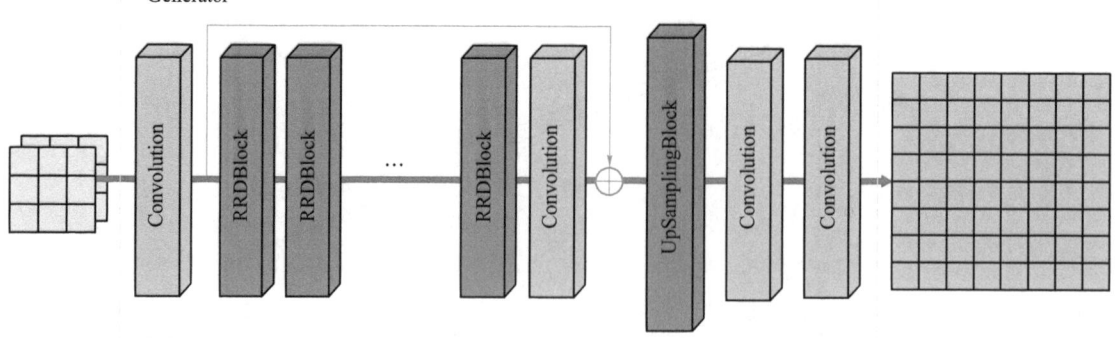

(a) 生成器结构图

图 15 基于 ESRGAN 信道估计结构图

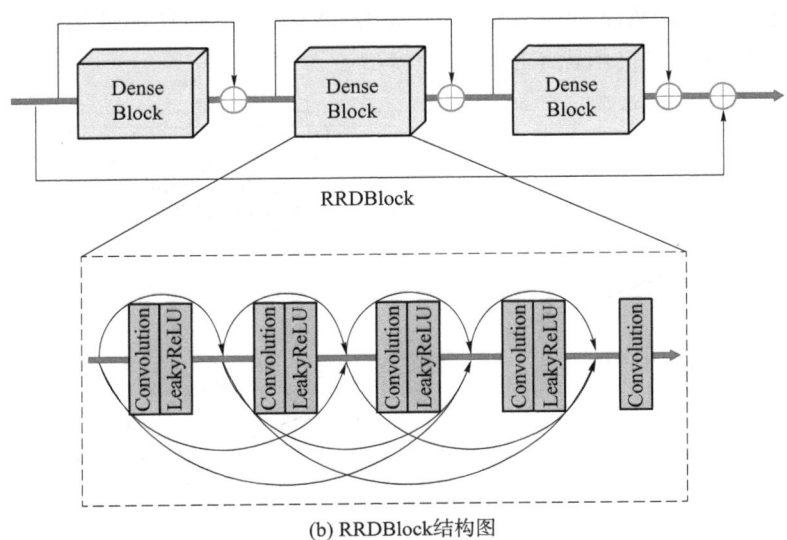

(b) RRDBlock结构图

图 15　基于 ESRGAN 信道估计结构图(续)

2. 仿真与性能分析

本研究中的神经网络模型搭建与训练是在 Python 3.10.10 和 Pytorch 2.0.0 环境中进行的,选用的 GPU 型号为 3070Ti。训练学习率为 0.0001,批次大小为 64,迭代次数为 200 次。

图 16 所示为使用单一 SNR 的数据集训练后的 ESRGAN 在信道估计性能上的表现。从图中可以看出,ESRGAN 的性能表现更接近于 MMSE 的理想状态,优于其他算法。相较于 ReEsNet,在固定均方误差的情况下,ESRGAN 的性能优势达到 0.8~1.8 dB。

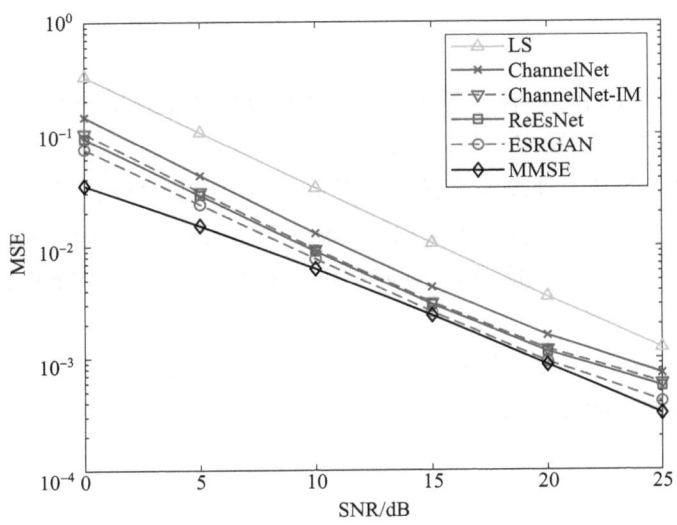

图 16　SNR=20 情况下基于 ESRGAN 的信道估计模型性能分析

图 17 所示为使用一组 SNR 的数据集训练后的 ESRGAN 在信道估计性能上的表现。从图中可以看出,当处于低信噪比状态时,ESRGAN 展现出了不错的信道估计性能,非常接

近MMSE的理想状态。然而,当SNR超过15 dB之后,信道估计的性能开始逐渐下降,尽管如此,ESRGAN的性能仍然优于所有其他模型。

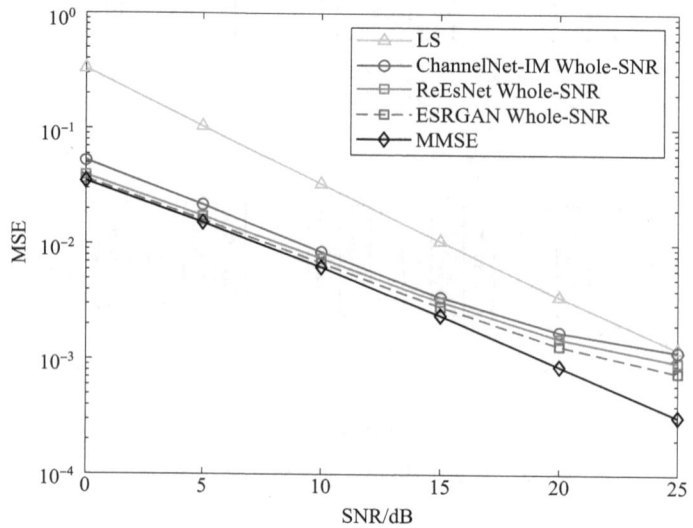

图17 多SNR情况下基于ESRGAN的信道估计模型性能分析

3. 小结

本节设计了一种基于ESRGAN的信道估计算法,通过仿真和性能分析,证明该算法优于其他算法,相对于ReEsNet,性能优势可达0.5~2 dB。

五、总结与展望

1. 全文回顾与总结

本文主要探究了在同时具有时间和频率选择性衰落的信道下,神经网络对OFDM系统的信道估计性能的提升,主要工作可以归纳为以下几点:

(1) 分析了现有的基于神经网络的信道估计算法,并据此设计了一种基于神经网络的信道估计总体框架。在本文中,基于ChannelNet算法,设计了一种ChannelNet-IM算法。该方法克服了传统插值法的性能限制,证明了用转置卷积法替换传统插值法进行上采样的可行性。

(2) 为了进一步提升信道估计的性能,在本文中,设计了一种基于ESRGAN的信道估计方法。通过仿真和性能分析,这种方法展示了最优的信道估计性能,与MMSE信道估计算法性能相近。

2. 未来工作与展望

本文主要研究了基于神经网络的信道估计算法。尽管已经取得了一些成果,但仍存在一些需要进一步研究的问题:

(1) 更加复杂的信道环境。研究基于神经网络的信道估计算法在大规模MIMO系统以及去蜂窝大规模MIMO中的性能表现。

（2）增加算法鲁棒性。本文通过仿真发现，使用一组 SNR 数据集训练的模型在高 SNR 情况下的信道估计性能并不理想。这里提供一种解决思路，即在信道估计前预训练一个 SNR 分类器。分类器的作用是对输入信号按信噪比进行分类，然后根据分类结果，使用不同的模型参数进行信道估计。

参考文献

[1] Punchihewa A, Zhang Q, Dobre O A, Spooner C, Rajan S, and Inkol R. On the Cyclostationarity of OFDM and Single Carrier Linearly Digitally Modulated Signals in Time Dispersive Channels: Theoretical Developments and Application[J]. IEEE Transactions on Wireless Communications, 2010, 9(8): 2588-2599.

[2] Hwang T, Yang C, Wu G, Li S, and Li G Y. OFDM and Its Wireless Applications: A Survey [J]. IEEE Transactions on Vehicular Technology, 2009, 58(4): 1673-1694.

[3] 李红. 基于机器学习的信道估计算法优化研究[D]. 电子科技大学, 2020.

[4] Edfors O, Sandell M, Van de Beek J-J, Wilson S K, and Borjesson P O. OFDM Channel Estimation by Singular Value Decomposition[J]. IEEE Transactions on Communications, 1998, 46(7): 931-939.

[5] 章嘉懿. 去蜂窝大规模 MIMO 系统研究进展与发展趋势[J]. 重庆邮电大学学报(自然科学版), 2019, 31(3): 285-292.

[6] Zhang C, Patras P, Haddadi H. Deep Learning in Mobile and Wireless Networking: A Survey [J]. IEEE Communications Surveys & Tutorials, 2019, 21(3): 2224-2287.

[7] 梁应敞, 谭俊杰, Niyato D. 智能无线通信技术研究概况[J]. 通信学报, 2020, 41(7): 1-17.

[8] Khansefid A, Minn H. On Channel Estimation for Massive MIMO With Pilot Contamination[J]. IEEE Communications Letters, 2015, 19(9): 1660-1663.

[9] Zhou X, Ye Z, Liu X, et al. Channel Estimation Based on Linear Filtering Least Square in OFDM Systems[J]. Journal of Communications, 2016, 11(11): 1005-1011.

[10] Li Y, Tao C, Seco-Granados G, et al. Channel Estimation and Performance Analysis of One-Bit Massive MIMO Systems[J]. IEEE Transactions on Signal Processing, 2017, 65(15): 4075-4089.

[11] Ribeiro C, Gameiro A. An OFDM Symbol Design for Reduced Complexity MMSE Channel Estimation[J]. Journal of Communications, 2008, 3(4): 26-33.

[12] 孙嘉耀. 面向 5G 的新型信道估计技术的研究[D]. 南京邮电大学, 2021.

[13] Zeng Y, Ng T-S. A Semi-Blind Channel Estimation Method for Multiuser Multiantenna OFDM Systems[J]. IEEE Transactions on Signal Processing, 2004, 52(5): 1419-1429.

[14] de Araújo G T, de Almeida A L F, Boyer R, et al. Semi-Blind Joint Channel and Symbol Estimation for IRS-Assisted MIMO Systems[J]. IEEE Transactions on Signal Processing, 2023, 71: 1184-1199.

[15] Ye H, Li G Y, Juang B-H. Power of Deep Learning for Channel Estimation and Signal Detection in OFDM Systems[J]. IEEE Wireless Communications Letters, 2018, 7(1): 114-117.

[16] Gao X, Jin S, Wen C-K, Li G Y. ComNet: Combination of Deep Learning and Expert Knowledge in OFDM Receivers[J]. IEEE Communications Letters, 2018, 22(12): 2627-2630.

[17] Huang H, Yang J, Huang H, et al. Deep Learning for Super-Resolution Channel Estimation and

DOA Estimation Based Massive MIMO System[J]. IEEE Transactions on Vehicular Technology, 2018, 67(9): 8549-8560.

[18] Jin Y, Zhang J, Jin S, et al. Channel Estimation for Cell-Free mmWave Massive MIMO Through Deep Learning[J]. IEEE Transactions on Vehicular Technology, 2019, 68(10): 10325-10329.

[19] Soltani M, Pourahmadi V, Mirzaei A, et al. Deep Learning-Based Channel Estimation[J]. IEEE Communications Letters, 2019, 23(4): 652-655.

[20] Li L, Chen H, Chang H-H, et al. Deep Residual Learning Meets OFDM Channel Estimation[J]. IEEE Wireless Communications Letters, 2020, 9(5): 615-618.

[21] Zhao S, Fang Y, Qiu L. Deep Learning-Based Channel Estimation with SRGAN in OFDM Systems[C]//2021 IEEE Wireless Communications and Networking Conference (WCNC). Nanjing, China: IEEE, 2021: 1-6.

[22] Chang R W. Synthesis of Band-Limited Orthogonal Signals for Multichannel Data Transmission[J]. Bell System Technical Journal, 1966, 45(10): 1775-1796.

[23] 施浩. 基于深度学习的信道估计与自动调制分类研究[D]. 西安电子科技大学, 2022.

[24] 樊同亮. OFDM 系统的信道估计和信号均衡技术的研究[D]. 重庆大学, 2012.

[25] 周昕. 高速移动下的 MIMO-OFDM 信道估计[D]. 重庆大学, 2017.

[26] Dong C, Loy C C, He K, et al. Image Super-Resolution Using Deep Convolutional Networks[J]. IEEE Transactions on Pattern Analysis and Machine Intelligence, 2016, 38(2): 295-307.

[27] Zhang K, Zuo W, Chen Y, et al. Beyond a Gaussian Denoiser: Residual Learning of Deep CNN for Image Denoising[J]. IEEE Transactions on Image Processing, 2017, 26(7): 3142-3155.

[28] Goodfellow I, Pouget-Abadie J, Mirza M, et al. Generative adversarial networks[C]// 2014 Advances in Neural Information Processing Systems (NIPS), Montreal, 2014: 2672-2680.

[29] Saikrishna P, Chavva A K R, Beniwal M, et al. Deep Learning Based Channel Estimation with Flexible Delay and Doppler Networks for 5G NR[C]//2021 IEEE Wireless Communications and Networking Conference (WCNC). Nanjing, China: IEEE, 2021: 1-6.

[30] Mehlführer C, Colom Ikuno J, Šimko M, et al. The Vienna LTE Simulators - Enabling Reproducibility in Wireless Communications Research[J]. EURASIP Journal on Advances in Signal Processing, 2011, 2011(1): 1-14.

[31] Goodfellow I, Pouget-Abadie J, Mirza M, et al. Generative adversarial networks[J]. Communications of the ACM, 2020, 63(11): 139-144.

[32] Wang X, Yu K, Wu S, et al. ESRGAN: Enhanced Super-Resolution Generative Adversarial Networks[C]//Computer Vision-ECCV 2018 Workshops. Munich, Germany, September 8-14, 2018, Proceedings, Part V 15. Springer International Publishing, 2019: 63-79.

作者简介

赵睿哲,男,本科生,就读于北京信息科技大学信息与通信工程学院通信 1904-1 班。

张冶(指导教师),北京邮电大学,教授。